"十三五"国家重点图书出版规划项目

国家出版基金项目
NATIONAL PUBLICATION FOUNDATION

《中国经济地理》丛书

孙久文　总主编

中部经济地理

吴传清　范斐　邓明亮　等◎编著

ZHONGBU

经济管理出版社
ECONOMY & MANAGEMENT PUBLISHING HOUSE

图书在版编目（CIP）数据

中部经济地理 / 吴传清等编著. -- 北京：经济管理出版社，2025. 6

　ISBN　978-7-5096-9653-8

Ⅰ. ①中… Ⅱ. ①吴… Ⅲ. ①经济地理－中国 Ⅳ. ①F129. 9

中国国家版本馆 CIP 数据核字（2024）第 064270 号

组稿编辑：申桂萍
责任编辑：申桂萍
责任印制：许　艳
责任校对：陈　颖

出版发行：经济管理出版社
　　　　　（北京市海淀区北蜂窝 8 号中雅大厦 A 座 11 层　100038）
网　　　址：www. E-mp. com. cn
电　　　话：（010）51915602
印　　　刷：北京晨旭印刷厂
经　　　销：新华书店
开　　　本：720mm×1000mm/16
印　　　张：18. 75
字　　　数：368 千字
版　　　次：2025 年 6 月第 1 版　　2025 年 6 月第 1 次印刷
书　　　号：ISBN 978-7-5096-9653-8
定　　　价：98. 00 元

"中国经济地理"丛书

总　序

目前，我们正处在一个继往开来的伟大时代。受现代科技飞速发展的影响，人们的时空观念已经发生了巨大变化：从深邃的远古到缥缈的未来，从极地的冰寒到赤道的骄阳，从地心游记到外太空探索，人类正疾步从必然王国向自由王国迈进。

世界在变，人类在变，但我们脚下的土地没有变，土地是留在心里不变的根。我们是这片土地的子孙，祖祖辈辈生活在这里。我们的国土有960万平方千米，有种类繁多的地貌类型，地上和地下蕴藏了丰富多样的自然资源，14亿中国人民有着五千年延绵不绝的文明历史，经过40多年的改革开放，中国经济实现了腾飞，中国社会发展日新月异。

在中国革命时期，毛泽东同志就明确指出："中国革命斗争的胜利，要靠中国同志了解中国情况。"又说："认清中国的国情，乃是认清一切革命问题的基本根据。"习近平总书记在给地理测绘队员的信中指出："测绘队员不畏困苦、不怕牺牲，用汗水乃至生命默默丈量着祖国的壮美山河，为祖国发展、人民幸福做出了突出贡献。"李克强同志更具体地提出："地理国情是重要的基本国情，要围绕服务国计民生，推出更好的地理信息产品和服务。"

我们认识中国基本国情，离不开认识中国的经济地理。中国经济地理的基本条件，为国家发展开辟了广阔的前景，是经济腾飞的本底要素。当前，中国经济地理大势的变化呈现出区别于以往的新特点。第一，中国东部地区面向太平洋和西部地区深入欧亚大陆深处的陆海分布的自然地理空间格局，迎合东亚区域发展和国际产业大尺度空间转移的趋势，使我们面向沿海、融入国际的改革开放战略得以顺利实施。第二，我国各区域自然资源丰裕程度和区域经济发达程度的相向分布，使经济地理主要标识的区内同一性和区际差异性异常突出，为发挥区域优势、实施开发战略、促进协调发展奠定了客观基础。第三，以经济地理格局为依据调整生产力布局，以改革开放促进区域经济发展，以经济发达程度和市场发育程度为导向制定区域经济政策和区域规划，使区域经济发展战略上升为国家重大战略。

因此，中国经济地理在我国人民的生产和生活中具有坚实的存在感，日益发挥出重要的基石性作用。正因为这样，编撰一套真实反映当前中国经济地理现实情况的丛书，就比以往任何时候都更加迫切。

在西方，自从亚历山大·洪堡和李特尔之后，编撰经济地理书籍的努力就一直没有停止过。在中国，《淮南子》可能是最早的经济地理书籍。近代以来，西方思潮激荡下的地理学，成为中国人"睁开眼睛看世界"所看到的最初的东西。然而对中国经济地理的研究却鲜有鸿篇巨制。中华人民共和国成立特别是改革开放之后，中国经济地理的书籍进入大爆发时期，各种力作如雨后春笋般涌现。1982年，在中国现代经济地理学的奠基人孙敬之教授和著名区域经济学家刘再兴教授的带领和推动下，全国经济地理研究会启动编撰"中国经济地理"丛书。然而，人事有代谢，往来成古今。自两位教授谢世之后，编撰工作也就停了下来。

"中国经济地理"丛书再次启动编撰工作是在2013年。全国经济地理研究会经过常务理事会的讨论，决定成立"中国经济地理"丛书编委会，重新开始编撰新时期的"中国经济地理"丛书。在全体同人的努力和经济管理出版社的大力协助下，一套全新的"中国经济地理"丛书计划在2018年全部完成。

"中国经济地理"丛书是一套大型系列丛书。该丛书共计40册：概论1册，思想史1册，"四大板块"共4册，34个省（自治区、直辖市）及特别行政区共34册。我们编撰这套丛书的目的，是为读者全面呈现中国各省份的经济地理和产业布局的状况。当前，伴随着人口、资源、环境的一系列重大问题，中国经济发展形势复杂而严峻。资源开发问题、国土整治问题、城镇化问题、产业转移问题等，无一不是与中国经济地理密切相连的；京津冀协同发展、长江经济带战略和"一带一路"倡议，都是以中国经济地理为基础依据而展开的。我们相信，"中国经济地理"丛书可以为一般读者了解中国各地区的情况提供手札，为从事经济工作和规划工作的读者提供参考资料。

我们深感丛书的编撰困难巨大，任重道远。正如宋朝张载所言，"为往圣继绝学，为万世开太平"，我想这代表了全体编撰者的心声。

我们组织编撰这套丛书，提出一句口号：让读者认识中国，了解中国，从中国经济地理开始。

让我们共同努力奋斗。

孙久文

全国经济地理研究会会长

中国人民大学教授

2016 年 12 月 1 日于北京

目　录

第一章　中部地区资源禀赋与发展条件

中部地区是中华人民共和国版图中的重要组成部分，在空间范围上涵盖六大省份：人杰地灵的山西省（晋）、天下之中的河南省（豫）、徽派风韵的安徽省（皖）、形胜之区的江西省（赣）、荆楚之地的湖北省（鄂）和人文荟萃的湖南省（湘）。中部地区六个省份的总面积为 102.8 万平方千米，约占中国国土总面积的 10.7%，承载着中国约 1/4 人口的发展重任，具有良好的资源禀赋和发展条件。

第一节　地理位置

中部地区位于中国内陆腹地，由北向南顺时针分布着晋、豫、皖、鄂、赣、湘六大省份，区位条件优越，战略地位突出。

第一个省份山西，位于黄河中游的东岸，华北平原的西部，跟黄土高原距离非常近。山西省东以太行山为界，与河北省为邻；西南隔黄河与陕西省、河南省相望；北以外长城为界与内蒙古自治区毗连。山西介于北纬 34°34′至 40°44′和东经 110°14′至 114°33′，总面积 15.67 万平方千米。

第二个省份河南，位于黄河中下游华中地区，因大部分地处黄河以南，故称河南。河南南北纵跨 550 千米，东西横跨 580 千米，介于北纬 31°23′至 36°22′和东经 110°21′至 116°39′，总面积 16.7 万平方千米。

第三个省份安徽，位于华东腹地，居中靠东、沿江通海，东连江苏、浙江，西接湖北、河南，南邻江西，北靠山东，东西宽约 450 千米，南北长约 570 千米，土地面积 14.01 万平方千米，占全国的 1.46%，居第 22 位。地跨长江、淮河、新安江三大流域，世称江淮大地。安徽省名取清朝时安庆、徽州两府首字而得名。安徽省位于北纬 29°41′至 34°38′，东经 114°54′至 119°37′，总面积 14.01 万平方千米。

第四个省份湖北，位于中国的中部，简称鄂。地跨北纬 29°01′至 33°6′，东经 108°21′至 116°07′，东邻安徽，南界江西、湖南，西连重庆，西北与陕西接壤，北与河南毗邻。东西长约 740 千米，南北宽约 470 千米。全省总面积 18.59 万平方千米，约占我国总面积的 1.94%，位居中部地区的第 2 位，以及全国的第 14 位。

第五个省份江西，地处中国东南偏中部，长江中下游南岸，古称"吴头楚尾、粤户闽庭"乃"形胜之区"，东邻浙江、福建，南连广东，西靠湖南，北毗湖北、安徽而共接长江。江西省地处北纬 24°29′至 30°04′与东经 113°34′至 118°28′，总面积为 16.69 万平方千米。

第六个省份湖南，位于中国中部、长江中游，因大部分区域处于洞庭湖以南而得名"湖南"，因省内最大河流湘江流贯全境而简称"湘"。湖南省地处东经 108°47′至 114°15′，北纬 24°38′至 30°08′，东西直线距离最宽 667 千米，南北直线距离最长 774 千米，总面积为 21.18 万平方千米，占全国总面积的 2.2%，居中部第 1 位，全国第 10 位。

第二节　地势地貌

中部地区分布于中国地理的第一、第二阶梯，跨越长江和黄河两大流域，地貌特征由北向南依次为黄土高原、华北平原、长江中下游平原、东南丘陵。

山西位于华北平原西部、黄土高原东翼。全景景观是一个覆盖着赭石的山地高原。整体形状近似一个东北向西南倾斜的平行四边形，整体地势为东西高中间低，具有两山夹一川的独特地貌，全省轮廓酷似"凹"字形，包括丘陵、高原、山地、盆地等多种地貌，地势起伏明显。与东部的华北平原相比，呈现出明显的隆起形势。

河南地势总体上呈西高东低、北平南凹的特征。河南的北边、西边、南边分别坐落着太行山、伏牛山、桐柏山和大别山，四座山脉沿河南省界呈半环形分布，东部为地势平坦的黄淮海冲积平原，西南侧为南阳盆地。总体上，全省平原和盆地面积约占总面积的 55.7%，山地丘陵面积比重约为 44.3%。就水系而言，河南境内分布着淮河、长江、黄河、海河四条河流，其中，淮河流域面积最大，占全省流域总面积的 53%。

安徽地势西南高东北低，南北差异十分显著，地貌类型复杂多样。安徽地跨长江、淮河和新安江三大流域，其中长江流经安徽省 416 千米，淮河 430 千米，新安江 242 千米。淮河北部地势平坦广阔，是华北平原的一部分；在长江与淮河之间，西部多山地，东部多丘陵；长江中下游水域两岸地势平坦，河湖交错。安徽境内主要山脉包括大别山、黄山、九华山和天柱山等。

湖北地处中国地理第二阶梯向第三阶梯的过渡地带。全省地势总体上呈现三面隆起、中间低平、向南敞开、北有缺口的特点。地貌类型复杂多样，包含山地、丘陵和平原。山地、丘陵和平原湖泊的面积占全省总面积比重分别为56%、24%和20%。湖北省西、北、东三面被武陵山、巫山、大巴山、武当山、桐柏山、大别山和幕阜山等山围绕，山前多为丘陵。中南部为江汉平原，与湖南省洞庭湖平原相连。江汉平原的西部和外围多山地，大别山位于江汉平原东北部，与豫皖接壤，桐柏山北面与河南接壤；东南部是与江西接壤的幕阜山。湖北最高峰是神农顶，位于神农架林区的大巴山中，是全省最高峰，海拔为3106.2米。

湖南处于云贵高原向江南丘陵和南岭山脉向江汉平原过渡的地带，总体地形呈现自西向东阶梯式降低的特点。湖南东面与江西以山脉相隔，主要有幕阜山山脉、连云山山脉、九岭山山脉、武功山山脉等。

江西省地势以丘陵、山地为主，盆地和河谷较多，平原面积略小。其中，山地约占全省面积的36%，丘陵约占42%，平原约占12%，水域面积约占10%。江西省北面是鄱阳湖平原，东、西、南三面环山。主要山脉多分布在江西省界沿线，自东向西顺时针分布着怀玉山、武夷山、大庾岭、九连山、罗霄山、幕阜山和九岭山。赣中、赣南以丘陵为主，丘陵间为盆地，多呈带状分布于水域两岸，较大的是吉泰盆地和赣州盆地。

第三节　气候环境

中部六省地涉中国南北，各省之间气候环境差异很大。山西、河南地处北部，属温带季风气候，湖北、湖南、江西和安徽则均位于南部，属亚热带季风气候。

山西省地处内陆的中纬度地带，气候类型为温带大陆性季风气候。受日照、季风环流和地理因素的影响，山西的气候具有四季分明、雨热同步、日照充足、冬夏和昼夜温差大的特点。山西各地区年平均气温4.2~14.2摄氏度，由盆地向山地递减。全省各地年降水量为358~621毫米，冬少夏多，夏季降水集中在6~8月，降水量约占全年总量的60%。

河南省大部分地区位于暖温带，南部小部分地区属于亚热带，气候类型上属北亚热带向暖温带过渡的大陆性季风气候。全省年平均气温为12.9~16.5摄氏度，受地形和纬度影响，全省气温东高西低、南高北低，山区和平原之间有明显的区别。年平均日照时数为 1505.9 ～ 2230.7 小时，年无霜期为 208.7 ～ 290.2 天。年平均降水量为 464.2 ～ 1193.2 毫米，南部和西部山区降水较多，年降水量的 50% 左右集中在夏季。

安徽省地处温带和亚热带的过渡地区。淮河以北为暖温带季风性气候，淮河以南为亚热带季风性气候，主要特点为四季分明，雨热同季。全省年平均气温 14 ～ 17 摄氏度，1 月为全省最冷月，平均气温为 2.7 摄氏度，7 月为全省最热月，平均气温为 28.0 摄氏度。年降水量 800 ～ 1800 毫米，总体上南多北少，山地多于平原。年无霜期 200 ～ 250 天，年日照时数为 1800 ～ 2500 小时。

湖北省地处亚热带，除高寒地区外，全省大部分地区都属于亚热带季风性气候，光能充足，热量充足，无霜期长，降水充沛，雨热同季。全省年平均日照时数为 1100 ～ 2150 小时。年平均气温 15 ～ 17 摄氏度，1 月为全年最冷月，平均气温 2 ～ 4 摄氏度；大部分地区 7 月为最热月，平均气温 27 ～ 29 摄氏度。全省年均无霜期为 230 ～ 300 天，降水的地域分布大致呈自南向北递减趋势。平均降水量 800 ～ 1600 毫米，6 月中旬至 7 月中旬为梅雨季节，降雨量最大。

湖南省全省均属亚热带季风气候，四季变化分明，光热资源充足，降水较多，雨热同期。湖南各地年平均气温一般为 16 ～ 19 摄氏度，春秋季平均气温以 16 ～ 19 摄氏度居多，夏季平均气温多为 26 ～ 29 摄氏度。湖南无霜期为 253 ～ 311 天。湖南的热量条件仅次于中国的海南、广东、广西和福建。湖南降水较多，年均降水量为 1200 ～ 1700 毫米，但时空分布极不均匀。年降水量集中在雨季时期，雨季开始时间大致从湘南向湘西北逐渐推迟。

江西省全省气候均为亚热带季风气候，冬季冷空气活动频繁，春季对流天气较多，4 ～ 6 月降水集中，易引发洪涝灾害；雨季过后全省气候以晴热高温为主，干旱频发。7 ～ 8 月有时受台风影响，会出现较明显降水。江西年平均气温 18.0 摄氏度，最冷月 1 月平均气温 6.1 摄氏度，最热月 7 月平均气温 28.8 摄氏度，极端最低气温为 −18.9 摄氏度（1969 年 2 月 6 日出现在彭泽县），极端最高气温为 44.9 摄氏度（1953 年 8 月 15 日出现在修水县）。全省年平均日照时数 1637 小时，年平均降水量 1675 毫米，年无霜期为 272 天。

第四节　水资源

中部地区的主要水资源区为长江中下游、黄河中游、淮河、巢湖、洞庭湖和鄱阳湖流域。从水资源总量来看，中部地区水资源相对丰富，其中湖北、湖南、江西水资源较多，江西水资源最为丰富，而安徽、河南水资源一般，人均水资源较为紧张，山西水资源最少，水资源总量和人均量都较为短缺。

山西省拥有众多大大小小的河流，这些河流主要来自黄河和海河水系，其中黄河流域面积占全省面积比重约为 62.2%，海河流域面积占比约为 37.8%。除了黄河干流之外，还有 5 条流域面积超过 10000 平方千米的河流，分别为汾河、沁河、桑干河、漳河、滹沱河。此外，流域面积在 10000 平方千米以下的中型河流有 48 条，流域面积小于 1000 平方千米、大于 100 平方千米的小型河流有 397 条。山西年平均降水量约为 508.8 毫米。

河南省是全国唯一地跨黄河、长江、淮河、海河四大流域的省份。省内流域面积 100 平方千米以上的河流 560 条，1000 平方千米以上的河流 64 条，10000 平方千米以上的河流 11 条。从整体上看，河南地表水资源不算充沛，年平均降水量为 464.2~1193.2 毫米，全省水资源总量为 403.5 亿立方米，人均水资源量（368 立方米）低于全国平均水平的 1/5。而地表水资源与土地、人口的空间分布不匹配，导致水资源的供需矛盾更加突出。

安徽省河流众多，河网密布，主要河流分属长江、淮河和钱塘江三大水系。其中，长江和淮河干流横贯全省，钱塘江发源于安徽南部山区。安徽省共有大小湖泊 580 多个，其中巢湖是安徽省最大的湖泊，面积近 800 平方千米，是中国五大淡水湖之一。安徽省年平均降水量为 800~1800 毫米，南北差异不大，从流域来看，淮河流域降水量大于长江流域。

江西省水资源较为丰富，降水丰沛，河湖众多。全省年平均降水量 1675 毫米，年平均水资源 1565 亿立方米。全省五大河流分别为赣江、抚河、信江、修水和饶河，流域面积在 10 平方千米以上的河流有 3700 多条，2 平方千米以上的湖泊有 70 余个，人均水资源量高于全国平均水平。虽然全省水资源相对丰富，但时空分布不均匀，水资源丰富的地方和用水需求量大的地方往往不一致。

湖北省河流众多，水系发达。除长江、汉江干流外，省内各级河流长 5 千米以上的有 4229 条，河流总长 5.9 万千米。其中，流域面积 50 平方千米以上的河流 1232 条。长江自西向东，流贯省内 8 个市（州）、41 个县（市、区），西起巴东县鳊鱼溪河口入境，东至黄梅滨江出境，流程 1061 千米。湖北湖泊众多，素有"千湖之省"之称，境内湖泊主要分布在江汉平原上。全省共有湖泊 755 个，水域面积达 2706.85 平方千米，其中水域面积超过 100 平方千米的湖泊为洪湖、长湖、梁子湖和斧头湖。从水资源总量来看，湖北省水资源总量占全国的 3.5%，人均占有量 1731 立方米。

湖南省的水资源也较为丰富。主要水系以洞庭湖为中心，湘江、资水、沅江、澧水等自西南向北流入洞庭湖，在岳阳流入长江。洞庭湖水系约占全省总面积的 96.7%，其余河流则属于珠江流域和长江流域的赣江水系及直接注入长江的小水系。从水资源总量来看，湖南水资源较为丰富，水资源总量居全国第六位，人均占有量为 2500 立方米，略高于国家平均水平。

第五节　矿产资源

中部地区矿产资源齐全，储量丰富。盛产黑色金属（铁、锰、钨）、有色金属和非金属矿产，是国内焦炭、生铁、钢铁、铜等原材料的主要来源地。中部六省矿产资源分布不均，各省的矿产资源类型和储量差异较大。其中，山西煤炭储量居全国第一。分区来看，中部六省中，山西、江西、河南矿产资源相对丰富，而安徽、湖南、湖北矿产种类和储量相对较少。安徽省是中部地区矿产资源种类和储量最少的省份，经济发展所需的矿产资源大部分依赖外省或进口。

山西矿产资源丰富，是资源开发利用大省，在国民矿业经济中占有重要地位。《山西省矿产资源总体规划（2021—2025 年）》数据显示，截至 2020 年底，山西共发现 120 种矿产（以亚种计），其中有查明资源储量的矿产 65 种，煤炭、煤层气、铝土矿、铁矿等 30 种矿产的储量排名居全国前十，具有资源优势并在国民经济社会发展中占有重要地位的矿产有煤、煤层气、铝土矿、铁矿、铜矿、金红石、镁矿、冶金用白云岩、耐火黏土、铁矾土 10 种。

河南省矿产资源种类齐全。《河南省矿产资源总体规划（2021—2025 年）》数据显示，截至 2020 年底，已发现各类矿产 144 种。查明资源储量的矿产 110 种，查明非油气类矿区 1506 处。优势矿产为钼、金、铝、银"四大金属矿产"以及天然碱盐矿、耐火粘土、萤虫、珍珠岩、水泥用灰岩、"高铝三石"（蓝晶石、矽线石、红柱石），石墨"八大非金属矿产"。劣势矿产主要是磷矿、硼矿、铜矿、富铁矿、铬矿、铂族金属矿等。铁矿 95% 为贫矿，磷矿资源贫乏，铜、锌资源较为紧张。

安徽矿产资源储量丰富，矿产种类齐全，矿藏比较集中。《安徽省矿产资源总体规划（2021—2025 年）》数据显示，截至 2020 年底，全省已发现矿产 128 种，查明资源储量的有 110 种，其中能源矿产 2 种、金属矿产 25 种、非金属矿产 81 种、水气矿产 2 种。煤、铁、铜、金、钼、水泥用灰岩、玻璃用石英岩为安徽省优势矿产，保有资源量均居全国前列，是长三角区域重要的能源、钢铁、有色金属、化工原料、建材基地。

江西省位于扬子—华夏成矿域与滨太平洋成矿域复合地带，矿产资源丰富，矿种较齐全。《江西省矿产资源总体规划（2021—2025 年）》数据显示，截至 2020 年底，发现各类矿产 193 种（含亚矿种），查明资源量的有 153 种，保有资源量居全国前十的有 80 种，其中重稀土矿约占全国的 2/3，钨矿、铜矿、钽矿、锂矿、普通萤石分别占全国总量的 46.8%、9.7%、41.6%、22.7%、15.4%，在全国乃至全球具有重大影响力。

湖北省地处华中腹地，矿产资源是全省经济社会发展的重要物质基础。《湖北省矿产资源总体规划（2021—2025 年）》数据显示，截至 2020 年底，全省已发现矿产资源 150 种，其中已查明资源储量的矿产 91 种，磷盐等 56 种矿产保有资源储量排名全国前十。全省主要矿产资源分布相对集中，富铁、富铜、金等矿产集中分布于鄂东南地区，磷、页岩气等矿产主要分布于鄂西、鄂西南地区，石油、盐、芒硝等矿产主要分布于鄂中地区，银、铌、钽等矿产主要分布在鄂西北地区，基本形成鄂东铜铁冶金建材、鄂西磷化工、鄂中盐化工及石油化工、鄂西北银多金属矿产采选等多个资源型现代产业集群。

湖南省成矿地质条件优越，矿产资源禀赋好，资源远景潜力大，素有"有色金属之乡"和"非金属之乡"之称。《湖南省矿产资源总体规划（2021—2025 年）》数据显示，截至 2020 年，全省已发现矿产 121 种（亚种 146 个），探明资源量的矿产 88 种（亚种 111 个）。现有矿产地 3000 余处，上表矿区 1226 处，其中中型以上规模矿床占比 30.42%，锑、铋、锰、钒、钨、锡、锌、普通萤石、隐晶质石墨、重晶石等矿产保有资源量居全国较前位次。现有探矿权 759 个，涉及金、铅、锌、钨、锡、锑、煤炭、铁、锰、铜等 43 个矿种。现有采矿权 3564 个，已开发利用金、钨、锑、铅、锌、煤炭，水泥用灰岩等 94 个矿种（含亚种）。全省 2020 年矿石开采量 5.7 亿吨，采选业产值达千亿元，已基本形成铜、铅、锌、钨、锡、锑、锰、铋及贵金属冶炼加工和盐–氟化工，玻璃陶瓷水泥石材生产、地热矿泉水利用等为主体的产业格局。

第六节　生物资源

中部地区地域辽阔，地形多样，南北气候包括温带大陆性气候、温带季风气候和亚热带季风气候，因而生物资源非常丰富。

山西的生物资源非常丰富。《山西日报》2021 年 10 月 12 日第 2 版文章《推动生物多样性保护人与自然和谐共生》数据显示，山西自然保护地面积占国土面积的 11.2%，省级以上自然保护地 272 个，9 个国有林局下设 125 个国有林场，46 个自然保护区，83 个森林公园，63 个湿地公园。森林、草原、湿地和荒漠四大生态系统功能显现，以国家公园为主体的自然保护地体系正在形成。现有野生植物 2743 种，其中国家一级重点保护野生植物 1 种（南方红豆杉）、国家二级重点保护野生植物 5 种（连香树、翅果油树、水曲柳、紫椴、野大豆），中国特有属植物 17 科 22 属 22 种。现有陆栖脊椎野生动物 541 种。属于国家重点保护的珍稀动物 110 种，国家一级保护野生动物 25 种。其中珍稀濒危保护物种褐马鸡、黑鹳、华北豹、原麝为山西四大旗舰物种。85%的野生动植物得到有效保护。

河南的动植物资源也非常丰富。根据 2021 年 5 月 20 日，河南省生态环境厅召开"生物多样性保护"专题新闻发布会，相关数据显示，全省共记录陆生脊椎动物 520 种，其中两栖动物 20 种、爬行动物 38 种、鸟类 382 种、兽类 80 种。全省已知的高等植物 3979 种，列入国家一级重点保护野生植物 3 种，国家二级重点保护野生植物 24 种。

安徽地处丘陵地带，动植物资源丰富，种类繁多。《安徽画报》2022 年第 6 期《不负青山 "皖"物生长——生物多样性保护的安徽实践》数据显示，世界特有的野生动物扬子鳄和白鳍豚就产在安徽的长江流域。截至 2019 年底，全省已知脊椎动物 44 目 125 科 730 种，其中国家一级保护野生动物 42 种，国家二级保护野生动物 113 种，代表性物种有安徽麝、黑麂、东方白鹳等。全省现有维管束植物 225 科 1232 属 3645 种，其中国家一级保护野生植物 9 种（类），国家二级保护野生植物 60 种（类），代表性物种有红豆杉、银缕梅、大别山五针松等。

江西省生物资源丰富，类型多样。《江西省林业生物多样性保护公报》（2022）数据显示，截至 2021 年底，全省现有高等植物 6337 种，其中苔藓类植物 1141 种，石松类和蕨类植物 488 种，裸子植物 36 种，被子植物 4672 种。列入《国家重点保护野生植物名录》林业部门管理的有 79 种，其中国家 I 级保护 6 种，国家 II 级保护 73 种。现有野生脊椎动物 1007 种，其中哺乳类 105 种，鸟类 580 种，爬行类 17 种，两栖类 40 种，鱼类 205 种，已知昆虫有 2243 种。江西省陆生野生动物中，列为国家 I 级保护动物有 42 种，国家 II 级保护动物有 146 种。

湖北生物资源丰富。湖北省政府官网数据显示，截至 2023 年，湖北全省天然分布维管植物 292 科 1571 属 6292 种。其中，苔藓植物 51 科 114 属 216 种，蕨类植物 41 科 102 属 426 种，裸子植物 9 科 29 属 100 种，被子植物 191 科 1326 属 5550 种。天然分布的国家重点保护野生植物 163 种，包括国家 I 级保护的 11 种、II 级保护的 152 种。全省有陆生野生脊椎动物 875 种，其中兽类 128 种、鸟类 577 种、爬行类 82 种、两栖类 88 种。其中，属于国家重点保护陆生野生动物有 179 种，包括国家 I 级保护的 41 种、II 级保护的 138 种。

湖南生物资源丰富多样，是全国乃至世界珍贵的生物基因库之一。湖南省政府官网数据显示，截至 2020 年，全省有华南虎、云豹、麋鹿等 13 种国家一级保护动物；全省分布维管束植物 1089 属、5500 多种，占热带性属的 47.9%，其中包括南方红豆杉、资源冷杉、绒毛皂荚等国家重点保护野生植物 64 种。区系成分复杂、地理成分多样、起源古老，被植物界誉为自白垩纪以来变动不大的古老植物王国，是古老孑遗裸子植物富集之乡。

第七节　人口规模与分布

《中国统计年鉴》数据显示，截至 2017 年，中部地区国土面积约 102.8 万平方千米，常住人口约 3.69 亿。从人口在四大板块的分布来看，2005~2017 年东部地区人口占全国比重一直最高，从 2005 年的 35.87% 提高至 2017 年的 38.39%；中部地区和西部地区的人口比重较为相近，中部地区由 2005 年的 26.92% 下降至 2017 年的 26.55%，西部地区由 2005 年的 27.65% 下降至 2017 年的 27.12%；东北地区的人口比重一直处于四大板块中最低水平，与其他三大板块的差距十分明显，人口比重由 2005 年的 8.27% 下降至 2017 年的 7.82%。

从人口增长趋势来看，2005~2017 年中部地区总人口数呈不断上升趋势，且增长趋势较为明显，山西省、江西省和湖南省的人口数量保持缓慢的增长态势，而安徽省、河南省人口数量在 2010~2011 年呈现下降趋势，而后又有所增长。

从人口规模数量来看，河南省为中部地区人口最多的省份，但占中部地区的比重由 2005 年的 26.65% 降为 2017 年的 25.91%；湖南省人口比重由 2005 年的 17.97% 上升为 2017 年的 18.59%；安徽省、湖北省和江西省人口占比变化趋势尚不明显；山西省一直以来都是中部地区人口数量最少的省份，人口总数占中部地区的比重在 2005 年为 9.53%，2017 年为 10.03%。

第八节　交通基础设施

中部地区位于我国腹地和长江流域中心，一直以来都是我国非常重要的交通枢纽，拥有铁路、公路、水运、航空等多种现代交通方式组成的交通网络。《中国统计年鉴 2018》数据显示，截至 2017 年底，西部地区铁路运营里程、公路里程、高速公路里程占比第一，东部地区内河里程第一，铁路、高速公路里程占比第二。这反映了中部地区铁路、内河航道和高速运行都需要重大改善（见表 1-1）。

表 1-1　四大板块 2017 年交通线路长度占全国比重　　　　单位:%

地区	铁路营业里程	内河航道里程	公路里程	高速公路里程
东部地区	23.34	41.88	24.12	28.19
中部地区	22.25	26.04	26.93	25.74
西部地区	40.88	26.60	40.73	37.39
东北地区	13.54	5.48	8.22	8.68

数据来源:《中国统计年鉴 2018》。

山西是中国北方重要的交通枢纽。有同蒲、京包、大秦、石太、太焦、神黄等重要铁路线和石太、大西等高速铁路线。《山西经济时报》2023 年 9 月 14 日第 2 版数据显示,截至 2022 年,全省铁路营业里程 6252 千米,占全国的 4.0%,路网密度为 399 千米/万平方千米,人均铁路里程指标为 1.8 千米/万人;高速铁路营业里程 1162 千米,占全国的 2.8%,高铁网密度为 73.4 千米/万平方千米,人均高铁网指标为 0.33 千米/万人。高铁客运服务覆盖了太原、大同、忻州、晋中、阳泉、长治、晋城、临汾、运城 9 个设区的市。全省公路通车里程达到 14.6 万千米,公路网密度达到 93 千米/百平方千米,高速公路达到 6010 千米,全省 96.6% 的县通了高速公路,97.5% 的乡镇通了三级及以上公路,100% 的建制村通了硬化路、通了客车,98.6% 的较大人口规模（30 户及以上）自然村通了硬化路。城市公交得到快速发展,公交线网总里程达到 5 万千米,公交车辆达到 1.58 万辆,太原、临汾获评"国家公交都市建设示范城市"称号。

河南地势平坦,非常适合基础设施建设和城市扩张。京广铁路和陇海铁路途经河南省大部分地区,两条铁路在郑州相交。除郑州以外,商丘、新乡和漯河等其他铁路枢纽也是重要的贸易和制造业中心。连接郑州和西安的郑西高铁沿线是推动河南高质量发展的重要通道。河南高速公路系统发达,高速公路通车里程超过 8000 千米,发达的陆上交通网络能够更好地服务和保障现代化河南建设。

在全国交通网络中,安徽连接东西南北,地处中东部,背靠长三角,具有重要的地位和作用。安徽交通便利,公路密度是全国平均水平的两倍。截至 2020 年底,全省公路总里程 23.6 万千米,其中高速公路 4904 千米,一级公路 5773 千米,二级及以上公路 2.4 万千米,基本实现县县通高速,建制村和较大自然村通硬化路;铁路总里程 5302 千米,其中高铁里程 2329 千米,运营里程位居全国第一,是全国第二个市市通高铁的省份;内河航道里程 6628 千米,其中通航里程 5777 千米,四级及以上航道 1802 千米,拥有芜湖、马鞍山、池州 3 个内河亿吨大港和 16 个万吨级及以上泊位；运输机场 5 座，全年完成航空旅客吞吐量 1033 万人次，货邮吞吐量 9.3 万吨；油气管道 4913 千米。

江西具有连接东西、连接南北、连接七省的优势。截至 2019 年，全省公路总里程为 209131 千米，公路密度每百平方千米 125.3 千米。高速公路打通 28 个出省大通道，是全国继河南、辽宁后第三个实现全省县县通高速的省份，全面实现了县县通高速、县城半小时上高速，"四纵六横八射十七联"高速公路规划网基本建成，形成了"纵贯南北、横跨东西、覆盖全省、连接周边"的高速公路网络。全省一级公路 2765 千米、二级公路 11862 千米、三级公路 15764 千米、四级公路 158923 千米。普通国道 7693 千米，二级及以上公路比例达 90.9%；普通省道 10889 千米，二级及以上公路比例达 52.4%。普通国省道覆盖了全省 86% 以上的乡镇。农村公路里程 184404 千米，其中县道 21778 千米，乡道 41815 千米，村道 120811 千米，县道三级及以上比例 50%，乡道四级及以上比例 89.7%，100% 的乡镇和 100% 的行政村通水泥（油）路。水运方面，全省以赣江及鄱阳湖航道为主，连通抚、信、饶、修等 101 条主要通航河流，全省航道通航总里程 5716 千米，其中一级航道 156 千米（长江江西段），二级航道 175 千米，三级航道 357 千米，四级航道 87 千米，五级航道 110 千米，六级航道 382 千米，七级航道 1160 千米，等外航道 3289 千米。2000 吨级船舶可从长江直达南昌港，全省高等级航道里程达 688 千米。沿江环湖有南昌、九江两个全国内河主要港口和一批区域性重要港口。截至 2019 年，全省有内河港口生产用码头泊位 574 个，千吨以上深水泊位 178 个，集装箱码头泊位 7 个；全省港口吞吐能力达到 1.65 亿吨、集装箱 63.5 万标准箱。基本形成大中小结合、内外沟通的港口群体。2019 年，全省完成港口吞吐量 1.6 亿吨，集装箱吞吐量 71 万标准箱。

湖北具有九省通衢的区位优势，交通区位优势明显。截至 2021 年底，综合交通网总里程达到 31.1 万千米（不含民航航线、城市道路），密度达到 167.3 千米/百平方千米。其中，铁路营业里程 5259 千米（高速铁路 1639 千米），公路通车总里程 29.0 万千米（高速公路 7230 千米），内河航道通航里程 8667 千米（高等级航道 2090 千米），油气管道里程 7400 千米。2020 年，港口吞吐能力 4.3 亿吨，集装箱吞吐能力 502 万标准箱，民航旅客吞吐量达到 1776 万人次，货邮吞吐量达到 19.68 万吨。

湖南交通发达，水路、陆路、航空运输交通便利。《2019 年湖南公路水路交通运输行业发展统计公报》数据显示，截至 2019 年末，全省公路总里程 240566 千米，国道 13735 千米，省道 24255 千米，农村公路里程 201551 千米，其中县道 36195 千米，乡道 57009 千米，村道 108347 千米。2019 年末全省内河航道通航里程 11968 千米，各等级内河航道通航里程分别为：二级航道 535 千米，三级航道 604 千米，四级航道 274 千米，五级航道 67 千米，六级航道 1549 千米，七级航道 1190 千米，等外航道 7749 千米。全省港口拥有千吨级及以上泊位 112 个，其中，专业化泊位 45 个、通用散货泊位 17 个、通用件杂货泊位 33 个、多用途泊位 10 个、其他泊位 7 个。

参考文献

［1］2019 年湖南省公路水路交通运输行业发展统计公报［EB/OL］. http：//jtt. hunan. gov. cn/jtt/jjzdgz/hnjtystj/gzdttj/202005/t20200513_ 12122651. html.

［2］2019 年江西省交通运输统计数据［EB/OL］. http：//jt. jiangxi. gov. cn/art/2020/5/25/art_ 33026_ 1899108. html.

［3］安徽省人民政府办公厅.安徽省人民政府办公厅关于印发安徽省矿产资源总体规划（2016—2020 年）的通知［EB/OL］. http：//xxgk. ah. gov. cn.

［4］安徽省统计局.安徽省国民经济和社会发展统计公报［R］.2017.

［5］蔡健伟.十八世纪赣西地区的粮价与粮食市场研究［D］.江西师范大学，2017.

［6］陈朝.湖北耕地利用变化与驱动力分析［D］.华中师范大学，2007.

［7］程碧海.湖北省协调土地利用与生态环境建设研究［D］.东北大学，2009.

［8］高阔，甘筱青，等.中部地区交通与物流体系建设比较研究［M］.北京：经济科学出版社，2018.

［9］耿丽娟.耕地占补平衡对江西省粮食产能的效应研究［D］.江西农业大学，2017.

［10］国家发展和改革委员会促进中部地区崛起规划（摘要稿）［N］.人民日报，2009-12-16.

［11］韩晓兴.山西宋金建筑大木作发展演变研究［D］.太原理工大学，2008.

［12］和阳.湖南省生态文明建设水平综合评价研究［D］.中南林业科技大学，2018.

［13］河南省交通概况［EB/OL］. http：//www. huaxia. com/ytsc/ytwl/hngk/2018/03/5659011. html.

［14］胡妍.江西省内陆开放型经济发展水平及影响因素研究［D］.江西财经大学，2020.

［15］湖北省交通运输厅数据开放平台［EB/OL］. http：//jtt. hubei. gov. cn/sjkf/.

［16］湖北省年鉴编辑部.湖北省年鉴［M］.武汉：湖北卓冠印务有限公司，2017.

［17］湖南矿产资源简况［EB/OL］. http：//zrzyt. hunan. gov. cn/xxgk/kxpj2017/201711/t20171113_ 4689560. html.

［18］湖南省交通运输厅.湖南省公路水路交通运输行业发展统计公报［R］.2017.

［19］江西地理资源［EB/OL］. http：//www. jiangxi. gov. cn/col/col472/index. html.

［20］江西省交通运输厅.江西交通概况［EB/OL］. http：//www. jiangxi. gov. cn/art/2018/11/28/art5155406952. html，2018-11-28.

［21］金卫根，孙丽萍，吴瑞娟.略论江西生态旅游资源的保护性开发［J］.福建林业科技，2005（2）：150-152，157.

［22］雷为民.简析安徽省矿产资源储量分布现状及发展展望［J］.科教文汇（下旬刊），2011（3）：194-195，203.

［23］李练军，曹小霞.中部地区经济发展现状、优势与战略研究［J］.生产力研究，2018（11）：74-76.

［24］李婷婷.论中部地区服务消费结构优化升级［D］.湘潭大学，2011.

［25］李铜山，刘清娟.现代农业产业集群创新发展研究［M］.北京：中国农业出版社，2018.

［26］李小建.中国中部农区发展研究［M］.北京：科学出版社，2018.

［27］廖文梅，张广来，孔凡斌.中部六省矿产资源竞争力与区域经济发展相关性研究［J］.企业经济，2017，36（1）：174-180.

［28］刘美琴.湖南省国内旅游客源市场空间格局特征［D］.湖南师范大学，2020.

［29］刘勇，潘金权.中部地区矿产资源形势分析与找矿建议［J］.西部探矿工程，2013，25（10）：113-114.

［30］卢永红.探索"中部地区经济崛起"的路径选择［J］.特区经济，2010（12）：184-185.

［31］聂炳胜.江西省汽车产业国际化战略的研究［D］.江西师范大学，2019.

［32］普通高等学校人文社会科学重点研究基地，南昌大学中国中部经济发展研究中心.中国中部经济发展报告［M］.北京：经济科学出版社，2006.

［33］谭世明.制度变迁视角下集体林权制度改革与现代林业发展研究［D］.华中农业大学，2009.

［34］汪鸣.聚焦2016综合运输［J］.中国物流与采购，2018（4）：38-44.

［35］王灿.TRIPLEX模型对湖南杉木林生产量的模拟和预测［D］.中南林业科技大学，2012.

［36］王林水，崔建林，练崇田.砥砺奋进四十年交通先行谱新篇［N］.江西日报，2018-12-18.

［37］王欣，吴殿延，张祖群，等.旅游地理学概论［M］.北京：旅游教育出版社，2018.

［38］王毅.安徽省现代物流业发展对策研究［D］.合肥工业大学，2019.

［39］温佳楠.中部崛起战略实施效果评价［D］.郑州大学，2017.

［40］吴萃萃.江西省水运业对区域发展的贡献及策略研究［D］.华东交通大学，2019.

［41］谢红梅.湖南醉鱼草属植物资源评价及园林应用研究［D］.中南林业科技大学，2017.

［42］徐旭平.江西省森林生态系统综合效益评估的研究［D］.浙江农林大学，2019.

［43］杨刚强.长江中游城市群蓝皮书：长江中游城市群协同发展评价报告（2017）［M］.北京：社会科学文献出版社，2017.

［44］杨亚娟.武汉城市圈与长株潭城市圈"两型社会"建设比较研究［D］.华中师范大学，2012.

［45］詹杰.湖北省电子商务物流服务业发展现状及对策研究［D］.华中师范大

学，2014.

　　[46] 张娜，王静.通用航空发展研究［M］.北京：中国铁道出版社，2018.

　　[47] 郑敏.中部地区水资源与社会经济协调度研究［D］.吉林大学，2012.

　　[48] 中国自然资源丛书编撰委员会.中国自然资源丛书 23（安徽卷）［M］.北京：中国环境科学出版社，1997.

　　[49] 钟新桥，张仁宾.中部地区资源禀赋和要素成本的比较优势研究［J］.决策参考，2004，177（9）：27-30.

　　[50] 周慧.中部地区城镇化对经济效率的空间溢出效应研究［D］.中央财经大学，2017.

　　[51] 朱梦秋.推动中部崛起金融业发展亟须补足短板［N］.中国商报，2017-05-26.

　　[52] 朱燕青.江西省经济高质量发展评价指标体系构建及实证分析［D］.江西财经大学，2020.

　　[53] 自然资源［EB/OL］.https：//www.henan.gov.cn/2011/03-04/230660.html.

　　[54] 自然资源.湖南概况［EB/OL］.http：//www.hunan.gov.cn/hnszf/jxxx/hngk/zrdl/201803/t20180322-4977107.html.

第二章 中部地区经济发展概况

自中部崛起战略实施以来，中部地区经济发展取得了显著成就。粮食生产基地、能源原材料基地、现代装备制造及高技术产业基地和综合交通运输枢纽地位日益巩固，人民生活水平大幅提高，生态环境质量总体改善，城乡面貌日新月异，改革创新步伐加快，全方位开放格局基本形成，发展活力和可持续发展能力不断提升。但中部地区仍处于工业化中后期阶段，对资源、劳动力要素和投资驱动依赖较重，产业升级、动能转换等难度较大，城镇化率依然偏低、质量不高，农业农村发展正处在破解各种难题的关键时期，对内对外开放水平仍待提高，制度性约束因素依然较多，促进中部地区全面崛起依然任重道远。

第一节 经济发展水平

一、经济发展综述

（一）经济综合实力不断增强，经济增速明显趋缓

自 2004 年中央提出促进中部地区崛起以来，经过 10 余年的发展，中部崛起战略成就显著，区域经济综合实力持续上升。2017 年，中部地区生产总值超过 17 万亿元，是 2005 年的 4.7 倍，人均生产总值达到 47553 元，是 2005 年的 4.5 倍；固定资产投资总额达到 166139 亿元，是 2005 年的 10.3 倍；社会消费品零售总额为77475 亿元，是 2005 年的 5.1 倍（见表 2-1）。

表 2-1 2005~2017 年中部地区主要经济指标

年份	GDP（亿元）	常住人口（万人）	人均 GDP（元）	固定资产投资总额（亿元）	社会消费品零售总额（亿元）	进出口贸易总额（万美元）
2005	37230	35202	10636	16146	15198	4152070
2006	42970	35251	12256	20897	17983	5398067

续表

年份	GDP（亿元）	常住人口（万人）	人均GDP（元）	固定资产投资总额（亿元）	社会消费品零售总额（亿元）	进出口贸易总额（万美元）
2007	52041	35293	14722	27746	22153	6276991
2008	64041	35466	18173	36695	22756	9919411
2009	70578	35604	19828	49852	26410	7780872
2010	86109	36667	24249	62891	31330	11687299
2011	104474	36737	29317	70824	36957	16279555
2012	116278	36854	32462	86615	42671	19343753
2013	127306	36913	34488	105740	49852	21968877
2014	139780	37054	37453	124250	56145	24737631
2015	147140	37065	39697	143118	62635	25467584
2016	160646	36709	43762	159706	69819	23855542
2017	176487	36900	47553	166139	77475	27512341

资料来源：历年《中国统计年鉴》。

从经济增速来看，2005~2017年，中部地区生产总值的增速变动较大，大致呈"M"形变化，具有明显的阶段性特征（见图2-1）。2005~2006年，中部地区经济增速稍有下降；2007~2008年有较大提升，但在随后的2009年由于全球金融危机的冲击，中部地区经济增速出现大幅度下滑；2010年经济增速重新呈现上升趋势并达到峰值，然而2011~2015年中部地区的GDP增速持续下降，2015年达到中部地区崛起战略实施以来的最低点；2016年中部地区GDP增速再次回升，2017年继续保持上升态势。此外，与全国GDP的增速相比，2005~2014年中部地区GDP增速一直高于全国水平，2015年中部地区GDP增速首次低于全国水平，在2016年之后再次超过全国水平，并呈持续上升趋势。

（二）区域间和区域内发展差距较大

从区域间差异来看，在经济总量方面，东部地区经济总量在全国所占比重在2008~2014年有所下降，但东部地区所占比重始终领先于其他区域，占全国的比重始终大于50%。中部地区和西部地区的经济总量及其在全国的比重较为接近，大部分年份均呈平缓增加态势，而西部地区所占比重在2017年有所下降。东北地区经济总量及其在全国所占比重在四大区域中均为最低，且从2011年后呈现出不断下降趋势，在2017年仅占全国经济总量的6.4%。就中部地区而言，中部地区经济总量所占比重保持低速增长态势，2005年中部地区占全国的比重为18.8%，到2016年仅提高了2个百分点，为20.8%。而西部地区在全国所占比重则共增长了3个百分点，中部与西部地区间差距逐年缩小。

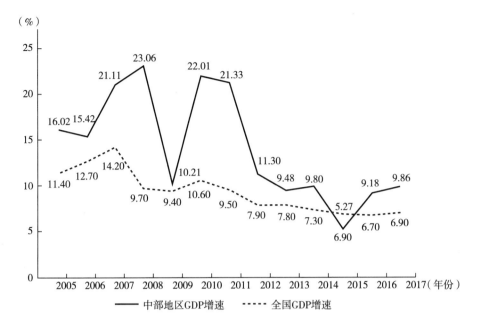

图 2-1 2005~2017 年中部地区生产总值增速

资料来源：历年《中国统计年鉴》。

从中部地区内部的省际差异来看（见图 2-2），在经济总量方面，2005~2017 年河南省经济总量始终居中部之首，由 2005 年的 10587 亿元增加到 2017 年的 44553 亿元。湖北省和湖南省的经济总量较为接近，2005~2007 年，湖北省 GDP 总量位居第二，湖南省紧随其后；2008~2010 年，湖南省 GDP 总量超过湖北省，跃居第二位；2011~2017 年，湖北省 GDP 再次超过湖南省。安徽省经济总量在中部六省中始终居于第四位。2005~2008 年，江西省经济总量最少，2009~2017 年，山西省的经济总量在中部六省中排名最后。尽管如此，自 2011 年开始，山西省和江西省的地区生产总值也突破了万亿元大关，分别达到 11238 亿元和 11703 亿元。在经济增长速度方面，湖北省 GDP 总量增长最快，从 2005 年的 6520 亿元增长到 2017 年的 35478 亿元，增长了 5.4 倍。其次是湖南省，GDP 总量由 2005 年的 6511 亿元增长到 2017 年的 33903 亿元，增长了 5.2 倍。安徽、江西与河南 2017 年的经济总量分别是 2005 年的 5.0 倍、4.9 倍和 4.2 倍。山西省的增长速度最小，其 2017 年的经济总量仅为 2005 年的 3.7 倍。

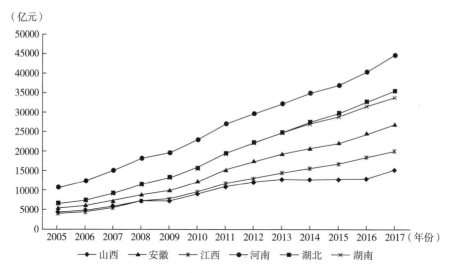

图 2-2 2005~2017 年中部六省国内生产总值

资料来源：历年《中国统计年鉴》。

在人均地区生产总值方面，2005~2017 年中部六省均呈不断提高的趋势，2014 年及之前中部六省的人均地区生产总值低于全国平均水平，2015 年开始湖北省人均地区生产总值超过全国水平，其他五省仍然不及全国水平。具体来看，从 2009 年起湖北省一直是中部六省人均 GDP 最高的省份。2005~2008 年，山西省排名中部第一，2009~2012 年降为中部第二。河南省和湖南省的人均 GDP 在中部六省中处于中间水平，从 2010 年开始，湖南省的人均 GDP 超过河南省，并在 2013 年跃居第二位。江西省和安徽省的人均 GDP 则分别位于中部六省中的第四和第五。此外，中部六省人均 GDP 的省际差距没有出现较大变动，2005 年中部人均 GDP 最高的山西省是最低的江西省的 1.44 倍，而在 2017 年时最高的湖北省是最低的山西省的 1.43 倍。

在固定资产投资总额的省际差异上（见图 2-3），河南省的固定资产投资总额占中部六省的比重一直处于最高水平，但 2009~2013 年由增长变为下降趋势，在 2014 年之后重新呈上升趋势。湖北省在 2005 年和 2011~2017 年固定资产投资总额所占比重均位居中部第二，但 2006~2010 年排名下降至第三位。湖南省固定资产投资总额所占比重与湖北省较为接近，在 2006~2014 年居于中部第四位，在 2015~2017 年上升为第三位。安徽省固定资产投资总额所占比重在平缓中出现下降，在 2006~2010 年在中部六省中排名第二，但在 2011~2014 年下降为中部第三，2015 年以后在中部排名降为第四。2005~2017 年，江西省固定资产投资总额占中部地区比重一直排名第五，山西省所占比重则一直为第六位。

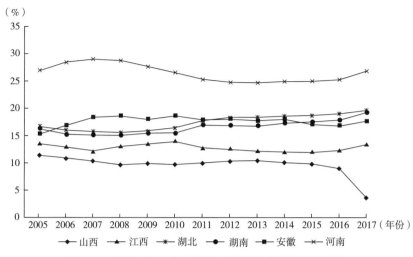

图 2-3　2005~2017 年中部六省固定资产投资总额比重

资料来源：历年《中国统计年鉴》。六省占中部地区比重由作者计算得到。

在社会消费品零售总额的省际差异上，各省份的变化较为平缓（见图 2-4）。2005~2017 年，河南省社会消费品零售总额在中部地区所占比重一直位居第一，湖北省位居第二，湖南省位居第三，安徽省位居第四，2005~2015 年山西省和江西省分别位居第五和第六，2016 年开始江西比重超过山西。与 2005 年相比，河南省与山西省 2017 年社会消费品零售总额所占比重发生下降，湖北省与江西省基本持平，安徽省与湖南省所占比重得到提高。

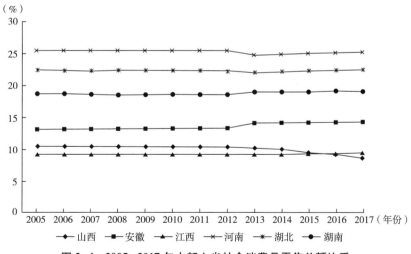

图 2-4　2005~2017 年中部六省社会消费品零售总额比重

资料来源：历年《中国统计年鉴》。六省占中部地区比重由作者计算得到。

（三）经济发展水平与实际地位不相称

中部地区的地区生产总值、固定资产投资、社会消费品零售总额和进出口总额等指标在全国所占的比重均小于其人口占全国的比重（见图2-5），因此从人均角度分析，中部地区的经济发展水平与其理应具有的实际地位不相称。2005年中部地区年末人口占全国年末总人口的26.92%，而国内生产总值占全国总量的19.88%，固定资产投资总额占全国总量的18.19%，社会消费品零售总额占全国的22.62%，进出口总额占全国总量的2.92%，人均可支配收入仅为全国水平的74.02%。2017年，中部地区的人口占全国的比重稍有下降（为26.55%），地区生产总值占全国总量的比重为21.34%，固定资产投资总额占全国的比重为25.91%，社会消费品零售总额的比重为21.15%，进出口总额占全国总量的比重为6.70%，人均可支配收入仍然低于全国水平，仅为全国水平的79.71%。

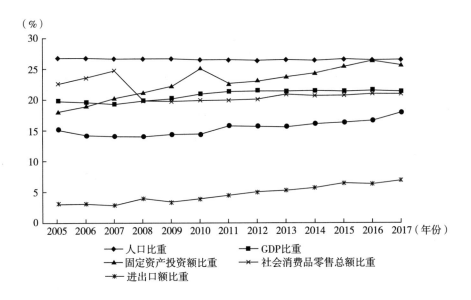

图2-5　2005~2017年中部地区经济指标占全国的比重

资料来源：历年《中国统计年鉴》。各项指标比重由作者计算得到。

二、经济结构特征

随着中部地区经济总量不断增长，产业结构调整步伐也在加快，产业结构趋向合理化（见表2-2）。第一产业比重不断下降，在2017年首次低于10%，为8.57%；第二产业比重经历了先上升后下降的过程，2005~2011年，第二产业所占比重从46.77%上升到53.50%，2012~2017年，该比重从52.80%下降至

45.32%；第三产业比重整体上呈上升趋势，2007~2008年、2010~2011年中部地区服务业占比两度出现下滑，2011年底达到中部崛起战略实施以来的最低点，仅为34.20%。2012年以后第三产业所占比重持续增加，2017年第三产业比重首次超过第二产业，达到46.11%，比2005年增加9.54个百分点，产业结构开始转变为"三、二、一"格局。

表2-2 2005~2017年中部地区产业结构 单位:%

年份	第一产业比重	第二产业比重	第三产业比重
2005	16.67	46.77	36.56
2006	15.20	48.20	36.60
2007	14.30	48.60	37.10
2008	14.40	50.30	35.30
2009	13.60	50.40	36.00
2010	13.00	52.40	34.60
2011	12.30	53.50	34.20
2012	12.10	52.80	35.10
2013	11.70	51.90	36.40
2014	11.10	49.60	39.30
2015	10.80	46.80	42.40
2016	10.40	45.40	44.10
2017	8.57	45.32	46.11

资料来源：历年《中国统计年鉴》。三次产业比重由作者计算得到。

与全国和其他板块相比，中部地区产业结构仍存在继续优化的空间（见表2-3）。虽然中部地区第一产业比重不断下降，但仍然比全国水平高0.66个百分点。中部地区第二产业的比重在四大板块中高居第一，也高于全国第二产业的比重，表明中部地区是我国工业布局和发展的主要阵地。第三产业所占比重的情况正好相反，在2017年，中部地区第三产业比重在四大板块中排名最后，低于东部地区9.77个百分点，也低于全国5.52个百分点，表明中部地区第三产业尚有较大提升空间。总体而言，2017年中部地区实现了向以第三产业为主的产业结构转型，但是中部地区第二产业在全国仍然占据着重要地位。

从中部六省之间的对比来看，2017年湖北、湖南和山西省实现了"三、二、一"的产业结构，而河南、江西和安徽三省的产业结构仍以第二产业为主，第三产业比重小于第二产业（见表2-4）。

表 2-3 2017 年全国与四大板块产业结构   单位:%

—	东部地区	中部地区	西部地区	东北地区	全国
第一产业比重	5.85	8.57	11.05	11.37	7.92
第二产业比重	38.27	45.32	41.18	37.22	40.46
第三产业比重	55.88	46.11	47.77	51.41	51.63

资料来源:历年《中国统计年鉴》。

表 2-4 2017 年中部六省产业结构   单位:%

—	湖南	湖北	河南	江西	安徽	山西
第一产业比重	8.84	9.95	9.29	9.17	9.56	4.63
第二产业比重	41.70	43.52	47.37	48.12	47.52	43.65
第三产业比重	49.43	46.53	43.34	42.70	42.92	51.71

资料来源:历年《中国统计年鉴》。

三、国土空间开发密度

国土空间作为经济社会发展的重要载体,关系着区域经济的协调发展。在推进城镇化和工业化过程中,随着产业和人口在空间上的大量聚集,中部地区国土空间开发力度不断加大,建设空间迅速扩张,国土空间开发密度持续提高。本部分将从城市面积、人口密度、交通密度和绿化覆盖率等方面分别描述中部地区的国土空间开发密度。

(一) 城市面积

从四大板块来看,2005~2017 年四大板块中城市建成区面积均呈现扩大趋势,除了东北地区以外,其他三大板块城市建成区面积在 2011 年以后增速稍有提高(见图 2-6)。其中,东部地区城市建成区面积遥遥领先其他三个板块。中部地区和西部地区城市建成区面积较为接近,除了 2005 年之外,西部地区城市建成区面积一直多于中部地区,且在 2011 年之后,超过的幅度更加明显。东北地区的城市建成区面积一直在四大板块中排最后一名,在 2005~2016 年保持低缓增长,而在 2017 年出现了下降的情况。

从中部六省来看,河南省城市建成区面积一直居于首位,2017 年达到 2685.29 平方千米,比 2005 年增加 1113.31 平方千米(见图 2-7)。湖北省城市建成区面积在 2006~2007 年出现减小,自 2008 年起持续增加,一直稳居中部第二。安徽省城市建成区面积在中部地区排名第三,在 2006 年有所减少,2007 年以后持续增加,2017 年达到 2039.30 平方千米。湖南省城市建成区面积位列中部地区第四，2017 年达到 1709.35 平方千米。江西省城市建成区面积在中部地区排名第五，除了在 2005 年时城市建成区面积小于山西省之外，其他时间均多于山西省。而山西省 2006~2017 年城市建成区面积一直居于中部地区最后一名，2017 年仅达到 1178.32 平方千米。

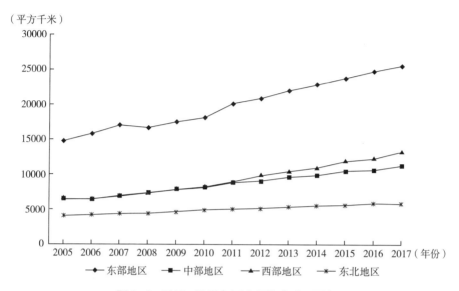

图 2-6 2005~2017 年四大板块建成区面积

资料来源：历年《中国统计年鉴》。

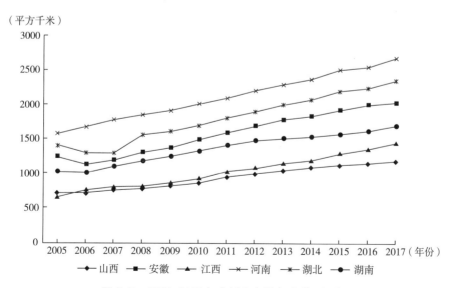

图 2-7 2005~2017 年中部六省城市建成区面积

资料来源：历年《中国统计年鉴》。

（二）人口密度

在新型城镇化和中部崛起等战略指导下，中部地区成为继东南沿海后承载中国人口的第二大载体，其 2005～2017 年新增 1698 万人口，城镇化率由37.58% 上升至 54.92%，城区人口密度有了大幅度提升。

从四大板块来看，2005～2017 年中部地区的城市人口密度一直稳居第一位（见图 2-8）。2006～2009 年，西部地区城市人口密度位居四大板块中的第二，2010～2017 年城市人口密度被东北地区超越，在四大板块中排名第三。东北地区在 2006～2009 年城市人口密度处于四大板块中的第三位，2010～2017 年跃居第二。而东部地区除在 2005 年城市人口密度位列第二之外，在 2006～2014 年和2016～2017 年的城市人口密度均在四大板块中最低。由于东部地区拥有的城市数量远远多于其他三大板块，因而在一定程度上使得其城市平均人口密度低于其他三大板块。

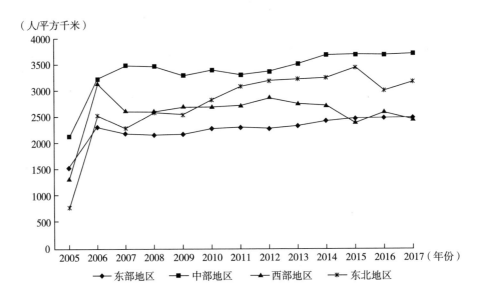

图 2-8　2005～2017 年四大板块城市人口密度

资料来源：历年《中国统计年鉴》。

从中部六省来看（见图 2-9），2005～2017 年中部地区人口密度最高的是河南省，2005～2008 年河南省的人口密度呈上升趋势，而 2008 年以后河南省的人口密度出现较大下降。江西省的人口密度位居中部地区第二，2005～2017 年江西省的人口密度大体上呈上升趋势，其中 2005～2006 年的上升幅度较大。山西省和湖南省的人口密度较为接近，2006～2010 年湖南省在中部地区中排名第三，山西省第四；2011 年和 2013~2016 年山西省排名第三，湖南省第四；2017 年湖南省超过山西省，在中部地区排第三名。安徽省和湖北省的城市人口密度较为接近，在中部六省中居于后两位。除了 2013~2014 年和 2017 年之外，安徽省城市人口密度在中部地区均排第五；2017 年，湖北省城市人口密度超过安徽省，安徽省成为中部地区城市人口密度最低的省份。

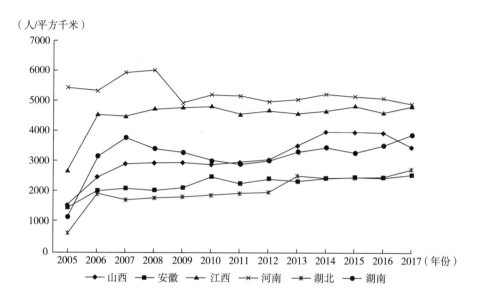

图 2-9 2005~2017 年中部六省城市人口密度

资料来源：历年《中国统计年鉴》。

（三）交通密度

1. 公路建设密度与里程

图 2-10 给出了 2005~2017 年我国四大板块公路里程密度，这是由四大板块公路里程数除以相应的国土面积而得出的。

可以看出，2006 年是我国公路发展的转折点，2005~2006 年四大板块公路的建设普遍加快了速度，公路密度有了较大提升，而在 2006 年后，四大板块的公路建设增长速度变缓。东部和中部的公路密度相差不大，远远领先于东北和西部地区的公路密度。东北地区公路密度虽然低于东部地区和中部地区，但也几乎是西部地区公路密度的两倍。全国公路密度与东北地区的公路密度十分接近，只有西部地区的公路密度低于全国水平。

（千米/百平方千米）

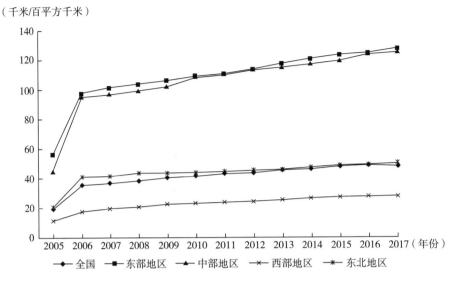

图 2-10　2005~2017 年四大板块公路里程密度

资料来源：历年《中国统计年鉴》。由公路里程除以相应的国土面积得到公路里程密度。

对中部六省的公路建设密度进行比较，可以总结出中部地区公路建设的特点，发现部分省份在公路建设方面具有先进经验，可供其他中部省份借鉴。图 2-11 给出了 2005~2017 年中部六省公路里程密度。可以看出，中部六省的公路里程密度都呈现出不断增长的趋势，但不同省份之间的公路里程密度存在较

（千米/百平方千米）

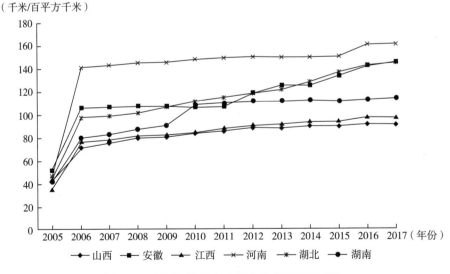

图 2-11　2005~2017 年中部六省公路里程密度

资料来源：历年《中国统计年鉴》。由公路里程除以相应的国土面积得到公路里程密度。

大差距,增长速度也不尽相同。2006 年也是中部六省公路发展的转折点,中部各省公路的建设普遍加快了速度,公路里程得到较大提升。除了 2005 年,河南省公路里程数一直位居中部地区第一。湖北省和安徽省的公路密度较为接近,分别在中部六省中排在第二位、第三位,除了 2010～2011 年和 2014～2015 年之外,安徽省公路密度均高于湖北省。湖南省公路密度在中部地区排在第四位,2005～2010 年增长幅度较大,2011～2017 年呈现平缓增长态势。江西省和山西省的公路密度在中部地区排在后两位,除 2005 年外,江西省公路密度一直高于山西省。

2. 铁路建设密度与里程

根据《促进中部地区崛起规划》,我国要加快中部地区的铁路网建设。具体而言,要以客运专线、城际铁路、区际通道、煤运系统和重要枢纽为建设重点,扩大铁路网总规模,完善路网结构,提高铁路运输能力和服务水平,建成连贯东西、沟通南北的铁路运输通道。

中部地区铁路建设重点包括四个方面:一是加快京沪、京广、徐兰、杭昆、青太等客运专线和沪汉蓉快速通道、大同至西安等铁路建设,完善太原、郑州、武汉、长沙、南昌、合肥等枢纽站。二是新建合肥至福州、九江至景德镇至衢州、阜阳至六安、荆州至岳阳、赣州至韶关、衡阳至井冈山、怀化至邵阳至衡阳、运城至三门峡至十堰等地区开发性铁路新线。三是强化晋煤东运、南运通道建设,实施大秦铁路 4 亿吨集疏运工程、朔黄铁路 2 亿吨扩能配套改造等煤运通道建设。建设山西中南部铁路通道。四是建设长株潭城市群、中原城市群、武汉城市圈等城际客运系统。

(1)我国四大板块铁路里程密度。在全国各省的铁路建设中,原铁道部发挥了主要作用。但各省也可以通过自己设立的铁路建设公司参与铁路建设的融资活动,各省对涉及本省的铁路线路规划也可以起到一定的影响作用,使得线路的规划更有利于本省的经济发展。图 2-12 给出了 2005～2017 年我国四大板块铁路营业里程密度,这是由四大板块铁路营业里程数除以相应的国土面积而得出的。可以看出,近年来我国铁路建设稳步发展,各板块铁路营业里程的建设普遍加快了速度,铁路营业里程密度有了较大提升,但不同板块的铁路营业里程密度存在较大差距,增长速度也不尽相同。东部铁路营业里程密度最高,中部地区稳居第二,东北地区排名第三,西部地区位居最后,且四大板块中只有西部地区的铁路营业里程密度低于全国水平。随着时间的推移,四大板块的铁路营业里程密度也逐渐拉开了距离,东部、中部和东北的铁路营业里程密度远高于西部地区。

(2)中部六省铁路营业里程。由图 2-13 可以看出,中部六省的铁路营业里程密度整体上呈现增长趋势,但不同省份之间存在较大差距。2005～2013 年河南省的铁路营业里程密度在中部地区领先于其他省份，但在2014~2017年山西省超过河南省跃居中部地区首位。安徽省的铁路营业里程密度在中部地区排名第三，江西、湖北和湖南三省则较为接近，排在中部地区后三位。河南、山西和安徽的铁路营业里程密度一直稳定地处于前列，除了2009~2013年之外，江西省的铁路营业里程密度均高于湖北省和湖南省，在中部地区排在第四位。

（千米/百平方千米）

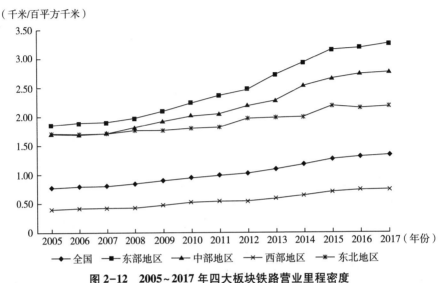

图2-12　2005~2017年四大板块铁路营业里程密度

资料来源：历年《中国统计年鉴》。由铁路营业里程除以相应的国土面积得到铁路营业里程密度。

（千米/百平方千米）

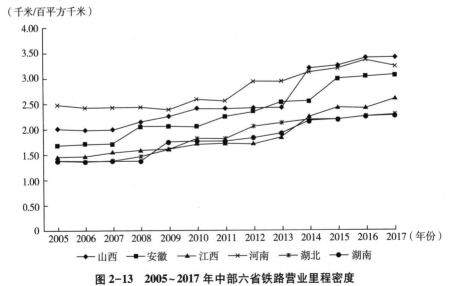

图2-13　2005~2017年中部六省铁路营业里程密度

资料来源：历年《中国统计年鉴》。由铁路营业里程除以相应的国土面积得到铁路营业里程密度。

3. 水运建设密度与里程

根据《促进中部地区崛起规划》和相关文件，中部地区要以长江干线等高等级航道和主要港口为核心，形成航道干支通畅、江海直达，港口布局合理、设施完备，运输船舶标准化、专业化，支持保障系统完善、技术先进，与其他运输方式相互衔接、协调发展的内河水运体系。中部地区内河航道将形成以长江、淮河、湘江、沅水、汉江、江汉运河、赣江、信江、合裕线、芜申线、沙颍河等"两干九支"共11条国家高等级航道为骨干，以资水、清江、涡河等27条重要航道为支撑的干支通畅、江海直达的中部地区航道体系，将有效沟通我国东中西部地区，连接沿江主要大中型城市、工业区和矿区。

（1）我国四大板块内河航道里程密度。图2-14给出了2005~2017年我国四大板块内河航道里程密度，这是由四大板块内河航道里程数除以相应的国土面积而得到的。可以看出，我国四大板块内河航道里程密度都比较稳定，各板块内河航道里程密度基本保持不变。由于自然条件的不同，不同板块的内河航道里程密度存在较大差距。东部和中部远高于东北和西部地区，东部地区内河航道里程密度是中部地区的1.8倍，是西部地区的11.8倍，中部地区内河航道是西部地区的6.5倍，这说明东部地区是我国内河航道运输最为发达的地区，而中部地区的内河航道资源也比西部地区丰富，应当进一步开发和利用中部地区尤其是长江中段航道的优势。

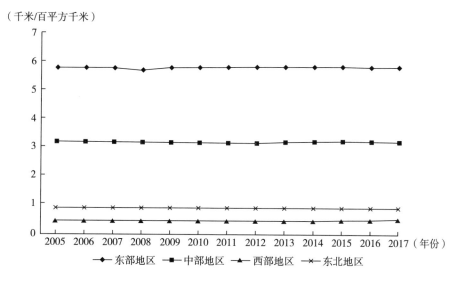

（千米/百平方千米）

图2-14　2005~2017年四大板块内河航道里程密度
资料来源：历年《中国统计年鉴》。由内河航道里程除以相应的国土面积得到内河航道里程密度。

（2）中部六省内河航道里程。图2-15给出了2005~2017年中部六省内河航道里程密度，可以看出，中部六省的内河航道里程密度多年来几乎都没有增长。这说明内河航道里程主要由各省的自然水利条件决定，人为的建设投资对内河航道里程的影响相对较小。湖南和湖北两省的内河航道里程密度在中部地区处于领先地位，长江中段航道的自然水利条件非常适合于发展水运。安徽和江西两省的内河航道里程密度在中部地区排名第三和第四，其自然水利条件也很有利于发展水运。与上述四省相比，受自然水利条件的制约，河南与山西两省的内河航道里程密度与其他四省差距较大。

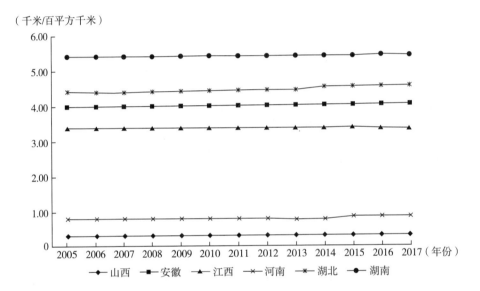

图 2-15　2005~2017 年中部六省内河航道里程密度

资料来源：历年《中国统计年鉴》。由内河航道里程除以相应的国土面积得到内河航道里程密度。

4. 航空建设密度

根据《促进中部地区崛起规划》和相关文件，中部地区要以改善中心城市航空运输条件和促进旅游资源开发为重点，通过新增布点机场建设和既有机场改扩建，完善干线机场功能，稳步发展支线机场，实现航空枢纽、干线和支线有机衔接，客货航空运输高效安全、全面协调的发展格局。进一步提升武汉、长沙、郑州机场在全国的地位，实施太原、南昌、长沙、张家界等机场改扩建工程，合肥机场迁建工程和吕梁、九华山、宜春等机场新建工程。2020年中部地区布局新增的机场包括山西省的吕梁、五台山机场，安徽省的九华山、蚌埠、芜湖机场，江西省的宜春、赣东机场，河南省的信阳、商丘机场，湖北省的神农架机场，以及湖南省的衡阳、岳阳、武冈、邵东机场。

有很多指标可以反映一个省的航空建设成就，例如，机场数量和开辟的航线条数，但如果目的是对中部各省的航空建设进行比较，机场和航线数量指标存在一定局限。因为不同城市的机场在规模上存在非常大的差异，仅仅统计各省的机场数量不能准确反映不同省份在航空建设上的差异。航线的条数也存在类似的问题，不同的航线有着不同的航线里程，而且同一航线要跨越很多省份，因此很难以航线来对不同省份的航空建设进行准确比较。鉴于数据的可得性，采用民航旅客吞吐量、航空客运量和航空货邮吞吐量与航空货运量两组指标来对中部六省的航空建设情况进行比较。

（1）四大板块航空旅客吞吐量。2017 年，全国民航运输机场完成旅客吞吐量 11.48 亿人次。其中，东部地区完成旅客吞吐量 6.14 亿人次，中部地区完成旅客吞吐量 1.22 亿人次，西部地区完成旅客吞吐量 3.40 亿人次，东北地区完成旅客吞吐量 0.72 亿人次。其中，东部地区承担了全国一半以上的航空旅客吞吐量，远远超过其他三大板块，达到了 53.5%。西部地区的航空旅客吞吐量排名第二，超过排名第三的中部地区 19 个百分点。东北地区航空旅客吞吐量所占比重最低，仅为 6.3%。由此可知，中部地区在航空客运方面尚有较大的提升空间。

（2）中部六省航空客运量。由于省级航空客运量数据难以获得，且省会城市占全省客运量的比例较高，这里使用省会城市航空客运量数据代替省级客运量数据进行分析。表 2-5 列出了 2005~2014 年中部六省省会城市航空客运量统计数据。可以看出，中部六省的航空客运量都呈现出不断增长的趋势，但不同省份之间的航空客运量存在明显差距。湖南和湖北的航空客运量在中部地区一直处于领先地位。其中湖南省在 2010 年以来持续超越湖北省，成为中部地区航空客运量最大的省份。河南省的航空客运量在 2005~2014 年始终处于第三。山西省航空客运量一直高于安徽省，且在 2006 年超越了江西省，稳定地在中部地区处于中等水平。安徽与江西两省航空客运量增长缓慢，目前在中部地区属于相对落后的省份。

表 2-5　中部六省航空客运量　　　　　　　　　单位：万人

年份＼地区	太原	合肥	南昌	郑州	武汉	长沙
2005	224.03	151.17	230.35	296.93	474.39	530.14
2006	284.35	185.15	276.44	387.99	610.06	659.26
2007	361.33	223.03	306.81	500.21	835.63	807.00

续表

地区 年份	太原	合肥	南昌	郑州	武汉	长沙
2008	431.29	252.53	333.18	588.76	920.26	845.48
2009	463.22	320.57	393.79	734.24	1130.38	1128.43
2010	525.28	381.71	474.90	870.79	1164.68	1262.13
2011	587.60	439.87	534.79	1015.01	1246.20	1368.47
2012	681.33	519.42	601.82	1167.36	1398.05	1474.97
2013	780.36	562.80	681.10	1314.00	1570.61	1600.72
2014	793.19	597.46	724.09	1580.54	1727.71	1802.05

资料来源：历年《中国交通统计年鉴》。

（3）四大板块航空货邮吞吐量。2017 年民航行业发展统计公报数据显示，2017 年全国民航运输机场完成货邮吞吐量 1617.73 万吨，其中东部地区完成货邮吞吐量 1215.89 万吨，中部地区完成货邮吞吐量 102.61 万吨，西部地区完成货邮吞吐量 244.49 万吨，东北地区完成货邮吞吐量 54.74 万吨。其中，东部地区承担了全国 3/4 以上的航空货邮量，远远领先于其他三大板块，且东部地区在航空货运方面比航空客运方面占据更大的优势。西部地区的航空货邮吞吐量比重排名第二，为 15.1%，比排名第三的中部地区多了 8.8 个百分点，而东北地区依然是占比最低的地区，仅有 3.4%。

（4）中部六省航空货运量。由于省级航空货运量数据难以获得，且省会城市占全省货运量的比例较高，这里使用省会城市航空货运量数据代替省级货运量数据进行分析。表 2-6 列出了 2005～2014 年中部六省省会城市航空货运量统计数据。可以看出，中部各省的航空货运量尽管从长期来看有所增长，但都存在一定波动。2005～2011 年湖北和湖南两省的航空货运量在中部地区处于领先位置，但 2012 年以来河南省航空货运量增幅较大，已成为中部航空货运量最多的省份。较落后的三省（山西、安徽和江西）航空货运量相差不大，从历年的波动情况来看，山西、安徽和江西的航空货运量呈现出缓慢上升的趋势。

表 2-6　中部六省航空货运量　　　　　　　　　单位：万吨

地区 年份	太原	合肥	南昌	郑州	武汉	长沙
2005	2.98	1.94	1.74	4.47	6.40	5.24
2006	2.79	2.15	2.37	5.08	7.38	6.26

续表

年份\地区	太原	合肥	南昌	郑州	武汉	长沙
2007	2.79	2.18	2.55	6.56	8.96	6.87
2008	3.15	2.38	2.36	6.47	8.99	7.12
2009	3.45	2.81	2.45	7.05	10.19	8.70
2010	4.12	3.19	3.24	8.58	11.02	10.86
2011	3.97	3.84	3.43	10.28	12.28	11.48
2012	4.23	4.26	3.79	15.12	12.82	11.06
2013	4.44	4.00	4.04	25.57	12.95	11.76
2014	4.49	4.64	4.61	37.04	14.30	12.50

资料来源：历年《中国交通统计年鉴》。

根据以上内容可知，尽管中部地区交通建设成就显著，但仍存在国道主干线及部分国道、省道拥堵现象日趋严重的问题，铁路运力紧张的局面仍未得到根本改变，航空客货运能力亟须提高，各种交通运输方式没有达到有效衔接，因此未来中部地区的交通运输网络需要进一步改善。

（四）绿化覆盖率

伴随城市人口和产业不断集聚，经济发展与生态环境的关系日趋紧张，城市建设的理念也在不断演进，由片面追求经济效益逐渐演进为追求经济、社会和生态的协调发展。因此，为缓解环境压力，提高居民生活质量和城市宜居水平，城市的生态建设愈加重要。本书以城市建成区绿化覆盖率作为考量城市生态建设的指标，采用包括城市绿地面积和公园面积在内的绿化面积除以相应的国土面积计算得到。

图 2-16 展示了 2005~2017 年我国四大板块在城市建成区绿化覆盖率上的差异。除 2007~2010 年之外，东部地区的建成区绿化覆盖率在四大板块中均是最高的。中部地区的城市建成区绿化覆盖率在 2007~2010 年位居第一，在 2005~2006 年以及 2011 年之后位居第二。东北地区的城市建成区绿化覆盖率的排名在 2005~2012 年处于中间位置，但从 2013 年开始，东北地区的城市建成区绿化覆盖率有所下降，在 2016 年时成为城市建成区绿化覆盖率最低的地区。西部地区受自然地理环境限制，尽管在 2017 年时其城市建成区绿化覆盖率比 2005 年提高了 1.56 个百分点，但与其他地区相比仍处于较低水平。从整体上看，中部地区和西部地区的城市建成区绿化覆盖率比 2005 年时有所提高，而东部地区和东北地区则出现下降。

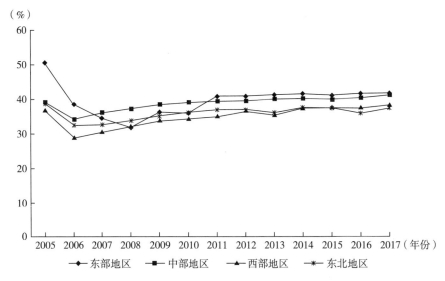

（%）

图 2-16   2005~2017 年四大板块城市建成区绿化覆盖率

资料来源：历年《中国统计年鉴》。

图 2-17 展示了 2005~2017 年中部六省城市建成区绿化覆盖率。2007~2017 年，江西省城市建成区绿化覆盖率在中部地区最高，其他五个省份之间的差距不大。在 2017 年，只有湖北省和湖南省的城市建成区绿化覆盖率低于 2005 年，其他四个省份的城市建成区绿化覆盖率均比 2005 年有所提高。

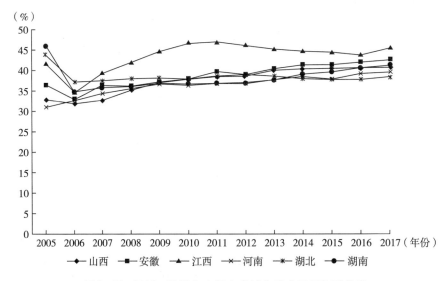

（%）

图 2-17   2005~2017 年中部六省城市建成区绿化覆盖率

资料来源：历年《中国统计年鉴》。

第二节 现代产业体系

一、产业发展综述

中部地区是我国新一轮工业化、城镇化、信息化和农业现代化的重点区域，是扩大内需、提升开放水平最具潜力的区域，也是支撑我国经济保持中高速增长的重要区域。中部地区的繁荣发展，事关我国改革开放和现代化建设全局，事关中华民族伟大复兴中国梦的实现。

《促进中部地区崛起"十三五"规划》明确指出，到 2020 年中部地区现代产业体系要基本建成，要依托"三基地、一枢纽"地位的建设成果，在"十三五"期间实现"一中心，四区"的战略定位，把中部地区建成全国重要先进制造业中心，全国新型城镇化重点区、全国现代农业发展核心区、全国生态文明建设示范区全方位开放的重要支撑区，着重强调了促进制造业向高端、智能、绿色、服务和集群方向发展，要求推动中部地区制造业提升改造，发展战略性新兴产业，促进产业集群化发展、加快发展现代服务业，开创现代农业发展新局面等，为中部地区构建现代产业体系指明方向。

由表 2-7 可以看出，我国产业结构日趋合理，服务业比重不断攀升，第一、第二产业比重逐渐下降，且服务业比重在 2015 年超过了一半。从四大板块的产业结构来看，仅东部地区服务业比重高出全国平均水平，其余板块相对较低。中部地区服务业比重在四大板块中最低，第二产业比重在四大板块中最高，第一产业比重相对低于西部地区和东北地区。2013 年以后，中部地区第二产业比重逐步下降，服务业比重加速提升，产业结构持续优化。

表 2-7 2013~2017 年我国四大板块产业结构

地区	2013 年	2014 年	2015 年	2016 年	2017 年
东部	7.3%：43.8%：49.0%	6.9%：42.3%：50.8%	6.8%：40.4%：52.9%	6.6%：38.9%：54.5%	5.8%：38.3%：55.9%
中部	11.3%：52.3%：36.4%	10.6%：49.8%：39.6%	10.3%：46.5%：43.1%	10.0%：44.9%：45.1%	8.6%：45.3%：46.1%
西部	12.2%：47.9%：39.9%	11.6%：46.2%：42.2%	11.7%：43.7%：44.6%	11.7%：42.5%：45.8%	11.1%：41.2%：47.8%
东北	12.6%：48.9%：38.5%	12.1%：46.6%：41.2%	12.4%：42.4%：45.3%	12.4%：38.2%：49.3%	11.4%：37.2%：51.4%
中国	9.3%：44.0%：46.7%	9.1%：43.1%：47.8%	8.8%：40.9%：50.2%	8.6%：39.9%：51.6%	7.9%：40.5%：51.6%

资料来源：历年《中国统计年鉴》。为了便于整理，表中将数据保留一位小数，因此，三产比重加起来的总和可能会出现不等于100%的情况。

由表2-7和图2-18可知，2013年以来中部地区第一产业比重稳步降低；第二产业比重进一步提高，但从2013年以来提升幅度有所减小；服务业比重持续上升，在国民经济中的地位愈加重要。

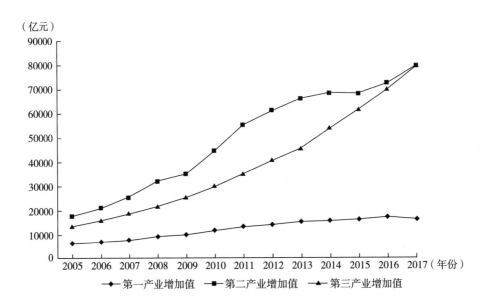

图2-18　2005~2017年中部地区三大产业增加值

资料来源：历年《中国统计年鉴》。

二、工业发展水平及区域差异

（一）四大板块工业发展差异

2005~2017年，中部地区工业发展水平不断提升，工业增加值稳步增长，在四大板块中排名第二，与东部地区的工业增加值相差较多，而与西部地区的工业增加值差距不大（见图2-19）。2017年中部地区工业增加值达到6.79万亿元，分别比2010年和2005年增加2.85万亿元、5.30万亿元，但比2017年东部地区的工业增加值少9.61万亿元。

2005~2017年，除东部地区外，其他板块工业在国民经济中的比重的变化趋势均呈"M"形态势（见图2-20）。2008年以前东部地区工业占比居于首位，近年来由于产业转型升级的大力推进，东部地区工业占比逐渐下降；2008年以前东北地区工业占比位居第二，中部地区位居第三，西部地区排最后。2008~2009年，受全球金融危机的影响，四大板块工业占比均出现下降。东部地区自2008年以来工业占比一直处于下降状态，而其他三大板块在2009~2011年出现

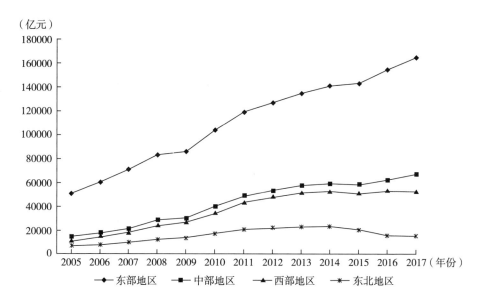

图 2-19　2005～2017 年四大板块工业增加值

资料来源：历年《中国统计年鉴》。

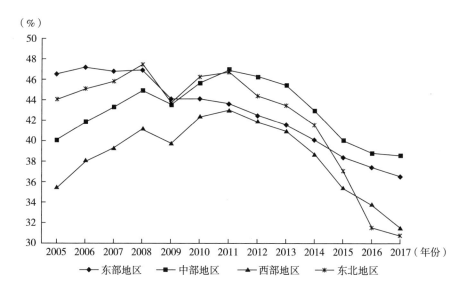

图 2-20　2005～2017 年四大板块工业占比情况

数据来源：历年《中国统计年鉴》。

上升，在 2012～2017 年也呈现下降趋势。随着中部地区承接东部沿海产业转移进程的加快，2011 年以后，中部地区工业占比超过东部地区居于首位。东北地区作为老工业基地,工业占比向来较高,但2016~2017年东北地区工业占比却在四大板块中排最后。而西部地区由于自然条件、历史政策等因素,工业占比一直较低,与东部和中部地区差距较大。

(二)中部地区工业发展的省际差异

从工业增加值来看,除山西省2013~2016年工业增加值出现下滑之外,其他五个省份工业增加值均保持上升趋势(见图2-21)。河南省工业增加值在2005~2017年一直位居中部地区第一;2009~2017年,湖北省、湖南省和安徽省分别位居第二、第三和第四位;江西省工业增加值在2012年之前处于中部地区最低水平,2013年之后排名第五;山西省工业增加值在2013年之后出现大幅下滑,成为中部地区工业增加值最低的省份。

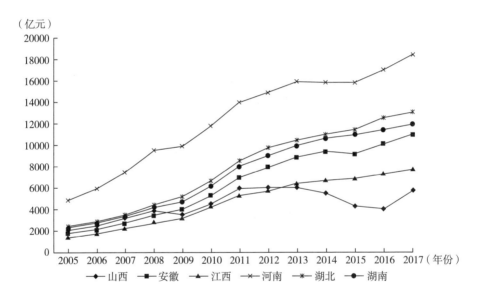

图2-21 2005~2017年中部六省工业增加值

资料来源:历年《中国统计年鉴》。

从工业在国民经济中的比重来看,2005~2008年中部六省的工业比重呈现上升态势,2009年山西省工业比重大幅下降,河南省、江西省和湖南省也出现下降情况,随后2010~2011年各省工业比重均出现回升,但自2012年以来工业比重出现持续下降趋势。从排名来看,2013年及以前,山西省和河南省的工业比重在中部地区排名前二;2014年起河南省工业比重排名中部第一,安徽省跃居第二。江西省工业在国民经济中的比重处于中部地区的中间水平,而湖北省和湖南省工业占比一直低于中部地区平均水平,分别位于中部地区第五和第六。

三、服务业发展水平及区域差异

世界经济已经进入服务经济时代，服务经济指的是服务业的增加值或就业比重超过60%①的一种经济状态。服务业已经成为当今全球经济的主导力量，服务业发展水平是一个国家或地区现代化程度的重要标志。

2005年以来，中部地区服务业产值不断增加，2005~2008年和2009~2011年中部地区服务业占比两度出现下滑，2011年底达到中部崛起战略以来的最低点，仅为34.35%。2012年以后呈现出明显上升趋势，服务业占比快速提高，2016年达到44.14%，比2005年增加7.58%。②

（一）四大板块服务业发展差异

由图2-22可以看出，2005~2017年，四大板块的服务业均呈持续增长态势。东部地区服务业发展始终领先其他地区，且增长速度最快。中部和西部地区服务业发展水平较为接近，2005~2008年中部地区服务业增加值高于西部地区，而2009~2015年西部地区服务业增加值反超中部地区，位居第二；从2016年开始，中部地区服务业增加值重新超过西部地区，并且在2017年比西部地区多出814.31亿元。东北地区服务业增加值长期以来在四大板块中排最后，增长速度也较为缓慢。

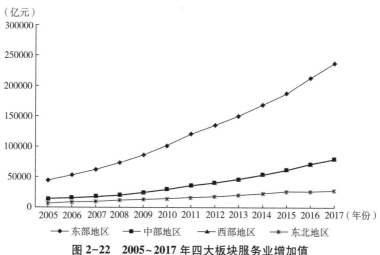

图2-22　2005~2017年四大板块服务业增加值

资料来源：历年《中国统计年鉴》。

---

① 也有学者认为服务经济指的是服务业产值或就业份额至少达到50%，服务经济发展程度较高的经济体则可以达到80%以上。[杨圣明.当代世界服务业发展新趋势[J].经济学动态，2008（9）：38-42；周振华.服务经济的内涵、特征及其发展趋势[J].科学发展，2010（7）：3-14.]

② 数据整理自《中国统计年鉴》（2006~2018）。

从整体上看，2017 年四大板块的服务业在国民经济中的比重与 2005 年相比均有提高（见图 2-23）。其间除了东部地区占比一直稳步提高，其他地区总体走势基本一致，服务业发展势头相对不足，与东部地区的差距有所扩大。2005~2014 年，四大板块的服务业比重均低于 50%。2015 年，东部地区服务业占比超过了 50%，服务业成为支撑区域经济发展的主导产业。东北地区服务业在 2016 年时比重为 49.72%，但在 2017 年时服务业比重也超过了 50%，成为一二三产业中占比最高的产业。2012 年以后，西部地区服务业占比在四大板块中位居第三，而中部地区服务业比重在四大板块中最低，表明中部地区的产业结构偏向工业化。2017 年东部、西部以及东北地区服务业占比分别达到 53.68%、45.75%、51.57%，均高于中部地区的 45.75%。

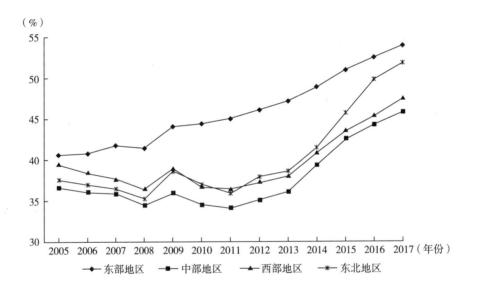

图 2-23　2005~2017 年四大板块服务业占比情况

资料来源：历年《中国统计年鉴》。

（二）中部地区服务业的省际差异

从服务业增加值来看，2005~2017 年中部六省服务业增加值均保持上升趋势（见图 2-24）。其中，2008~2012 年服务业增加值上升趋势有所提高，2013~2017 年服务业发展速度显著加快。河南省服务业增加值在中部地区最高。湖北和湖南两省服务业增加值及其变化趋势较为相仿，2009 年以来湖南省服务业增加值超过湖北省，在中部地区排名第二。安徽省服务业增加值在中部六省中处于中间水平。山西省和江西省服务业增加值在中部地区排名靠后，且与其他省份差距较大。

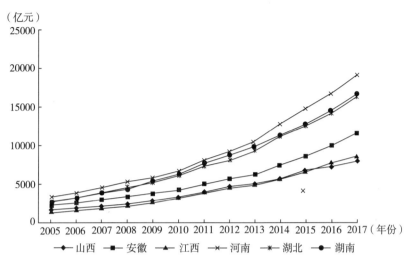

图 2-24　2005~2017 年中部六省服务业增加值

资料来源：历年《中国统计年鉴》。

　　从服务业在国民经济中所占比重的变化趋势来看，整体上中部六省服务业比重均呈现先下降后提高的发展趋势（见图 2-25）。2005~2008 年，江西省、山西省和湖南省服务业比重持续下滑，2011 年之后江西省、湖南省服务业比重稳步提升，而山西省则在 2011 年之后呈现出先上升后下降的态势。安徽省服务业比重在 2005~2011 年持续下滑，2013 年以后开始显著提高。河南省服务业比重在 2005~2010 年呈缓慢下滑的态势，2010 年以后开始提高，且在 2013~2017 年得到快速提升。湖北省服务业比重在 2005~2007 年和 2012~2017 年呈上升趋势，在 2008~2011 年则有所下降。

　　从中部六省的服务业比重对比结果来看（见图 2-25），2017 年山西省服务业比重达到 51.71%，在中部地区位居第一；湖南省为 49.43%，湖北省为46.53%，分别位列中部地区第二和第三；其他三省比重较为接近，河南省为43.34%，略高于安徽省的 42.92% 和江西省的 42.70%，其中江西省是中部地区服务业比重最低的省份。

　　从服务业在经济结构中的地位来看，山西省自 2015 年以来服务业占比就已超过 50%，湖北省 2016 年服务业比重首次超过第二产业比重 0.2 个百分点，湖南省自 2014 年起服务业比重就持续超过第二产业所占比重，其他三个省份截至2016 年均未进入经济服务化阶段，直到 2017 年中部六省的第三产业比重才超过了第二产业比重。

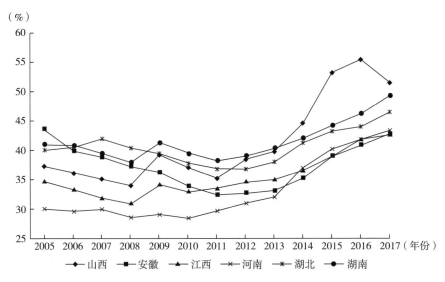

图 2-25　2005～2017 年中部六省服务业占比情况

资料来源：历年《中国统计年鉴》。

总而言之，中部地区服务业在"十二五"期间得到了长足发展。然而，中部地区服务业的发展仍存在诸多不足之处，服务业规模有待壮大，产业竞争力有待提升，服务业体系有待完善，服务产品有待优化。目前中部地区正处于"生产型"向"服务型"发展的关键时期，城镇化建设对中部地区生产性服务业和生活性服务业的发展提出了更高的要求。因此，在经济新常态背景下大力促进服务业优化升级是推动中部崛起的一项重要产业政策。

四、农业发展水平及区域差异

中部地区是我国重要的粮食生产基地，在区域经济发展中占有举足轻重的地位。加快促进中部地区现代农业发展，是保障国家粮食安全、提高农业综合生产能力、促进中部地区崛起的重要基础，对于我国积极应对国际金融危机、扩大国内需求、实现经济社会又好又快发展具有重要意义。近年来，中部地区农业发展概况如下：

（1）2005～2017 年中部地区农业总产值逐步增加。2017 年中部地区农业总产值达到 27991.3 亿元，分别比 2010 年和 2005 年增加 9063.8 亿元、17556.8 亿元。2017 年农业总产值占地区生产总值的比重为 15.86%，分别比 2010 年和 2005 年降低 6.12 个百分点和 12.17 个百分点。除 2016 年稍有回落之外，2005～2017 年中部地区粮食产量总体上实现稳步上升，从 2005 年的 14778.3 万吨上升到 2017 年的 20040.5 万吨。粮食产量增长率波动较大，除 2008 年、2011 年、

2014年、2015年和2017年上升外均呈现出下滑趋势（见图2-26）。

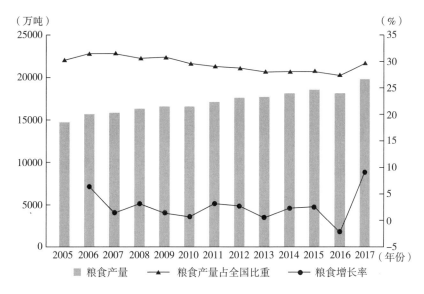

图2-26　2005~2017年中部地区农业发展情况

资料来源：历年《中国统计年鉴》。

（2）农业产业化规模不断扩大。中部地区把农业产业化作为提升农业产业层次、促进农民增收的重要举措，积极地引导农业产业化经营项目向优势产业和优势区域集中、龙头企业向工业园区集中，逐步构建起现代农业产业体系。同时，农产品加工能力显著提升，农产品加工业示范企业数、农产品加工业示范基地、农产品加工企业技术创新机构均占全国总数的20%以上。

（3）农业机械化水平不断提高。农业机械化是现代农业的主要标志。近年来，中部地区紧紧把握粮食生产这条主线，积极推进农业机械化，搞好农机跨区作业服务，农业生产经营条件不断改善，农业生产技术水平和经济效益、生态效益显著提高。以农业大省河南省为例，2017年底河南省主要农作物的机械化水平已达到80.6%。其中，小麦机播、机收水平稳定在98%左右；玉米机播水平稳定在90%以上，机收能力达到80.3%。各类农机作业服务组织、农机户不断增加，农机合作社、农机股份公司、农机协会等新型农机服务组织不断涌现。农机社会化服务不断向前推进，逐渐向市场化、社会化和产业化方向发展。

（一）四大板块农业发展差异

从农业在国民经济中的比重来看，2005~2017年，东部地区、中部地区和西部地区的农业在国民经济中的比重均呈下降态势，只有东北地区农业比重在2010~2016年有所提高。2005~2017年西部地区农业比重在四大板块中排名靠前，中部地区在 2005~2013 年位居第二，东北地区第三。2014 年以后东北地区的农业占比超过中部地区跃居四大板块第二。而东部地区农业在国民经济中的比重在四大板块中一直最低，且与其他三大板块相比差异明显，表明东部地区的产业结构相较其他地区更为现代化。

在粮食产量方面，中部地区作为全国重要的粮食生产基地，粮食产量占全国比重一直维持在 30% 左右，并在 2005~2017 年这十多年间一直稳居第一，可见在粮食稳定增产的同时，中部地区在全国粮食生产中的地位也得到了日益巩固。2008 年以来西部地区粮食产量在全国位居第二。虽然东北地区粮食产量所占比重不断提高，但与其他三大板块相比，其粮食产量占全国的比重仍处于最低水平（见图 2-27）。

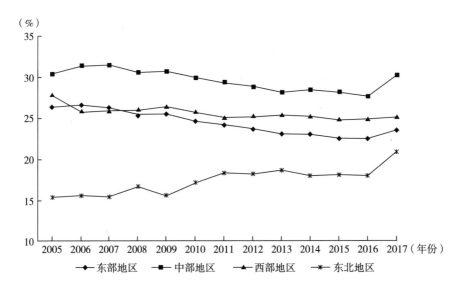

图 2-27　2005~2017 年四大板块粮食产量占全国比重

资料来源：历年《中国统计年鉴》。

（二）中部地区农业发展的省际差异

从农业产值来看，2005~2017 年中部六省农林牧渔业总产值均呈现上升趋势（见图 2-28）。河南省农林牧渔业总产值一直居于首位，2017 年达到 7562.5 亿元，比居于末位的山西省高出 6143.8 亿元；湖南省和湖北省农林牧渔业总产值较为接近，分别处于中部地区第二位和第三位；安徽省农林牧渔业总产值在中部地区处于中间水平；江西省和山西省的农林牧渔业总产值处于较低水平，与其他四省差距较大。

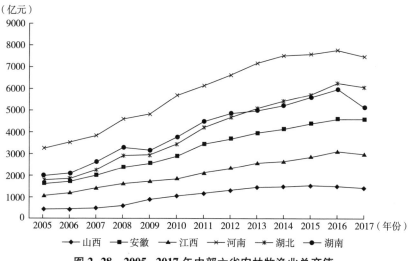

图2-28　2005~2017年中部六省农林牧渔业总产值

资料来源：2006~2018年《中国统计年鉴》。

从农林牧渔业在国民经济中的比重来看，六大省份农林牧渔业占比均出现下降趋势（见图2-29）。湖南省农林牧渔业占比除了2014年和2017年之外长期居于中部首位。安徽省、江西省、河南省和湖北省处于中部地区的中间水平，2017年分别达到9.56%、9.17%、9.29%和9.95%。其中，湖北省农林牧渔业占比在2017年位居中部地区第一。各省之间的农林牧渔业占比差距呈收敛趋势。①

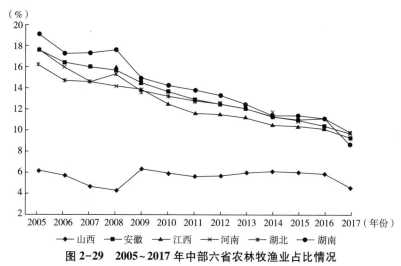

图2-29　2005~2017年中部六省农林牧渔业占比情况

资料来源：历年《中国统计年鉴》。

---

① 数据整理自《中国统计年鉴》（2006~2018）。

尽管中部地区农业发展取得了长足进步，现代农业体系已初步建立，但仍存在较多问题，比如农业发展资金投入较为缺乏，农业市场化程度低，农业物流效率低下以及粗放的生产方式对生态环境造成的负面影响等。因此，继续大力推动现代农业发展是实现中部崛起的重中之重。

第三节　外向型经济发展水平

改革开放以来，发展外向型经济、积极顺应经济全球化成为促进我国经济实现飞速发展的重要举措。外向型经济通常由"三外"组成，即外资、外贸和外经，其中外资和外贸最受关注。在全球要素分工体系下，贸易和投资呈现一体化趋势，即贸易流向和投资流向具有高度一致性和时间同步性，同时国际贸易和国际直接投资互补共存、互动发展，因此对外向型经济发展状况的分析可以聚焦于外贸和外资两个方面。

一、参与国际竞争情况

根据外向型经济的内涵，本部分从贸易开放和投资开放两个方面来考察中部地区外向型经济的发展态势。对外贸易是发展外向型经济的重中之重，也是深度参与国际竞争的主要方式。2010 年以来中部地区对外贸易发展迅速，到2017 年进出口商品总额已达到 2760.04 亿美元，其中进口 1016.41 亿美元，出口 1743.63 亿美元。2010~2014 年是中部地区进出口贸易的快速发展期，在此期间中部地区进出口商品总额年平均增长 20.63%，其中进口商品总额年平均增长13.60%，出口年平均增长 25.71%；出口依存度从 5.41%增加到 7.35%，进口依存度从 4.66%下降到 3.99%。而在 2015~2017 年，面对全球市场需求乏力和自身经济结构等问题，中部地区进出口额出现下滑趋势。在实际外商直接投资方面，中部六省实际外商直接投资在 2017 年增长到 675.12 亿美元，2010~2017 年平均增长17%，投资开放度从 2010 年的 2.11%上升到 2017 年的 2.82%。在对外投资方面，中部地区 2017 年的对外直接投资额达到 101.1 亿美元，是 2010 年的 6.92 倍。其中，河南省是中部地区对外直接投资额最高的省份，2017 年河南省对外直接投资额为 41.25 亿美元，在全国各省份中排名第八。从整体上看，中部地区外向型经济得到了较大发展，但与东部地区相比，中部地区外向型经济的发展水平仍然相对较低，对外贸易和投资额占全国比重与东部地区相比差距仍然较大。因此，在共建"一带一路"倡议背景下，大力发展外向型经济，积极参与经济全球化，借助国内国际市场和资源促进经济快速健康发展是推进中部崛起战略的重要举措。

（一）贸易开放

1. 进出口额

本书以进出口额作为衡量对外贸易发展程度的指标。2005～2017年东部地区的进出口额远远超过其他地区，2011年即突破3万亿美元大关。而其他地区的进出口额较为接近，与东部地区差异显著。从整体上看，四大板块的进出口额呈上升发展趋势，东部地区增速较为明显；2008年金融危机以后，四大板块的进出口都出现了不同程度的下降，其中东部地区下降最为明显，但2009年之后又开始逐渐回升。2014年以后，四大板块的进出口额又出现下降，但在2016～2017年重新呈现上升态势。[①]

由图2-30可以看出，中部六省进出口总额在2005～2008年和2009～2014年均呈现持续增长的趋势，特别是在2010年之后，河南省、安徽省、江西省和湖北省增长迅猛。2014～2015年，除河南省和湖北省进出口总额继续上升之外，其他四个省份进出口额均发生下降。2015～2017年，除山西省外，其他五省均呈先降后升的态势。截至2017年，河南的进出口总额为776.13亿美元，位居中部地区第一，其次是安徽省和湖北省，江西省位列第四，湖南省位列第五，山西省的进出口额为171.72亿美元，增速较为缓慢。

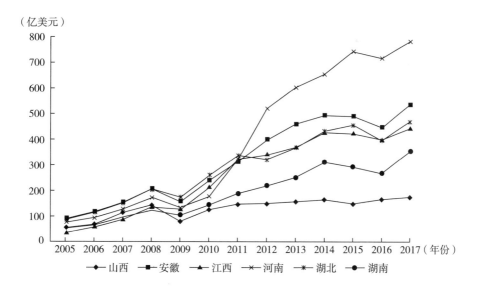

图2-30　2005～2017年中部六省进出口总额

资料来源：历年《中国统计年鉴》。

――――――――――

① 数据来自《中国统计年鉴》（2006～2018）。

2. 对外贸易依存度

对外贸易依存度由进出口总额除以国内生产总值计算得到。东部地区的对外贸易依存度远远高于中部、西部和东北地区，东北地区的对外贸易依存度在四大板块中位居第二，中部和西部地区的对外贸易依存度较为相近，均在10%上下波动，中部地区位列最后一名。从变化趋势来看，2005～2008年四大板块的对外贸易依存度均呈上升趋势，而2008年国际金融危机的冲击致使四大板块对外贸易的发展遭遇挫折，对外贸易依存度均出现下降，2009～2011年对外贸易依存度有所回升，但东部和东北地区对外贸易依存度在2012年以后出现下降，2014年之后中部和西部地区也呈下降趋势。

对外贸易依存度反映了一国或地区与国际经济联系的紧密程度，即该国或地区的经济发展在多大程度上依赖于对外贸易。中部地区对外贸易依存度最低，表明中部地区参与国际贸易竞争的程度很低，经济发展具有很强的独立性，受国际经济与贸易的影响较小。这一方面表明中部地区经济外向度很低，另一方面表明中部地区对国际经济波动的抵御能力较强。但随着经济全球化的深入发展，发展外向型经济是必然选择，因此，中部地区应加大力度开展对外贸易，积极引进来和走出去，为地区经济发展拓展新机遇。

对于中部六省而言，安徽省和江西省的对外贸易依存度处于较高水平（见图2-31）。其中，2005～2008年安徽省对外贸易依存度位居中部地区首位，2009～2017年江西省跃居第一。湖北省大部分年份的对外贸易依存度在中部地区处于中间水平，2005～2010年河南省对外贸易依存度在中部地区最低，但在2011年以后快速提高，2012～2017年河南省对外贸易依存度位居中部地区第三。山西省的对外贸易依存度在2005～2007年得到飞速提高，在2008～2009年出现大幅下降，大部分年份在中部地区处于中间水平。湖南省对外贸易依存度在中部地区一直处于较低水平，从2011年以来均位列最后。

3. 出口依存度

出口依存度由出口额除以地区生产总值计算得到。从四大板块出口依存度图中可以看出（见图2-32），四大地区的出口依存度在2008年金融危机时都出现了不同程度的下降，其中对东部地区的影响最大。从整体水平来看，东部地区的出口依存度最高，遥遥领先于其他地区，但是2008年金融危机之后开始处于下降趋势；其余三个板块中，2005～2013年东北地区的出口依存度略高，但是在2008年金融危机后也同样一直处于下降态势，2017年，其出口依存度降至6.81%，在四大板块中位居第三；西部和中部地区的出口依存度较为接近，在2008年以后经历了较小的下降后一直处于平稳增长的趋势，西部地区的出口依存度一直略高于中部地区，中部地区的出口依存度整体处于最低水平。

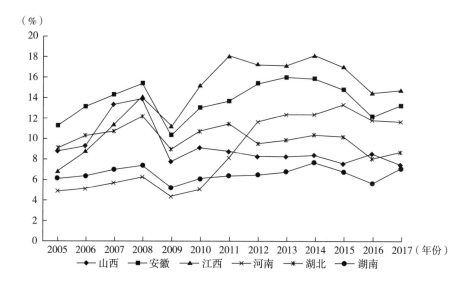

图 2-31　2005~2017 年中部六省对外贸易依存度

资料来源：2006~2018 年相关省份统计年鉴。

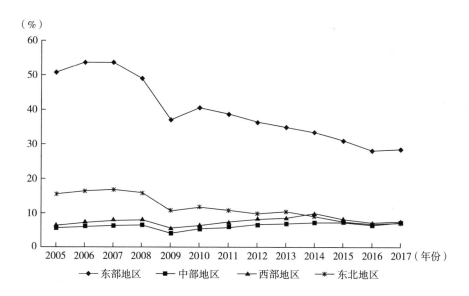

图 2-32　2005~2017 年四大板块出口依存度

资料来源：2006~2018 年相关省份统计年鉴；出口依存度由出口总额除以国内生产总值得到。

由图 2-33 可以看出，中部六省出口依存度在 2008~2009 年都出现了不同程度的下降，但是 2009 年之后又开始恢复上升。2005~2007 年，安徽省出口依存度最高，2009 年以来江西省的出口依存度升至最高，安徽省降至第二。湖北省出口依存度在中部六省中处于中间水平。河南省在 2005～2009 年是中部地区出口依存度最低的省份，2010 年后其出口依存度明显高于之前的水平。山西省和湖南省 2009 年后的出口依存度水平比 2009 年之前低，且自 2009 年以来在中部地区处于较低水平。在中部六省中，地理位置接近东部的江西省和安徽省的出口依存度明显高于地理位置偏西的四个省份，这反映出区位优势对出口有着显著影响。

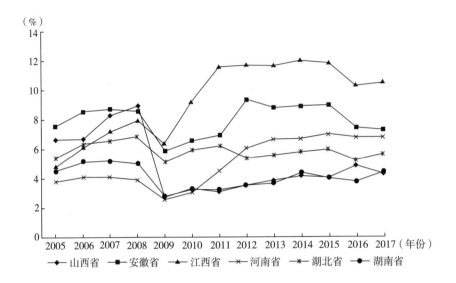

图 2-33 2005～2017 年中部六省出口依存度

资料来源：历年《中国统计年鉴》。出口依存度由出口总额除以国内生产总值得到。

4. 进口依存度

从四大板块进口依存度趋势图中可以看出（见图 2-34），四大板块在 2008 年金融危机时都出现了不同程度的下降，其中东部地区所受影响较大，其他地区所受影响较小。从整体上看，东部地区的进口依存度远远高于其他地区，但是在 2009～2010 年经过短暂上升后就一直处于下降趋势；其次是东北地区，整体的进口依存度相对较稳定；而西部地区和中部地区的进口依存度水平较为相仿，并且均处于较低水平。

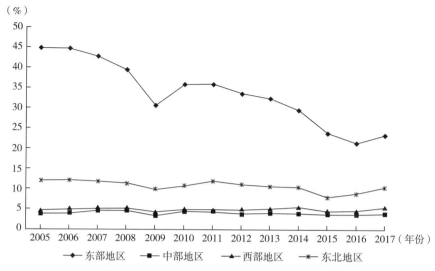

图 2-34　2005~2017 年四大板块进口依存度

资料来源：历年《中国统计年鉴》。进口依存度由进口总额除以国内生产总值得到。

从中部六省的进口依存度图中可以看出（见图 2-35），各省的情况差异较大：河南省在 2010 年之后开始出现明显增长；而安徽省、山西省、江西省和湖北省在 2010 年之后都出现不同程度的下降；湖南省的进口依存度相对较为稳定，2011 年后在中部地区处于最低水平。截至 2017 年，进口依存度最高的是安徽省，其次是河南省和江西省，然后是山西省和湖北省，湖南省进口依存度水平最低。

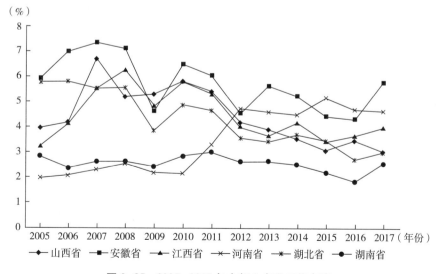

图 2-35　2005~2017 年中部六省进口依存度

资料来源：2006~2018 年相关省份统计年鉴；进口依存度由进口总额除以地区生产总值得到。

综上可知，无论全国还是中部地区进口依存度均小于出口依存度，表明我国的外向型经济是以出口为主的，但当前我国向国际市场出口的大多是劳动密集型产品，这也为我国经济发展埋下了隐患。我国已成为世界第一制造业大国，依赖国际市场消费大量国内产品会让我国的国民经济易受国际经济和汇率波动的影响，从而威胁国民经济安全。因此，为调节当前我国对外贸易方式，要深入改革经济结构，转变生产方式，依靠科技创新生产具有核心竞争力的产品，从而在国际竞争中改善不利局面，占据发展主动权。

（二）投资开放

发展外向型经济、积极推进对外开放的重要方面就是扩大对外资的开放和增加对境外的投资。投资开放度指的是各省份与全球各国在投资方面的开放程度，包括全国各地区实际外商直接投资和各地区对外直接投资两个方面，本部分借此来衡量中部地区的投资开放程度。

1. 实际外商直接投资

从实际外商直接投资额来看，东部地区的外商直接投资水平最高且远远超过其他三大板块，位居第二的是中部地区，2014 年之前东北地区位居第三，西部地区外商直接投资水平最低，但在 2015 年西部地区实际外商直接投资额超过东北地区（见图 2-36）。从变化趋势来看，2005～2012 年四大板块实际外商直接投资额均呈现不断增长的态势。中部地区在 2010 年后增长迅速，而东北地区的实际外商投资额在 2014 年以后出现下降趋势。

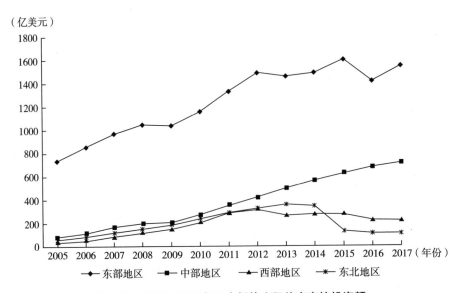

图 2-36　2005～2017 年四大板块实际外商直接投资额

资料来源：2006～2018 年各省统计年鉴。

图 2-37 更为清晰地展示出外商直接投资占比的分布情况。由该图可知，东部地区实际外商直接投资比重最高，尽管东部地区所占比重不断下降，但 2017 年的比重仍达到 59.46%，而中部、西部和东北地区的实际外商直接投资比重之和不足 50%。中部地区实际外商直接投资比重较西部和东北地区稍高，且呈不断上升趋势，2017 年达到 27.50%。2005～2014 年间，除 2011 年外，东北地区的投资比重均比西部地区稍高，但 2014 年以后出现大幅下滑，成为四大板块中实际外商投资比重最低的区域。除了 2011 年和 2015～2017 年，西部地区的投资比重均处于最低水平。

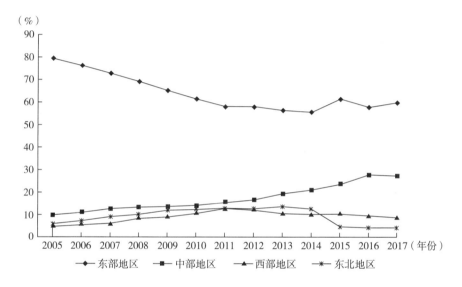

图 2-37　2005～2017 年四大板块实际外商直接投资占比情况
资料来源：2006～2018 年相关省份统计年鉴。

从图 2-38 可以看出，2005～2017 年中部六省实际外商直接投资额大体上呈现逐年增长的态势，特别是河南省，整体水平居中部六省首位，并且在 2010 年后增速较快；2010 年以后，仅次于河南的是安徽省；湖南省在 2011 年之后位居中部地区第三；江西省和湖北省的实际外商直接投资水平较为相近，增速均较为平稳。

投资开放度由各地区实际外商直接投资额除以地区生产总值计算得到。从四大板块投资开放度的趋势图可以看出（见图 2-39），2005～2008 年东部地区的投资开放度最高，其次是东北地区，而西部地区的投资开放度最低。然而，东部地区的投资开放度一直处于下降趋势。东北地区在 2005～2010 年处于上升态势，2010 年之后略微下降，又在 2014 年后出现大幅度下滑，最终在 2015～2017 年时在四大板块中排名第三；中部地区投资开放度在 2015 年之前落后于东部和东北地区，在 2007~2008 年出现下降，之后处于持续上升阶段，并在 2015~2017 年超越东部和东北地区成为投资开放度最高的地区；西部地区投资开放度在 2011 年之前呈上升趋势，2011 年以后变为下降趋势，在四大板块中一直处于最低水平。

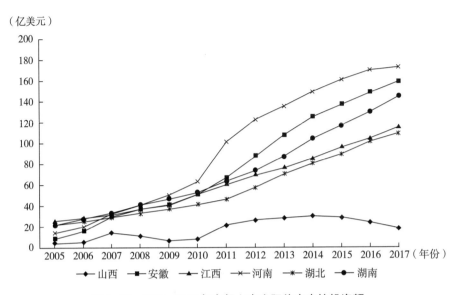

图 2-38 2005~2017 年中部六省实际外商直接投资额

资料来源：2006~2018 年相关省份统计年鉴。

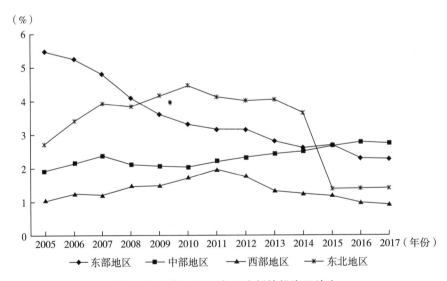

图 2-39 2005~2017 年四大板块投资开放度

资料来源：2006~2018 年相关省份统计年鉴。

由图 2-40 可以看出，江西省的投资开放度在 2012 年之前位居中部地区第一，但是在 2005~2013 年一直处于下降态势，2014~2017 年略有上升，处于中部地区第二的位置；安徽省在 2010 年后一直处于平稳增长的态势，2007~2012 年投资开放度位居中部地区第二，2013~2017 年跃居中部地区第一；湖南省在 2007~2010 年位居第三，呈现下降趋势，在 2011 年之后缓慢提高但排名退至第四位，但在 2017 年又回升至中部地区第三；河南省投资开放度整体上处于不断提高的态势，2010 年后出现了明显的增长，但整体水平落后于江西省和安徽省；湖北省投资开放度在 2011 年处于最低水平，但是之后开始缓慢回升，2010 年以来处于中部地区第五；山西省的投资开放度在 2009 年处于最低水平，之后开始出现明显增长，但整体水平在中部六省中最低。由此可知，地理位置偏向东部的江西省和安徽省的投资开放度高于地理位置偏向西部的其他省份，表明是否临近对外开放前沿阵地（东部沿海）的区位因素是影响中部六省投资开放度的主要因素。

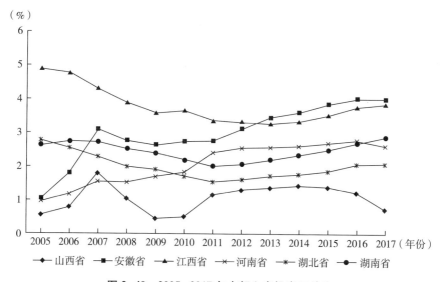

图 2-40 2005~2017 年中部六省投资开放度

资料来源：2006~2018 年相关省份统计年鉴。

2. 对外直接投资

对外直接投资是指我国国内投资者以现金、实物、无形资产等方式在国外及港澳台地区设立、购买国（境）外企业，并以控制该企业的经营管理权为核心的经济活动。对外直接投资是发展外向型经济的重要内容，也是中国企业"走出去"的重要途径。对外直接投资代表了中国在对外开放中实现自身经济快速增长的同时也在不断加强自身对全球经济的积极影响。随着中国经济规模不断扩大和经济实力不断增强，中国对外直接投资得到迅速发展，长期居发展中国家首位。2015 年中国对外直接投资总额达到 1456.7 亿美元，流量规模超越日本，仅次于美国，跃居世界第二。2016 年中国对外直接投资流量创下 1961.5 亿美元历史新高，蝉联世界第二，在全球占比达到 13.5%。但 2017 年中国对外直接投资规模为 1582.9 亿美元，同比下降 19.3%，这是自 2003 年以来中国对外直接投资流量首次出现负增长，当年规模位居全球第三。

从四大板块对外直接投资的规模来看，东部地区的对外直接投资居全国最高水平，在 2005~2016 年一直处于增长态势，特别是 2013 年后，增速显著提高，然而在 2017 年出现大幅下降；中部地区、西部地区和东北地区对外直接投资流量在平缓中逐渐提高，2012 年以来，西部地区对外直接投资额超过中部和东北地区，在四大板块中排名第二；2013~2017 年，中部地区对外直接投资额排名第三，而东北地区由于经济发展情势不佳，其对外直接投资额在四大板块中处于最低水平。从整体上看，中部、西部和东北地区的对外直接投资额与东部地区的差距十分显著。2017 年东部地区对外直接投资流量为 642.39 亿美元，而同期的东北地区为 19.13 亿美元，两者相差 33.58 倍①。从 2017 年四大板块对外直接投资存量的比重来看，东部地区对外直接投资存量占全国的比重高达 84.1%，远远超过其他三大板块之和，西部地区的比重为 7.3%，排名第二，中部地区仅为 5.7%，排名第三，而东北地区为 2.9%，在四大板块中排名末尾。

二、主要参与领域

以实际利用的外商直接投资额作为衡量中部六省推进对外开放，发展外向型经济程度的参考指标，得出中部地区参与外向型经济的主要领域。对于中部地区整体而言，由表 2-8 可以看出，中部地区接受外商直接投资较多的产业主要是以传统加工业为主的制造业、房地产业和电力、热力、燃气及水生产和供应业，以及批发和零售业、租赁和商务服务业等生活性服务业和以交通运输、仓储和邮政业为主的生产性服务业。这反映出中部地区参与外向型经济的产业层次较为低端，在国际竞争中的比较优势主要体现在土地和劳动力等资源禀赋上，在国际分工中处于不利地位，核心竞争力相对薄弱。

表 2-8　2010~2017 年中部地区外商直接投资的主要行业

主要行业	投资额 （亿美元）	主要行业	投资额 （亿美元）
制造业	314.73	农、林、牧、渔业	9.79

---

① 数据来自 2006~2018 年《中国对外投资统计公报》。

续表

主要行业	投资额（亿美元）	主要行业	投资额（亿美元）
房地产业	135.69	科学研究、技术服务和地质勘察业	5.89
电力、热力、燃气及水生产和供应业	28.34	金融业	4.31
批发和零售业	25.88	信息传输、计算机服务和软件业	3.33
租赁和商务服务业	24.38	居民服务、修理和其他服务业	1.65
交通运输、仓储和邮政业	18.22	建筑业	1.26
文化、体育和娱乐业	0.68		

资料来源：2011~2018 年相关省份统计年鉴。

对于中部六省而言，2010~2017 年山西省、安徽省、江西省和湖北省接受外商直接投资额最多的均为制造业，这反映出中部地区大部分省份参与外向型经济的产业以工业为主；仅有少数省份在某些较为高端的现代服务业上深度参与对外贸易，例如，山西省的科学研究、技术服务和地质勘查业，安徽省的金融业，江西省的信息传输、计算机服务和软件业实际利用的外商直接投资额在本省外商直接投资主要行业中排名靠前（见表2-9）。

表 2-9　2010~2017 年中部地区外商直接投资的主要行业与投资总额

省份	行业	外商直接投资总额（万美元）
山西省	制造业	450238
	电力、热力、燃气及水生产和供应业	311184
	建筑业	168955
	交通运输、仓储和邮政业	65793
	租赁和商务服务业	55939
	房地产业	51167
	科学研究、技术服务和地质勘查业	19770
安徽省	制造业	4885763
	房地产业	1683136
	电力、热力、燃气及水生产和供应业	630573
	租赁和商务服务业	266056
	批发和零售业	260127
	金融业	171798
	农、林、牧、渔业	169874

续表

省份	行业	外商直接投资总额（万美元）
江西省	制造业	4231249
	房地产业	503240
	农、林、牧、渔业	433405
	租赁和商务服务业	293949
	批发和零售业	256070
	信息传输、计算机服务和软件业	196060
	电力、热力、燃气及水生产和供应业	117673
河南省	制造业	6580440
	房地产业	1022028
	电力、热力、燃气及水生产和供应业	1004306
	租赁和商务服务业	344470
	农、林、牧、渔业	320588
	批发和零售业	308237
	交通运输、仓储和邮政业	231019
湖北省	制造业	3147282
	房地产业	1356945
	电力、热力、燃气及水生产和供应业	283429
	批发和零售业	258806
	租赁和商务服务业	243767
	交通运输、仓储和邮政业	182200
	农、林、牧、渔业	97853

资料来源：历年 2011~2018 年相关省份统计年鉴；由于湖南省统计年鉴中无相关数据，故未能统计湖南省情况。

《促进中部地区崛起规划（2016—2025 年）》提出中部地区要建设成为国家重要先进制造业中心的战略定位，因此未来中部地区的产业发展应重点放在制造业的优化升级上，要选择具有先进产能的制造业向中部地区转移，结合中部地区劳动力、资源等禀赋优势，加大科技创新力度，引进和建立一批具有国际竞争力的产业，促进中部地区在参与国际分工和竞争时获得更大优势和更多主动权。

三、空间分布

在发展外向型经济过程中，与中部地区开展贸易和投资往来的国家和地区在空间分布上具有一定特征，而在中部地区内部，各省份对外贸易的发展水平也存在显著空间差异。因此，从空间角度分析能够更为直观地发现中部地区发展外向型经济的特征和问题，从而为进一步推动对外开放、实现中部崛起提供有益的思路和建议。

（一）进出口贸易的空间分布

对于中部地区整体而言，由表 2-10 可以看出，进出口贸易的空间分布特征表现在以下三个方面：一是中部地区进出口总额最高的贸易伙伴是以美国为首的发达经济体，而与发展中国家和地区的贸易总额与发达经济体的贸易总额相比差距显著；二是地理临近的国家和地区是中部地区的主要贸易伙伴，如中国香港和中国台湾、日本和韩国；三是中部地区的主要进出口贸易伙伴分布在环太平洋沿岸，而与欧洲、东南亚、南亚和非洲的贸易往来相对较少。

表 2-10　2010~2017 年中部地区主要的进出口贸易国家和地区

国家/地区	进出口总额 （亿美元）	国家/地区	进出口总额 （亿美元）
巴西	506	中国台湾	1217
荷兰	542	日本	1297
德国	801	韩国	1299
澳大利亚	921	中国香港	1905
印度	935	美国	2811

资料来源：2011~2018 年相关省份统计年鉴。

对于中部地区各省而言，将 2010~2017 年不同贸易往来国家和地区的进出口贸易额累计加总，列出进出口贸易总额位居前十名的国家和地区，由此得出中部地区各省的主要贸易伙伴，如表 2-11 所示。除湖南省之外，中部其他省份的第一大进出口贸易伙伴均为美国，其中河南省与美国的进出口总额位居中部地区第一，且远高于其他省份与美国的进出口总额。河南省与韩国、日本、中国台湾、澳大利亚的进出口总额也位居中部地区第一，而山西省与主要贸易伙伴的进出口总额在中部各省中处于较低水平。

表 2-11 2010~2017 年中部六省主要贸易往来国家和地区的进出口总额

省份	国家和地区	进出口总额（万美元）	省份	国家和地区	进出口总额（万美元）
山西省	美国	3938111	河南省	美国	48118776
	韩国	2502596		韩国	23713828
	荷兰	2198927		日本	19667070
	日本	2021244		中国台湾	16002406
	中国台湾	1993945		荷兰	11197497
	澳大利亚	1556119		中国香港	7263191
	印度	1149455		澳大利亚	6826466
	巴西	1138808		德国	5640453
	德国	1115973		巴西	4588442
	中国香港	438980		英国	4252125
安徽省	美国	4486864	湖北省	美国	3201219
	日本	2314703		中国香港	2821942
	智利	1840433		日本	2383464
	澳大利亚	1789041		澳大利亚	1448372
	韩国	1488582		韩国	1430175
	德国	1291153		德国	1115423
	中国台湾	1143792		中国台湾	1085019
	中国香港	974496		印度	1082534
	巴西	935553		法国	746467
	秘鲁	880178		加拿大	406419
江西省	美国	14438317	湖南省	中国香港	3113013
	中国香港	11703857		美国	2043986
	中国台湾	7433672		日本	1224421
	韩国	6876041		澳大利亚	1012726
	智利	5824362		德国	901324
	日本	5021605		韩国	693670
	马来西亚	4134975		中国台湾	510980
	德国	3584340		马来西亚	456695
	澳大利亚	3403947		新加坡	371863
	印度	3062695		荷兰	291927

资料来源：2011~2018 年相关省份统计年鉴和各年度统计公报。

（二）外商直接投资来源地及总额的空间分异

首先，从外资的来源地来看，中国香港、中国台湾和中国澳门对中部地区的投资额所占比重很大。2010～2015年，中国香港、中国台湾和中国澳门的累积直接投资总额为1562.79亿美元，占表2-12中所示投资来源国家和地区总和的85.34%，是美国对我国中部地区直接投资额的20倍。这反映出中部地区外资来源结构不够合理，吸引发达国家和地区的投资相对较少。其次，从利用外资的区域结构来看，外商直接投资主要集中于中部地区的省会城市，其他城市利用外资的规模相对较小，城市之间差距显著。导致这一现象的重要原因在于大部分城市在经济发展基础和外部条件上难以与省会城市相比，因而难以吸引发达国家和地区的直接投资。最后，利用外商投资的方式较为滞后，来自中国香港、中国澳门和中国台湾的投资大多以出口导向型为主，主要集中在劳动密集型行业，中部地区的丰富劳动力资源是吸引此类投资的主要因素。

表2-12　2010～2017年中部地区实际利用FDI来源地及总额

国家/地区	实际利用FDI总额（亿美元）	国家/地区	实际利用FDI总额（亿美元）
开曼群岛	8	日本	89
澳大利亚	17	英属维尔京群岛	91
韩国	30	美国	122
德国	59	中国台湾	216
新加坡	71	中国香港	2270

资料来源：历年相关省份统计年鉴。

中部六省外商直接投资来源地的空间分布如表2-13所示。中国香港是投资最多的经济体，而其他投资主体在中部各省的投资总额与中国香港有着显著差距；中国台湾在江西省、河南省和湖南省的直接投资总额均排第二；英属维尔京群岛在山西省、安徽省和湖南省的投资总额排名也位居前列；虽然美国也是中部各省的主要投资主体之一，但其投资总额却低于其与中部地区的进出口总额。

表2-13　2010～2017年中部地区外商直接投资来源地及总额

省份	外商直接投资来源地	实际利用外商直接投资总额（万美元）
山西省	中国香港	1078927
	英属维尔京群岛	93020
	美国	87026
	中国台湾	27983

省份	外商直接投资来源地	实际利用外商直接投资总额（万美元）
山西省	澳大利亚	22392
	开曼群岛	17071
	新加坡	13594
	萨摩亚	13263
	韩国	11009
安徽省	中国香港	4976313
	英属维尔京群岛	496716
	中国台湾	468928
安徽省	日本	444574
	美国	418839
	德国	248273
	法国	131304
	澳大利亚	91025
	新加坡	68872
江西省	中国香港	5009539
	中国台湾	472784
	新加坡	107782
	中国澳门	87500
	美国	67832
	日本	59808
	加拿大	24475
	澳大利亚	24408
	德国	20637
河南省	中国香港	6825455
	中国台湾	681228
	美国	449131
	新加坡	359997
	英国	199395
	日本	160319
	韩国	123814
	德国	104399
	加拿大	79998

续表

省份	外商直接投资来源地	实际利用外商直接投资总额（万美元）
湖南省	中国香港	4808147
	中国台湾	506874
	英属维尔京群岛	316976
	日本	227898
	德国	201708
	美国	195256
	新加坡	155290
	中国澳门	45203
	意大利	38092

资料来源：历年相关省份统计年鉴；由于《湖北省统计年鉴》中没有相关数据，故未能展示湖北的情况。

由上述分析可知，与东部地区相比，中部地区外向型经济发展程度尚浅，对外贸易发展相对滞后，主要表现为：在进出口贸易方面，中部地区进出口贸易额较低，占地区生产总值比重尚有较大提升空间，出口依存度和进口依存度均远低于东部地区，对外贸易带动经济发展的作用有限；在利用外资方面，2005~2017年中部地区实际利用外资规模较东部地区相差较远，外资来源地向中国港澳台地区倾斜严重，且利用外资的产业结构欠优，主要集中在以劳动密集型为主的制造业和中低端生产与生活性服务业上，现代服务业的引资成效相对欠佳。因此，为深入实施中部崛起战略，应借助当前有利时机，积极融入共建"一带一路"倡议，结合本地区资源禀赋优势和经济发展基础，着力进行产业转型升级，优化产业结构，从广度和深度上加大开放程度，在开放中实现经济的发展和赶超。

参考文献

［1］杜乐勋，柴正言，江启诚.卫生技术经济讲座第六讲　本—量—利分析［J］.中国卫生经济，1987（6）：54-58.

［2］高阔，甘筱青，等.中部地区交通与物流体系建设比较研究［M］.北京：经济科学出版社，2014.

［3］顾国达，张正荣.服务经济与国家竞争优势——基于波特"钻石模型"的分析［J］.浙江大学学报（人文社会科学版），2007（6）：46-54.

［4］国家发展和改革委员会.促进中部地区崛起规划（摘要稿）［N］.人民日报，2009-12-16（19）.

［5］姜正旭.浅析实施促进中部地区崛起规划的重大意义［J］.财经界，2010（2）：69-71.

［6］金银，黄亚平.新战略下综合交通格局对武汉功能空间的影响［A］//中国城市规划学会，沈阳市人民政府,中国城市规划学会规划60年：成就与挑战——2016中国城市规划年会论文集（13区域规划与城市经济）［C］.2016：9.

［7］李春田.第六讲：标准化与竞争——市场经济活力之源［J］.中国标准化，2004（6）：65-69.

［8］李永康.政治经济学讲座第六讲 资本主义生产的总过程（下）［J］.卫生经济，1984（8）：47-50.

［9］刘洪.第六讲 我国的经济特区和经济技术开发区［J］.现代财经：天津财经学院学报，1986（1）：64-68.

［10］刘书奇.我国高校创新效率及其影响因素分析——以中部地区为例［D］.山西大学，2019.

［11］罗云.工业安全经济学讲座 第六讲 事故经济损失计算技术［J］.工业安全与防尘，1993（10）：44-46.

［12］祁京梅."十三五"时期我国消费增长预测［J］.政策瞭望，2015，4（4）：47-49.

［13］滕飞，张庆杰，申红艳."新十年"推动中部地区产业转型升级的思路与路径［J］.经济纵横，2017（3）：59-64.

［14］汪鸣.聚焦2016综合运输［J］.中国物流与采购，2017（4）：38-40.

［15］王建忠.未来十年中部地区如何崛起？国家发改委副主任何立峰详解《促进中部地区崛起规划》［J］.地球，2017（2）：74-77.

［16］未良莉，李超.长江经济带经济高质量发展非均衡性研究——基于Dagum基尼系数与空间统计分析方法［J］.合肥工业大学学报（社会科学版），2020，34（3）：15-21.

［17］温佳楠.中部崛起战略实施效果评价［D］.郑州大学，2017.

［18］席玉聚.工业企业经济活动分析讲座 第六讲 产品成本分析（下）［J］.广西会计，1989，4（8）：42，50-57.

［19］谢识予，李苍祺，左川.中部崛起战略对技术进步的影响——基于PSM-DID方法的研究［J］.金融发展，2019（1）：51-66.

［20］阳小华，刘秀清，赵宁.中部崛起规划新要求与湖北支点建设的责任担当［J］.学习月刊，2017（10）：25-26.

［21］张俊迈.第六讲 推行寿命周期费用管理提高企业经济效益［J］.中国设备管理，1995（11）：41，42-43.

［22］中华人民共和国国家发展和改革委员会.促进中部地区崛起"十三五"规划［R］.2016.

［23］中华人民共和国国家统计局.2006—2018年度中国对外直接投资统计公报［R］.2006—2018.

［24］中华人民共和国国家统计局.2017年民航行业发展统计公报［R］.2017.

[25] 周慧.中部地区城镇化对经济效率的空间溢出效应研究 [D].中央财经大学,2017.

　　[26] 朱梦秋.推动中部崛起,金融业发展亟须补足短板 [N].中国商报,2017-05-25.

　　[27] 邹士年.中部崛起新突破——中部崛起将成为拉动中国经济增长的主引擎 [J].赣商,2016.

第三章　中部地区主体功能区划

第一节　重点开发区域

一、国家层面重点开发区域

根据《全国主体功能区规划》，中部地区涉及的国家层面重点开发区域包括太原城市群、江淮地区、中原经济区、长江中游地区（见表3-1）。这些地区资源环境承载能力和开发适应性较强，适宜开展大规模、高强度工业化和城镇化，是中部地区重要的人口和经济聚集区。

表3-1　中部地区六省份国家层面重点开发区县（市、区）

重点开发区域	县（市、区）	功能定位
太原城市群	山西省太原市：杏花岭区、小店区、迎泽区、尖草坪区、万柏林区、晋源区、古交市、清徐县、阳曲县 山西省晋中市：榆次区、介休市、平遥县 山西省忻州市：忻府区 山西省吕梁市：孝义市、汾阳市、文水县、交城县	资源型经济转型示范区，全国重要的能源、原材料、煤化工、装备制造业和文化旅游业基地
江淮地区	安徽省合肥市：庐阳区、瑶海区、蜀山区、包河区、肥西县、肥东县 安徽省芜湖市：镜湖区、弋江区、鸠江区、三山区、无为县、繁昌县 安徽省马鞍山市：花山区、雨山区、博望区、当涂县、和县 安徽省铜陵市：郊区、铜官山区、狮子山区、铜陵县 安徽省池州市：贵池区 安徽省安庆市：迎江区、大观区、宜秀区、枞阳县 安徽省滁州市：琅琊区、南谯区 安徽省宣城市：宣州区	承接产业转移的示范区，全国重要的科研教育基地，能源原材料、先进制造业和科技创新基地，区域性的高新技术产业基地

续表

重点开发区域	县（市、区）	功能定位
中原经济区	河南省郑州市：郑州市区、新郑市、荥阳市、新密市、中牟县 河南省开封市：开封市区、开封县 河南省洛阳市：洛阳市区、偃师市、伊川县 河南省平顶山市：平顶山市区、宝丰县 河南省新乡市：新乡市新乡县 河南省焦作市：焦作市区、沁阳市 河南省许昌市：许昌市区、长葛市、许昌县 河南省漯河市：漯河市区 河南省三门峡市：三门峡市区 济源市：济源市 河南省直县（市）：巩义市	全国重要的高新技术产业、先进制造业和现代服务业基地，能源原材料基地，综合交通枢纽和物流中心，区域性的科技创新中心，中部地区人口和经济密集区
长江中游经济区	江西省南昌市：东湖区、西湖区、青云谱区、青山湖区、南昌县、新建县 江西省景德镇市：昌江区、珠山区、乐平市 江西省九江市：庐山区、浔阳区、共青城市、九江县、湖口县 江西省新余市：渝水区 江西省鹰潭市：月湖区、贵溪市 江西省抚州：临川区 湖北省武汉市：江岸区、江汉区、硚口区、汉阳区、武昌区、青山区、洪山区、东西湖区、汉南区、蔡甸区、江夏区、黄陂区、新洲区 湖北省黄石市：黄石港区、下陆区、铁山区、西塞山区、大冶市 湖北省鄂州市：鄂城区、华容区 湖北省黄冈市：黄州区 湖北省孝感市：孝南区、应城市、汉川市 湖北省咸宁市：咸安区 湖北省直管市：仙桃市、潜江市、天门市 湖南省长沙市：芙蓉区、岳麓区、开福区、天心区、雨花区、望城区、长沙县、宁乡市、浏阳市 湖南省株洲市：天元区、荷塘区、芦淞区、石峰区、株洲县、醴陵县、攸县 湖南省湘潭市：雨湖区、岳塘区 湖南省衡阳市：珠晖区、雁峰区、石鼓区、蒸湘区 湖南省岳阳市：岳阳楼区、云溪区 湖南省常德市：武陵区 湖南省益阳市：资阳区、赫山区 湖南省娄底市：娄星区、涟源市、冷水江市	全国重要的高新技术产业、先进制造业和现代服务业基地，全国重要的综合交通枢纽，区域性科技创新基地，长江中游地区人口和经济密集区

资料来源：根据《全国主体功能区规划》，中部地区六省份主体功能区规划整理。

（一）太原城市群

太原城市群位于全国"两横三纵"城市化战略格局中京哈京广通道纵轴的中部，包括山西省中部以太原为中心的部分地区。该区域要构建以太原为中心，以太原盆地城镇密集区为主体，以主要交通干线为轴线，以汾阳、忻州、长治、临汾等主要节点城市为支撑的空间开发格局。

太原城市群的发展方向为：强化太原的科技、教育、金融、商贸物流等功能，提升太原中心城市地位，推进太原—晋中同城化发展。增强主要节点城市集聚经济和人口的能力，强化城市间经济联系和功能分工，承接环渤海地区产业转移，促进资源型城市转型。依托中心城镇发展劳动密集型城郊农业、生态农业和特色农产品加工业。实施汾河清水复流工程和太原西山综合整治工程，加强采煤沉陷区的生态恢复，构建以山地、水库等为基础，以汾河水系为骨架的生态格局。

（二）江淮地区

江淮地区位于全国"两横三纵"城市化战略格局中沿长江通道横轴，包括安徽省合肥及沿江的部分地区。该区域要构建以安庆、池州、铜陵、巢湖、芜湖、马鞍山沿江六市为发展轴，合肥、芜湖为双核，滁州、宣城为两翼的"一轴双核两翼"空间开发格局。

江淮地区的发展方向为：提升合肥中心城市地位，完善综合服务功能，建设全国重要的科研教育基地、科技创新基地、先进制造业基地和综合交通枢纽。培育形成沿江发展带，壮大主要节点城市规模，推进芜湖、马鞍山一体化，建设皖江城市带承接产业转移示范区。加强农业基础设施建设，调整优化农业结构，发展农产品加工业，不断提高农业效益。加强大别山水土保持和水源涵养功能，保护巢湖生态环境，构建以大别山、巢湖及沿江丘陵为主体的生态格局。

（三）中原经济区

中原经济区位于全国"两横三纵"城市化战略格局中陆桥通道横轴和京哈京广通道纵轴的交会处，包括河南省以郑州为中心的中原城市群部分地区。该区域要构建以郑州为中心，以郑汴（郑州、开封）一体化区域为核心层、以"半小时经济圈"城市为紧密层、以"一小时交通圈"城市为辐射层的"一极两圈三层"的空间开发格局。

中原经济区的发展方向为：强化郑州先进制造、科技教育、商贸物流和金融服务功能，重点建设郑汴新区，推进郑汴一体化，建设区域性经济中心和全国重要的交通枢纽。提升洛阳区域副中心的地位，重点建设洛阳新区，壮大许昌、新乡、焦作、平顶山等重要节点城市的经济实力和人口规模，促进城市功能互补。建设郑汴洛（郑州、开封、洛阳）工业走廊和沿京广、南太行、伏牛东产业带，加强产业分工协作与功能互补，共同构建中原城市群产业集聚区。加强粮油等农产品生产和加工基地建设，发展城郊农业和高效生态农业，建设现代化农产品物流枢纽。依托黄河标准化堤防和黄河滩区加强黄河生态保护，搞好南水北调中线工程沿线绿化，推进平原地区和沙化地区的土地治理，构建横跨东西的黄河滩区生态涵养带和纵贯南北的南水北调中线生态走廊。

（四）长江中游经济区

长江中游经济区位于全国"两横三纵"城市化战略格局中沿长江通道横轴和京哈京广通道纵轴的交汇处，包括武汉城市圈、环长株潭城市群、鄱阳湖生态经济区。

1. 武汉城市圈

武汉城市圈包括湖北省以武汉为中心的江汉平原部分地区，该区域要构建以武汉为核心，以长江沿线和沿京广线产业带为轴线，以周边其他城市为节点的空间开发格局。

武汉城市圈的功能定位是：全国资源节约型和环境友好型社会建设的示范区，全国重要的综合交通枢纽、科技教育以及汽车、钢铁基地，区域性的信息产业、新材料、科技创新基地和物流中心。

武汉城市圈的发展方向是：完善武汉中心城市功能，强化科技教育、商贸物流、先进制造和金融服务等功能，增强辐射带动能力，建设全国重要的科技教育中心、交通通信枢纽和区域性经济中心。培育黄石成为区域副中心城市，发展壮大黄冈、鄂州、孝感、咸宁、仙桃、潜江、天门等城市，增强要素集聚能力。优化农业区域布局，推进优势农产品产业带和特色农产品基地建设，发展农产品加工业，做大做强优势特色产业。加强长江、汉江和东湖、梁子湖、磁湖等重点水域的水资源保护，实施江湖连通生态修复工程，构建以长江、汉江和东湖为主体的水生态系统。

2. 环长株潭城市群

环长株潭城市群包括湖南省以长沙、株洲、湘潭为中心的湖南东中部的部分地区。该区域要构建以长株潭为核心，以衡阳、岳阳、益阳、常德、娄底等重要节点城市为支撑，集约化、开放式、错位发展的空间开发格局。

环长株潭城市群的功能定位是：全国资源节约型和环境友好型社会建设的示范区，全国重要的综合交通枢纽以及交通运输设备、工程机械、节能环保装备制造、文化旅游和商贸物流基地，区域性的有色金属和生物医药、新材料、新能源、电子信息等战略性新兴产业基地。

环长株潭城市群的发展方向是：强化长株潭科技教育、文化创意、商贸物流等功能，推进传统产业的升级改造，增强产业集聚能力，辐射带动其他重要节点城市，建设全国重要的机车车辆、工程机械、新能源装备、文化产业基地，区域性的新材料、信息产业和有色金属基地。加强基础设施共建共享以及产业合作和城市功能对接，推进长株潭一体化进程；提升长株潭核心带动能力，壮大其他主要节点城市的经济实力和人口规模，促进环长株潭城市群功能互补和联动发展。稳定农产品供给，调整农业产业结构，发展都市型农业和特色农业，建成优质高效的现代农业生产体系。保护好位于长株潭三市结合部的生态"绿心"，加强洞庭湖保护和湘江污染治理，构建以洞庭湖、湘江为主体的水生态系统。

3. 鄱阳湖生态经济区

鄱阳湖生态经济区包括江西省环鄱阳湖的部分地区，该区域要构建以鄱阳湖为"绿心"，以南昌为中心，以九江、景德镇、鹰潭、新余和抚州等城市为主要支撑，以环鄱阳湖交通走廊为环状的空间开发格局。

鄱阳湖生态经济区的功能定位是：全国大湖流域综合开发示范区，长江中下游水生态安全保障区，国际生态经济合作重要平台，区域性的优质农产品、生态旅游、光电、新能源、生物、航空和铜产业基地。

鄱阳湖生态经济区的发展方向是：强化南昌科技创新、文化和综合服务功能，推进形成"一小时经济圈"，建设区域性的先进制造业基地和商贸物流中心。强化九江临港产业和商贸、旅游功能，建成港口城市和旅游城市、区域性的物流枢纽，培育形成区域副中心；发展壮大景德镇、鹰潭、新余和抚州等城市的特色优势产业。巩固和加强粮食主产区地位，加强农业综合生产能力建设，重视农业生态环境保护，建成畜禽水产养殖主产区和生态农业示范区。以鄱阳湖水体和湿地为核心保护区，以沿湖岸线邻水区域为控制开发带，以赣江、抚河、信江、饶河、修河五大河流沿线和交通干线沿线为生态廊道，构建以水域、湿地、林地等为主体的生态格局。

二、省级层面重点开发区域

根据中部地区六省份主体功能区规划，山西省省级层面重点开发区域包括吕梁市离石区等县（市、区）；安徽省省级层面重点开发区域包括阜阳市颍州区等县（市、区）；江西省省级层面重点开发区域包括上饶市信州区等县（市、区）；河南省省级层面重点开发区域包括郑州市登封市等县（市、区）；湖北省省级层面重点开发区域包括襄阳市襄城区等县（市、区）；湖南省省级层面重点开发区域包括邵阳市双清区等县（市、区）（见表3-2）。

表3-2　中部地区六省份省级层面重点开发区县（市、区）

省份	县（市、区）	功能定位
山西	吕梁市：离石区 阳泉市：城区、矿区、郊区 大同市：城区、矿区、南郊区、新荣区、大同县 朔州市：朔城区 运城市：盐湖区、闻喜县、河津市、永济市 临汾市：尧都区、侯马市、襄汾县 长治市：城区、郊区、潞城市、长治县 晋城市：城区	国家新型能源与先进制造业基地，重要的现代农业基地和新型煤化工基地，首都经济圈产业转移承接区，资源型城市低碳转型示范区与区域协调发展综合试验区，以根祖文化、关公文化为特色的旅游经济区，北魏文化和塞北风情旅游目的地
安徽	阜阳市：颍州区、颍东区、颍泉区 亳州市：谯城区 淮南市：大通区、田家庵区、谢家集区、八公山区、潘集区 蚌埠市：龙子湖区、蚌山区、禹会区、淮上区 淮北市：杜集区、相山区、烈山区 宿州市：埇桥区 六安市：金安区 黄山市：屯溪区、徽州区	全国医药产业和物流基地，全国重要的商品粮基地和农产品生产加工基地、服务业基地、休闲产业基地，区域性陆路交通枢纽，全省重要的能源基地、制造业基地、煤化工及化工新材料基地、生物医药基地和创新基地，煤电化、矿山机械制造、纺织服装基地
江西	上饶市：信州区、上饶县、广丰县 萍乡市：安源区、湘东区 宜春市：袁州区 吉安市：吉州区、青原区、吉安县 赣州市：章贡区、赣县、南康区 九江市：瑞昌市、彭泽县（县城和部分乡镇） 宜春市：丰城市、高安市、樟树市	全面对接鄱阳湖生态经济区、长三角经济区、珠三角经济区、海峡西岸经济区、长株潭城市群，建设全省低碳产业示范基地、特色农产品深加工基地、光伏和锂电池新能源基地、有色金属工业基地、全国光学产业基地、新能源汽车基地，打造全国旅游强市、区域性综合交通枢纽和赣浙闽皖四省交界区域中心城市，推进原中央苏区振兴发展
河南	郑州市：登封市 开封市：尉氏县 洛阳市：孟津县 安阳市：安阳市区、安阳县 鹤壁市：鹤壁市区 新乡市：卫辉市 濮阳市：濮阳市区、濮阳县 焦作市：孟州市 三门峡市：义马市、陕县 南阳市：南阳市区、镇平县 商丘市：商丘市区 信阳市：平桥区 周口市：周口市区、项城市 驻马店市：驻马店市区、遂平县 省直管县（市）：汝州市、长垣市、永城市、固始县、兰考县	地区性中心城市发展区，人口和经济的重要集聚区，全省城市体系的重要支撑点

省份	县（市、区）	功能定位
湖北	襄阳市：襄城区、樊城区、襄州区 十堰市：张湾区、茅箭区 随州市：曾都区 宜昌市：西陵区、伍家岗区、点军区、猇亭区、枝江市 荆门市：东宝区、掇刀区 荆州市：荆州区、沙市区 荆州市：恩施土家族苗族自治州：恩施市	区域性先进制造业基地、农副产品加工基地和物流集散基地，为全省经济持续增长发挥重要支撑作用
湖南	邵阳市：双清区、大祥区、北塔区、邵东县 岳阳市：岳阳县 常德市：津市市 郴州市：北湖区、苏仙区、永兴县 永州市：冷水滩区、零陵区 怀化市：鹤城区、中方县	区域性科教、商贸中心和综合交通枢纽，区域经济和人口集聚区，支撑湘南、湘西发展的重要工业化和城镇化地区

注：对江西省和湖南省整理，重点开发区域还包括划为农产品主产区和重点生态功能区的有关县城关镇和重点建制镇，以及国家级、省级产业园区，此处从略。

资料来源：根据中部地区六省份主体功能区规划整理。

第二节 农产品主产区

一、国家层面农产品主产区

根据《全国主体功能区规划》，中部地区涉及的国家层面农产品主产区主要有黄淮海平原主产区大部分、长江流域主产区大部分、汾渭平原主产区少部分（见表3-3）。从空间分布特征来看，中部六省均有大面积地区属于农产品主产区，在中国农业发展中占有重要地位。

二、省级层面农产品主产区

根据中部地区六省份主体功能区规划，仅山西省划定省级层面农产品主产区，地理范围包括大同市阳高县、天镇县、广灵县、浑源县，阳泉市平定县，长治市武乡县，朔州市山阴县、应县、怀仁县，忻州市原平市、定襄县、代县。

表3-3　中部地区六省份国家层面农产品主产区县（市、区）

农产品主产区	县（市、区）	功能定位
黄淮海平原主产区	安徽省淮北市：濉溪县 安徽省亳州市：涡阳县、蒙城县、利辛县 安徽省宿州市：砀山县、萧县、灵璧县、泗县 安徽省蚌埠市：怀远县、固镇县、五河县 安徽省淮南市：凤台县 安徽省阜阳市：临泉县、太和县、阜南县、颍上县、界首市 河南省开封市：杞县、通许县 河南省洛阳市：新安县、汝阳县、宜阳县、洛宁县 河南省平顶山市：舞钢市、叶县、鲁山县、郏县 河南省安阳市：林州市、汤阴县、内黄县 河南省鹤壁市：浚县、淇县 河南省新乡市：辉县市、获嘉县、原阳县、延津县、封丘县 河南省焦作市：修武县、博爱县、武陟县、温县 河南省濮阳市：清丰县、南乐县、范县、台前县 河南省许昌市：禹州市、鄢陵县、襄城县 河南省漯河市：舞阳县、临颍县 河南省三门峡市：灵宝市、渑池县 河南省南阳市：南召县、方城县、社旗县、唐河县、新野县 河南省商丘市：虞城县、民权县、宁陵县、睢县、夏邑县、柘城县 河南省信阳市：息县、淮滨县、潢川县 河南省周口市：扶沟县、西华县、商水县、太康县、郸城县、淮阳县、沈丘县 河南省驻马店市：确山县、泌阳县、西平县、上蔡县、汝南县、平舆县、正阳县 河南直管市：滑县、鹿邑县、新蔡县	建设以优质强筋、中强筋和中筋小麦为主的优质专用小麦产业带，优质棉花产业带，以籽粒与青贮兼用和专用玉米为主的专用玉米产业带，以高蛋白大豆为主的大豆产业带，以肉牛、肉羊、奶牛、生猪、家禽为主的畜产品产业带
长江流域主产区	安徽省合肥市：长丰县、巢湖市、庐江县 安徽省六安市：裕安区、霍邱县、叶集区、舒城县 安徽省滁州市：来安县、全椒县、定远县、凤阳县、明光市、天长市 安徽省芜湖市：芜湖县、南陵县 安徽省马鞍山市：含山县 安徽省池州市：东至县 安徽省安庆市：桐城市、怀宁县、宿松县、望江县 安徽省宣城市：郎溪县、广德县 江西省南昌市：进贤县 江西省九江市：永修县、都昌县、德安县 江西省鹰潭市：余江 江西省吉安市：吉水县、峡江县、新干县、永丰县、泰和县 江西省上饶市：余干县、鄱阳县、万年县、弋阳县、玉山县、铅山县 江西省抚州市：东乡区、南城县、崇仁县、乐安县、金溪县 江西省宜春市：宜丰县、奉新县、万载县、上高县 江西省赣州市：宁都县、信丰县、于都县、兴国县、会昌县、瑞金市	建设以双季稻为主的优质水稻产业带，以优质弱筋和中筋小麦为主的优质专用小麦产业带，优质棉花产业带，"双低"优质油菜产业带，以生猪、家禽为主的畜产品产业带，以淡水鱼类、河蟹为主的水产品产业带

农产品主产区	县（市、区）	功能定位
长江流域主产区	江西省萍乡市：上栗县 江西省新余市：分宜县 湖北省黄石市：阳新县 湖北省宜昌市：远安县、当阳市、宜都市 湖北省襄阳市：宜城市、谷城县、枣阳市、老河口市 湖北省鄂州市：梁子湖区 湖北省荆门市：京山县、钟祥市、沙洋县 湖北省孝感市：云梦县、安陆市 湖北省荆州市：公安县、松滋市、洪湖市、监利市、石首市、江陵县 湖北省黄冈市：团风县、黄梅县、武穴市、蕲春县 湖北省咸宁市：崇阳县、嘉鱼县、赤壁市 湖北省随州市：随县、广水市 湖南省湘潭市：湘潭县、湘乡市、韶山市 湖南省衡阳市：衡南县、耒阳市、衡山县、衡东县、衡阳县、祁东县、常宁市 湖南省邵阳市：武冈市、洞口县、隆回县、新邵县、邵阳县 湖南省岳阳市：湘阴县、临湘市、华容县、君山区、汨罗市、平江县 湖南省常德市：鼎城区、临澧县、澧县、安乡县、桃源县、汉寿县 湖南省益阳市：南县、沅江市、桃江县 湖南省郴州市：安仁县 湖南省永州市：祁阳县、道县 湖南省怀化市：溆浦县 湖南省娄底市：双峰县	
汾渭平原主产区	山西省晋中市：太谷县、昔阳县、寿阳县、祁县 山西省运城市：芮城县、临猗县、万荣县、新绛县、稷山县、夏县、绛县 山西省临汾市：霍州市、曲沃县、翼城县、洪洞县、浮山县 山西省长治市：屯留县、长子县、襄垣县、沁县 山西省晋城市：高平市、泽州县	建设以优质强筋、中筋小麦为主的优质专用小麦产业带，以籽粒与青贮兼用型玉米为主的专用玉米产业带

资料来源：根据《全国主体功能区规划》、中部地区六省份主体功能区规划整理。

第三节 重点生态功能区

一、国家层面重点生态功能区

根据《全国主体功能区规划》，中部地区涉及的国家层面重点生态功能区包括：黄土高原丘陵沟壑水土保持生态功能区、大别山水土保持生态功能区、南岭山地森林及生物多样性生态功能区、三峡库区水土保持生态功能区、秦巴生物多样性生态功能区、武陵山区生物多样性与水土保持生态功能区。

从空间分布来看，中部地区涉及的国家层面重点生态功能区主要分布于湖北、湖南境内，山西、安徽、河南、江西四省重点生态功能区分布较少（见表3-4）。

表3-4　中部地区六省份国家层面重点生态功能区县（市、区）

生态功能区	县（市、区）	功能定位
黄土高原丘陵沟壑水土保持生态功能区	山西省忻州市：五寨县、岢岚县、河曲县、保德县、偏关县、神池县 山西省临汾市：吉县、乡宁县、蒲县、大宁县、永和县、隰县、汾西县 山西省吕梁市：中阳县、兴县、临县、柳林县、石楼县	控制开发强度，以小流域为单元综合治理水土流失，建设淤地坝
大别山水土保持生态功能区	安徽省六安市：金寨县、霍山县 安徽省安庆市：太湖县、岳西县、潜山县 安徽省池州市：石台县 河南省信阳市：新县、商城县 湖北省孝感市：孝昌县、大悟县 湖北省黄冈市：红安县、麻城市、罗田县、英山县、浠水县	实施生态移民，降低人口密度，恢复植被
南岭山地森林及生物多样性生态功能区	江西省赣州市：大余县、上犹县、崇义县、安远县、龙南县、定南县、全南县、寻乌县 江西省吉安市：井冈山市 湖南省株洲市：炎陵县、宜章县、临武县、桂东县、汝城县、嘉禾县 湖南省永州市：宁远县、蓝山县、新田县、双牌县	禁止非保护性采伐，保护和恢复植被，涵养水源，保护珍稀动物
三峡库区水土保持生态功能区	湖北省恩施土家族苗族自治州：巴东县 湖北省宜昌市：夷陵区、秭归县、兴山县、长阳土家族自治县、五峰土家族自治县	巩固移民成果，植树造林，恢复植被，涵养水源，保护生物多样性
秦巴生物多样性生态功能区	湖北省十堰市：郧县、郧西县、竹溪县、丹江口市、竹山县、房县 湖北省襄阳市：保康县、南漳县 湖北省直管：神农架林区	减少林木采伐，恢复山地植被，保护野生物种
武陵山区生物多样性与水土保持生态功能区	湖北省恩施土家族苗族自治州：利川市、建始县、宣恩县、咸丰县、来凤县、鹤峰县 湖南省张家界市：慈利县、桑植县、永定区、武陵源区 湖南省常德市：石门县 湖南省怀化市：辰溪县、麻阳苗族自治县 湖南省湘西土家族苗族自治州：泸溪县、凤凰县、花垣县、龙山县、永顺县、古丈县、保靖县	扩大天然林保护范围，巩固退耕还林成果，恢复森林植被和生物多样性

生态功能区	县（市、区）	功能定位
新增国家重点生态功能区	安徽省黄山市：黄山区、歙县、休宁县、黟县、祁门县 安徽省池州市：青阳县 安徽省宣城市：泾县、绩溪县、旌德县 江西省景德镇市：浮梁县 江西省吉安市：遂川县、万安县、安福县、永新县 江西省上饶市：婺源县 江西省抚州市：南丰县、黎川县、宜黄县、资溪县、广昌县 江西省宜春市：靖安县、铜鼓县 江西省萍乡市：莲花县、芦溪县 江西省九江市：修水县 江西省赣州市：石城县 河南省南阳市：卢氏县、西峡县、内乡县、淅川县、桐柏县 河南省信阳市：浉河区、罗山县、光山县 湖北省咸宁市：通城县、通山县 湖南省株洲市：茶陵县 湖南省衡阳市：南岳区 湖南省邵阳市：新宁县、绥宁县、城步苗族自治县 湖南省益阳市：安化县 湖南省郴州市：资兴市 湖南省永州市：东安县、江永县、江华瑶族自治县 湖南省怀化市：沅陵县、新晃侗族自治县、会同县、靖州苗族侗族自治县、通道侗族自治县、芷江侗族自治县、洪江市 湖南省娄底市：新化县 湖南省湘西土家族苗族自治州：吉首市	—

注：根据《国家发展改革委办公厅关于明确新增国家重点生态功能区类型的通知》，中部地区的安徽省黄山市黄山区等 55 个县（市、区）为新增的国家重点生态功能区县（市、区）。

资料来源：《全国主体功能区规划》；国家发展改革委办公厅关于明确新增国家重点生态功能区类型的通知［EB/OL］．［2017-02-03］．http：//www.ndrc.gov.cn/zcfb/zcfbtz/201702/t20170208_ 837397.html.

二、省级层面重点生态功能区

根据中部地区六省份主体功能区规划及《国家发展改革委办公厅关于明确新增国家重点生态功能区类型的通知》，除湖北省外，其他 5 省划定出的省级重点生态功能区皆未全部升级为国家级重点生态功能区。山西省省级层面重点生态功能区包括太原市娄烦县等；安徽省省级层面重点生态功能区为宣城市宁国县；江西省省级层面重点生态功能区包括南昌市湾里等；河南省省级层面重点生态功能区包括南阳市邓州市、栾川县、嵩县；湖南省省级层面重点生态功能区包括郴州市桂阳县（见表3-5）。

表3-5　中部地区六省份省级层面重点生态功能区县（市、区）

省份	县（市、区）	功能定位
山西	太原市：娄烦县 大同市：灵丘县、左云县 阳泉市：盂县 长治市：平顺县、黎城县、壶关县、沁源县 晋城市：沁水县、阳城县、陵川县 朔州市：平鲁区、右玉县 晋中市：左权县、和顺县、灵石县、榆社县 运城市：平陆县、垣曲县 忻州市：五台县、繁峙县、宁武县、静乐县 临汾市：古县、安泽县 吕梁市：岚县、方山县、交口县	全省森林、草地、湿地等自然、人工生态系统保护的关键区域，维持全省及周边省区可持续淡水资源供给系统的重要区域，山西省水土流失控制的主要区域
安徽	宣城市：宁国市	无
江西	南昌市：湾里区、安义县 九江市：武宁县、星子县 上饶市：德兴市、横峰县	全省重要生态安全屏障，重要的水源涵养区、水土保持区、生物多样性维护区和生态旅游示范区，人与自然和谐相处示范区
河南	南阳市：邓州市、栾川县、嵩县	保障全省生态安全的主体区域，全省重要的重点生态功能区，人与自然和谐相处的示范区
湖北	已全部升为国家级	无
湖南	郴州市：桂阳县	无

资料来源：中部地区六省份主体功能区规划。

参考文献

［1］陈栋生，罗序斌.实施主体功能区战略：中部地区科学崛起的新引擎［J］.江西社会科学，2011，31（1）：193-197.

［2］冯德显.我国区域发展空间重组与构建中原经济区［J］.地域研究与开发，2010，29（5）：1-4，10.

［3］李红波.城市群主体功能区土地利用结构空间管制研究［M］.北京：中国大地出版社，2013.

［4］彭迪云，温舒甜.基于主体功能区视角的产业集群转型发展——以中部地区为例［J］.江西社会科学，2013，33（10）：48-53.

［5］全国主体功能区规划［M］.北京：人民出版社，2015.

［6］王志国.关于构建中部地区国家主体功能区绩效分类考核体系的设想［J］.江西社会科学，2012，32（7）：65-71.

［7］伍世代，曾月娥. 主体功能区背景下的城市群空间重构［M］. 北京：科学出版社，2017.

［8］中华人民共和国国民经济和社会发展第十三个五年规划纲要［M］. 北京：人民出版社，2016.

第四章　中部地区工业经济地理

中部崛起战略实施以来，工业经济快速发展并取得显著成就，装备制造业和高技术产业等产业自主创新能力和生产技术水平不断增强，全要素生产率不断提升，形成了一批极具竞争力的工业企业和优势产品，工业产业集群发展态势日益明显。当前，中部地区工业经济发展仍处于工业化中后期阶段，工业经济发展过程中的资源、劳动力、投资依赖程度仍然较高，面对国内国外经济社会发展新背景新要求，工业产业创新驱动转型升级、绿色低碳高效发展等仍面临较大困难和挑战。

第一节　优势工业和工业优势地区识别[①]

中部地区各省份地理位置毗邻、资源相似度较高，工业产业发展历程和模式相似，各地区产业发展存在明显的同构性、同质化等问题，为中部地区优化区域产业布局、促进区域协调发展带来了挑战和阻碍，不利于进一步提升中部地区工业发展综合竞争力和整体水平。因此，在分析中部地区工业经济地理过程中，有必要首先摸清中部地区工业发展基底，厘清优势工业产业类型和工业发展优势地区，为中部地区各省份做大做强优势产业，做强产业链优势环节，充分发挥各省份比较优势，增强中部地区工业发展综合竞争力，提供决策依据和智力支持。

一、识别方法与数据来源

基于比较优势理论观点，优势产业在资源配置过程中，往往具备生产要素获取渠道和成本优势，同时优势产业具备较强市场综合竞争力，从而占有较高市场份额。各地区优势产业的发展和形成，是促进区域产业分工专业化发展的

[①]　2005~2007年我国工业行业仅有"大中型工业企业"的统计口径，因此本文在2008年前使用"大中型工业企业"口径，2008年后使用"规模以上工业企业"口径数据。

市场基础。与区域优势产业内涵不同，产业的优势地区着重关注不同区域产业发展的区位优势，在学术界早期研究中往往并未有效区分产业发展过程中的区域优势和产业优势概念。基于产业发展过程中的空间分布格局，考察产业发展过程中的优势地区，能够有效识别产业发展的优势区位，助力中部地区工业产业发展空间布局合理优化。

（一）模型设定

参考学术界现有关于优势产业和优势地区的相关研究成果，本节首先运用偏离-份额模型构建中部地区工业发展区域增长公式，然后对其进行双向分解，从而识别"中部地区工业产业发展的优势产业"和"中部地区工业产业发展的优势地区"。

1. 产业的优势地区

基于增长率和份额将工业产业增长分解为国家增长分量、产业—国家结构分量和区域—产业竞争分量。

$$r_{ij}^t = r^t + (r_j^t - r^t) + (r_{ij}^t - r_j^t)$$
$$e_{ij}^t - e_{ij}^0 = e_{ij}^0 r_{ij}^t = e_{ij}^0 r^t + e_{ij}^0 (r_j^t - r^t) + e_{ij}^0 (r_{ij}^t - r_j^t)$$

其中，$r^t = (e^t - e^0)/e^0$ 为国家增长分量，在分析中部地区优势产业过程中，选取全国 41 个工业产业就业总人数来测算经济总量变化情况，反映背景区域的经济增长率，将 r^t 的分量作为测度各省份经济变化速度的参照标准。$r_j^t = (E_j^t - E_j^0)/E_j^0$ 表示全国 41 个工业产业中第 i 产业的增长率；$r_{ij}^t = (e_{ij}^t - e_{ij}^0)/e_{ij}^0$ 表示目标区域中部地区 j 省份第 i 产业的增长率。

$(r_j^t - r^t)$ 为产业—国家结构分量 P_1，表示产业 i 与全国 41 个工业产业的增速差异。$(r_i^t - r^t) > 0$ 表明 i 产业的增长超过全国相关产业的平均增长，此时 i 产业具有增长优势。当中部地区某省份大部分工业产业增速均高于全国工业产业发展速度，则判定该省份工业产业结构"有利于增长"。

$(r_{ij}^t - r_i^t)$ 为区域—产业竞争分量 D_1，反映了 i 产业与 j 区域第 i 产业发展过程中的差异。当时，i 产业在 j 区域发展能够获得区位比较优势，j 地区的 i 产业发展具有竞争优势。

当产业—国家结构分量 P_1 和区域—产业竞争分量 D_1 为正时，P_1 和 D_1 的绝对值越大，表明 i 类工业产业在 j 地区的区位比较优势越强，进而可以根据 P_1 和 D_1 的绝对值大小进一步识别中部六省工业发展的优势地区。

2. 地区的优势产业

基于增长率和份额对工业产业增长分解为国家增长分量、区域—国家结构分量和产业—地区竞争分量。

$$r_{ij}^t = r^t + (r_j^t - r^t) + (r_{ij}^t - r_j^t)$$

$$e_{ij}^t - e_{ij}^0 = e_{ij}^0 r_{ij} = e_{ij}^0 r^t + e_{ij}^0 (r_j^t - r^t) + e_{ij}^0 (r_{ij}^t - r_j^t)$$

其中，$r^t = (e^t - e^0)/e^0$ 为国家增长分量，在分析中部地区优势产业过程中，选取全国 41 个工业产业就业总人数来测算经济总量变化情况，反映背景区域的经济增长率，将 r^t 的分量作为测度各省份工业产业速度的参照标准。$r_j^t = (E_j^t - E_j^0)/E_j^0$ 表示全国 41 个工业产业的增长速度；$r_{ij}^t = (e_{ij}^t - e_{ij}^0)/e_{ij}^0$ 表示中部地区 j 省份第 i 类工业产业的增长速度。

$(r_j^t - r^t)$ 为区域—国家结构分量 P_2，表示中部地区第 j 省份与全国 41 个工业行业增长速度的差异。若 $(r_j^t - r^t) > 0$，则中部地区第 j 省份工业增长速度快于全国平均增速，由此可以得出中部地区第 j 省份具有地区增长优势。

$(r_{ij}^t - r_j^t)$ 为产业—地区竞争分量 D_2，表示中部地区第 j 省份的 i 产业发展与 j 省份工业整体发展的差异。若 $(r_{ij}^t - r_j^t) > 0$，则中部地区第 j 省份第 i 产业在发展过程中竞争力强于其他工业产业类型，即中部地区 j 省份的 i 类工业产业具有一定比较优势。

当区域—国家结构分量 P_2 和产业—地区竞争分量 D_2 为正时，P_2 和 D_2 的绝对值越大，表明中部地区第 j 省份在具有工业产业增长优势的同时，该地区的 i 类工业产业还具备产业发展比较优势，由此可以进一步确定 j 地区的第 i 类工业产业为优势产业。

（二）指标选取与数据来源

根据国民经济行业分类、《中国工业经济统计年鉴》、中国工业经济数据库等统计标准和数据库关于工业行业类型的划分，同时考虑数据可得性问题，本节选取 7 类采矿业，31 类制造业，3 类电力、热力及水生产和供应业，共计 41 类工业产业作为中部地区优势工业识别研究对象。

国内外现有关于优势产业识别的指标主要包括工业总产值、工业增加值、工业企业个数、工业销售总值、工业企业主营业务收入等，本书选取规模以上企业主营业务收入作为中部地区优势工业识别指标。所有统计数据均来源于《中国工业经济统计年鉴》、中国工业经济数据库。

鉴于数据的可得性和国民经济行业分类的调整，在数据处理过程中，以 2002 年为基期，采用工业生产者出厂价格指数对相关价格指标进行平减，从产业细分和地区细分两个角度分别计算 2012~2016 年中部 6 省的偏离-份额结果，识别中部地区六省份的优势工业的识别和研判。

二、识别结果

（一）工业产业的优势地区识别

基于产业角度，以全国 31 个省份（不含港澳台）为分析背景区域，考察识别一个工业产业（如产业 i）在中部六省中的优势地区。从产业 i 在全国的平均增速 r_i、j 地区产业 i 的增长速度 r_{ij}、产业—国家结构分量 P_1、区域—产业竞争分量 D_1、总偏离分量（P_1+D_1）5 个统计量分析工业产业在中部六省的优势地区。产业 i 在全国的平均增速 r_i 大于 0，表明产业 i 在全国为增长的产业；j 地区产业 i 的增长速度 r_{ij} 大于 0，表明 i 类工业产业在中部地区 j 省份为增长的产业；产业—国家结构分量 P_1 大于 0，表明第 i 类工业产业的增长速度高于工业产业平均增速，第 i 类工业产业发展过程中具有行业增长优势；区域—产业竞争分量 D_1 大于 0，表明 j 地区产业 i 的增长速度高于 j 地区工业平均增长速度，产业 i 在 j 地区具有区位比较优势；总偏离分量（P_1+D_1）大于 0，表明产业 i 在该地区的实际增长率高于以全国工业平均增长速度衡量的增长率，j 地区为产业 i 的优势地区。

采矿业在中部六省中的优势地区相对较少。从采矿业（B）总体来看，采矿业在全国的增速低于工业平均增速，晋豫鄂赣皖 5 省份采矿业增长速度高于各省份工业行业平均增长速度的优势难以弥补全国产业衰退的不足，因此中部六省中并无采矿业的优势地区。具体来看，山西省是石油和天然气开采业（B07）、有色金属矿采选业（B09）的优势地区；黑色金属矿采选业（B08）、开采辅助活动（B11）的优势地区位于安徽省；非金属矿采选业（B10）的优势地区位于江西省和安徽省；湖北省的其他采矿业（B12）既具备产业优势，也具备区位比较优势（见表4-1）。

表4-1 2012~2016 年中部地区"工业产业的优势地区"识别结果

工业产业	r_i	$r_{ij}>0$	P_1	$D_1>0$	$P_1+D_1>0$
B	−0.19	晋赣皖	−0.72	晋豫鄂赣皖	
B06	−0.27	晋皖	−0.80	晋鄂皖	
B07	−0.38	晋	−0.91	晋	晋
B08	−0.23	晋赣皖	−0.76	晋鄂赣皖	皖
B09	0.21	晋豫赣皖	−0.32	晋豫赣皖	晋
B10	0.43	豫鄂湘赣皖	−0.10	豫鄂湘赣皖	赣皖
B11	−0.08	皖	−0.61	皖	皖
B12	0.59	鄂	0.06	鄂	鄂
C	0.45	晋豫鄂湘赣皖	−0.08	豫鄂湘赣皖	豫鄂湘赣皖
C13	0.47	晋豫鄂湘赣皖	−0.06	晋豫鄂湘赣皖	豫鄂湘赣皖
C14	0.68	晋豫鄂湘赣皖	0.15	豫鄂湘赣皖	豫鄂湘赣皖

续表

工业产业	r_i	$r_{ij}>0$	P_1	$D_1>0$	$P_1+D_1>0$
C15	0.52	晋豫鄂湘赣皖	−0.01	晋豫鄂湘赣皖	晋豫鄂湘赣皖
C16	0.28	晋豫鄂湘赣皖	−0.26	晋鄂赣	晋
C17	0.41	晋豫鄂湘赣皖	−0.12	晋豫鄂湘赣皖	晋鄂赣皖
C18	0.53	晋豫鄂湘赣皖	0.00	晋豫鄂湘赣皖	晋豫鄂湘赣皖
C19	0.50	豫鄂湘赣皖	−0.03	豫鄂湘赣皖	豫鄂湘赣皖
C20	0.60	晋豫鄂湘赣皖	0.07	豫鄂皖	豫鄂赣皖
C21	0.72	晋豫鄂湘赣皖	0.19	晋豫鄂湘赣皖	晋豫鄂湘赣皖
C22	0.30	晋豫鄂湘赣皖	−0.23	晋鄂湘赣皖	赣皖
C23	0.98	晋豫鄂湘赣皖	0.44	豫鄂湘赣皖	豫鄂湘赣皖
C24	0.84	晋豫鄂湘赣皖	0.31	豫鄂湘赣皖	豫鄂湘赣皖
C25	−0.03	鄂赣皖	−0.56	鄂赣皖	
C26	0.43	豫鄂湘赣皖	−0.10	豫鄂赣皖	豫鄂赣皖
C27	0.81	晋豫鄂湘赣皖	0.28	晋豫鄂湘赣皖	晋豫鄂湘赣皖
C28	0.28	豫湘赣皖	−0.25	豫湘赣皖	
C29	0.49	晋豫鄂湘赣皖	−0.04	豫鄂赣皖	豫鄂赣皖
C30	0.57	晋豫鄂湘赣皖	0.04	豫鄂湘赣皖	豫鄂赣皖
C31	−0.04	豫湘赣	−0.57	豫湘赣皖	
C32	0.44	晋豫鄂湘赣皖	−0.09	晋豫赣皖	晋皖
C33	0.53	豫鄂湘赣皖	0.00	豫鄂湘赣皖	豫鄂湘赣皖
C34	0.41	晋豫鄂湘赣皖	−0.12	豫鄂湘赣皖	豫鄂湘赣皖
C35	0.45	豫鄂湘赣皖	−0.08	豫鄂赣皖	豫鄂赣皖
C36	0.77	晋豫鄂湘赣皖	0.23	晋豫湘赣皖	晋豫鄂湘赣皖
C37	0.36	晋豫鄂湘皖	−0.17	豫鄂湘皖	豫湘
C38	0.50	晋豫鄂湘赣皖	−0.03	晋豫鄂湘赣皖	豫鄂湘赣皖
C39	0.57	晋豫鄂湘赣皖	0.04	晋豫鄂湘赣皖	晋豫鄂湘赣皖
C40	0.59	豫鄂湘赣皖	0.06	豫鄂赣皖	豫鄂赣皖
C41	0.50	晋豫鄂湘赣皖	−0.03	豫鄂湘赣皖	豫湘赣皖
C42	0.55	晋豫鄂湘赣皖	0.02	豫鄂赣皖	豫鄂赣皖
C43	0.49	晋豫鄂赣皖	−0.04	鄂	鄂
D	0.22	晋豫鄂湘赣	−0.31	晋湘赣	

续表

工业产业	r_i	$r_{ij}>0$	P_1	$D_1>0$	$P_1+D_1>0$
D44	0.16	晋湘赣	−0.37	晋湘	
D45	1.01	晋豫鄂湘赣皖	0.48	晋鄂赣	晋豫鄂湘赣皖
D46	0.82	晋豫鄂湘赣皖	0.29	豫鄂赣皖	晋豫鄂湘赣皖

注：工业产业代码，B：采矿业，B06：煤炭开采和洗选业，B07：石油和天然气开采业，B08：黑色金属矿采选业，B09：有色金属矿采选业，B10：非金属矿采选业，B11：开采辅助活动，B12：其他采矿业；C：制造业，C13：农副食品加工业，C14：食品制造业，C15：酒、饮料和精制茶制造业，C16：烟草制品业，C17：纺织业，C18：纺织服装、服饰业，C19：皮革、毛皮、羽毛及其制品和制鞋业，C20：木材加工和木、竹、藤、棕、草制品业，C21：家具制造业，C22：造纸和纸制品业，C23：印刷和记录媒介复制业，C24：文教、工美、体育和娱乐用品制造业，C25：石油加工、炼焦和核燃料加工业，C26：化学原料和化学制品制造业，C27：医药制造业，C28：化学纤维制造业，C29：橡胶和塑料制品业，C30：非金属矿物制品业，C31：黑色金属冶炼和压延加工业，C32：有色金属冶炼和压延加工业，C33：金属制品业，C34：通用设备制造业，C35：专用设备制造业，C36：汽车制造业，C37：铁路、船舶、航空航天和其他运输设备制造业，C38：电气机械和器材制造业，C39：计算机、通信和其他电子设备制造业，C40：仪器仪表制造业，C41：其他制造业，C42：废弃资源综合利用业，C43：金属制品、机械和设备修理业，D：电力、热力、燃气及水生产和供应业，D44：电力、热力生产和供应业，D45：燃气生产和供应业，D46：水的生产和供应业。后同。

制造业在中部六省中的优势地区差异明显。制造业（C）在工业发展中为增长的产业类型（$r_i>0$）；晋豫鄂湘赣皖六省制造业增速大于0（$r_{ij}>0$），制造业在中部六省为增长的产业类型；制造业的增长速度低于工业平均增长速度（$P_1<0$），制造业行业增长优势尚不明显；豫鄂湘赣皖五省份制造业增速高于各省份工业平均增长速度（$D_1>0$），制造业在豫鄂湘赣皖五省具有区位比较优势；豫鄂湘赣皖五省份制造业总偏离分量大于0（$P_1+D_1>0$），制造业在五省份的实际增长率高于以全国工业平均增长速度衡量的增长率，豫鄂湘赣皖五省份为制造业的优势地区。制造业大类中，农副食品加工业（C13）在中部地区的优势地区位于豫鄂湘赣皖；食品制造业（C14）在中部地区的优势地区位于豫鄂湘赣皖；酒、饮料和精制茶制造业（C15）在中部地区的优势地区位于晋豫鄂湘赣皖；烟草制品业（C16）在中部地区的优势地区位于山西省；纺织业（C17）在中部地区的优势地区位于晋鄂赣皖；纺织服装、服饰业（C18）在中部地区的优势地区位于晋豫鄂湘赣皖；皮革、毛皮、羽毛及其制品和制鞋业（C19）在中部地区的优势地区位于豫鄂湘赣皖；木材加工和木、竹、藤、棕、草制品业（C20）在中部地区的优势地区位于豫鄂赣皖；家具制造业（C21）在中部地区的优势地区位于晋豫鄂湘赣皖；造纸和纸制品业（C22）在中部地区的优势地区位于江西省和安徽省；印刷和记录媒介复制业（C23）在中部地区的优势地区位于豫鄂湘赣皖；文教、工美、体育和娱乐用品制造业（C24）在中部地区的优势地区位于豫鄂湘赣皖；化学原料和化学制品制造业（C26）在中部地区的优势地区位于豫鄂赣皖；医药制造业（C27）在中部地区的优势地区位于晋豫鄂湘赣皖；橡胶和塑料制品业（C29）在中部地区的优势地区位于豫鄂赣皖；非金属矿物制品业（C30）在中部地区的优势地区位于豫鄂湘赣皖；有色金属冶炼和压延加工业（C32）在中部地区的优势地区位于山西省和安徽省；金属制品业（C33）在中部地区的优势地区位于豫鄂湘赣皖；通用设备制造业（C34）在中部地区的优势地区位于豫鄂湘赣皖；专用设备制造业（C35）在中部地区的优势地区位于豫鄂赣皖；汽车制造业（C36）在中部地区的优势地区位于晋豫鄂湘赣皖；铁路、船舶、航空航天和其他运输设备制造业（C37）在中部地区的优势地区位于河南省和湖南省；电气机械和器材制造业（C38）在中部地区的优势地区位于豫鄂湘赣皖；计算机、通信和其他电子设备制造业（C39）在中部地区的优势地区位于晋豫鄂湘赣皖；仪器仪表制造业（C40）在中部地区的优势地区位于豫鄂赣皖；其他制造业（C41）在中部地区的优势地区位于豫湘赣皖；废弃资源综合利用业（C42）在中部地区的优势地区位于豫鄂赣皖；金属制品、机械和设备修理业（C53）在中部地区的优势地区位于湖北省。由于中部地区六省份石油加工、炼焦和核燃料加工业（C25），化学纤维制造业（C28），黑色金属冶炼和压延加工业（C31）的地区比较优势（$D_1 > 0$）难以弥补行业优势不足（$P_1 < 0$），总偏离分量小于0（$P_1 + D_1 < 0$），石油加工、炼焦和核燃料加工业（C25），化学纤维制造业（C28），黑色金属冶炼和压延加工业（C31）的优势地区尚未出现在中部地区。

电力、热力、燃气及水生产和供应业在中部六省中的优势地区行业差异明显。从行业增长来看，电力、热力、燃气及水生产和供应业（D），电力、热力生产和供应业（D44），燃气生产和供应业（D45）和水的生产和供应业（D46）均为增长的产业类型；电力、热力、燃气及水生产和供应业（D），电力、热力生产和供应业（D44）增长速度低于工业平均增长速度，行业增长优势不明显；燃气生产和供应业（D45），水的生产和供应业（D46）增长速度高于工业平均增长速度，行业增长优势明显；虽然晋湘赣三省份电力、热力、燃气及水生产和供应业（D）区位比较优势明显，晋湘两省份电力、热力生产和供应业（D44）区位比较优势明显，但区位比较优势未能弥补行业增长优势的不足，电力、热力、燃气及水生产和供应业（D），因此，电力、热力生产和供应业（D44）的优势地区并未出现在中部六省；晋鄂赣三省份燃气生产和供应业（D45），豫鄂赣皖四省份水的生产和供应业（D46）具备区位比较优势，产业竞争力强，豫湘皖三省份燃气生产和供应业（D45）区位比较优势能够弥补行业增长优势的不足，晋湘两省份水的生产和供应业（D46）区位比较优势能够弥补行业增长优势的不足，总偏离分量大于 0（$P_1+D_1>0$），中部地区六省份均为燃气生产和供应业（D45）和水的生产和供应业（D46）的优势地区。

（二）地区的优势工业产业识别

基于地区角度，以全国 31 个省份（不含港澳台）为分析背景区域，分析中部地区六省份中每一地区（比如 j 省份）的比较优势产业。从 j 地区产业 i 的增长速度 r_{ij}、区域—国家结构竞争分量 P_2、产业—地区分量 D_2、总偏离分量（P_2+D_2）4 个统计量分析中部六省的优势工业产业。中部地区第 j 省份第 i 类工业产业的增速 r_{ij} 大于 0，表明中部地区 j 省份 i 类工业产业在 j 省份为增长的产业；区域—国家结构分量 P_2 大于 0，表明中部地区第 j 省份的工业产业增速高于全国 41 类工业产业平均增速，中部地区 j 省份在工业产业发展过程中具有一定的地区增长优势；产业—地区竞争分量 D_2 大于 0，表明中部地区第 j 省份 i 类工业产业的增长速度高于 j 省份 41 类工业产业平均增速，此时中部地区第 j 省份在 i 类工业产业发展方面具有一定比较优势；总偏离分量（P_2+D_2）大于 0，表明产业 i 在 j 地区的实际增长率高于全国工业平均增长速度，产业 i 为 j 地区的优势产业。

山西省的优势工业产业涵盖采矿业，制造业，电力、热力、燃气及水生产和供应业 3 个门类，但采矿业（B），制造业（C），电力、热力、燃气及水生产和供应业（D）的整体优势尚不明显。其中，采矿业具体包括石油和天然气开采业（B07）、有色金属矿采选业（B09）；制造业具体包括酒、饮料和精制茶制造业（C15），烟草制品业（C16），纺织业（C17），纺织服装、服饰业（C18），家具制造业（C21），医药制造业（C27），有色金属冶炼和压延加工业（C32），汽车制造业（C36），计算机、通信和其他电子设备制造业（C39）；电力、热力、燃气及水生产和供应业具体包括燃气生产和供应业（D45）、水的生产和供应业（D46）。

河南省的优势工业产业涉及制造业，电力、热力、燃气及水生产和供应业 2 个门类。河南省制造业（C）整体优势明显，是河南省的优势工业产业类型。其中，制造业具体包括农副食品加工业（C13），食品制造业（C14），酒、饮料和精制茶制造业（C15），纺织服装、服饰业（C18），皮革、毛皮、羽毛及其制品和制鞋业（C19），木材加工和木、竹、藤、棕、草制品业（C20），家具制造业（C21），印刷和记录媒介复制业（C23），文教、工美、体育和娱乐用品制造业（C24），化学原料和化学制品制造业（C26），医药制造业（C27），橡胶和塑料制品业（C29），非金属矿物制品业（C30），金属制品业（C33），通用设备制造业（C34），专用设备制造业（C35），汽车制造业（C36），铁路、船舶、航空航天和其他运输设备制造业（C37），电气机械和器材制造业（C38），计算机、通信和其他电子设备制造业（C39），仪器仪表制造业（C40），其他制造业

（C41），废弃资源综合利用业（C42）。虽然河南省电力、热力、燃气及水生产和供应业并非优势工业门类，但燃气生产和供应业（D45）、水的生产和供应业（D46）具有比较优势，是河南省的优势工业产业。

湖北省的优势工业产业以制造业为主。湖北省制造业（C）整体优势明显，是湖北省的优势工业产业门类。其中，制造业具体包括农副食品加工业（C13），食品制造业（C14），酒、饮料和精制茶制造业（C15），纺织业（C17），纺织服装、服饰业（C18），皮革、毛皮、羽毛及其制品和制鞋业（C19），木材加工和木、竹、藤、棕、草制品业（C20），家具制造业（C21），印刷和记录媒介复制业（C23），文教、工美、体育和娱乐用品制造业（C24），化学原料和化学制品制造业（C26），医药制造业（C27），橡胶和塑料制品业（C29），非金属矿物制品业（C30），金属制品业（C33），通用设备制造业（C34），专用设备制造业（C35），汽车制造业（C36），电气机械和器材制造业（C38），计算机、通信和其他电子设备制造业（C39），仪器仪表制造业（C40），废弃资源综合利用业（C42），金属制品、机械和设备修理业（C43）。虽然湖北省采矿业，电力、热力、燃气及水生产和供应业并非优势工业门类，但采矿业中的其他采矿业（B12）以及电力、热力、燃气及水生产和供应业中的燃气生产和供应业（D45）、水的生产和供应业（D46）具有行业比较优势，是湖北省的优势工业产业。

湖南省的优势工业产业类型相对较少。湖南省制造业（C）整体优势明显，是湖南省的优势工业产业类型。其中，制造业具体包括农副食品加工业（C13），食品制造业（C14），酒、饮料和精制茶制造业（C15），纺织服装、服饰业（C18），皮革、毛皮、羽毛及其制品和制鞋业（C19），家具制造业（C21），印刷和记录媒介复制业（C23），文教、工美、体育和娱乐用品制造业（C24），医药制造业（C27），非金属矿物制品业（C30），金属制品业（C33），通用设备制造业（C34），汽车制造业（C36），铁路、船舶、航空航天和其他运输设备制造业（C37），电气机械和器材制造业（C38），计算机、通信和其他电子设备制造业（C39），其他制造业（C41）。虽然湖南省电力、热力、燃气及水生产和供应业并非优势工业门类，但燃气生产和供应业（D45）、水的生产和供应业（D46）具有比较优势，是湖南省的优势工业产业。

江西省的优势工业产业主要集中于轻工业类型。江西省制造业（C）整体优势明显，是江西省的优势工业产业类型。其中，制造业具体包括农副食品加工业（C13），食品制造业（C14），酒、饮料和精制茶制造业（C15），纺织业（C17），纺织服装、服饰业（C18），皮革、毛皮、羽毛及其制品和制鞋业（C19），木材加工和木、竹、藤、棕、草制品业（C20），家具制造业（C21），造纸和纸制品业（C22），印刷和记录媒介复制业（C23），文教、工美、体育和娱乐用品制造业（C24），化学原料和化学制品制造业（C26），医药制造业（C27），橡胶和塑料制品业（C29），非金属矿物制品业（C30），金属制品业（C33），通用设备制造业（C34），专门设备制造业（C35），汽车制造业（C36），电气机械和器材制造业（C38），计算机、通信和其他电子设备制造业（C39），仪器仪表制造业（C40），其他制造业（C41），废弃资源综合利用业（C42）。虽然江西省采矿业，电力、热力、燃气及水生产和供应业并非优势工业门类，但采矿业中的非金属矿采选业（B10）以及电力、热力、燃气及水生产和供应业中的燃气生产和供应业（D45）、水的生产和供应业（D46）具有行业比较优势，是江西省的优势工业产业。

安徽省的工业产业涵盖采矿业，制造业，电力、热力、燃气及水生产和供应业3个门类。安徽省制造业（C）整体优势明显，是安徽省的优势工业产业类型。其中，制造业具体包括农副食品加工业（C13），食品制造业（C14），酒、饮料和精制茶制造业（C15），纺织业（C17），纺织服装、服饰业（C18），皮革、毛皮、羽毛及其制品和制鞋业（C19），木材加工和木、竹、藤、棕、草制品业（C20），家具制造业（C21），造纸和纸制品业（C22），印刷和记录媒介复制业（C23），文教、工美、体育和娱乐用品制造业（C24），化学原料和化学制品制造业（C26），医药制造业（C27），橡胶和塑料制品业（C29），非金属矿物制品业（C30），有色金属冶炼和压延加工业（C32），金属制品业（C33），通用设备制造业（C34），专门设备制造业（C35），汽车制造业（C36），电气机械和器材制造业（C38），计算机、通信和其他电子设备制造业（C39），仪器仪表制造业（C40），其他制造业（C41），废弃资源综合利用业（C42）。虽然安徽省采矿业，电力、热力、燃气及水生产和供应业并非优势工业门类，但采矿业中的黑色金属矿采选业（B08）、非金属矿采选业（B10）、开采辅助活动（B11）以及电力、热力、燃气及水生产和供应业中的燃气生产和供应业（D45）、水的生产和供应业（D46）具有行业比较优势，是安徽省的优势工业产业（见表4-2）。

表4-2　中部地区的"地区优势工业产业"识别结果

地区	R_{ij}	P_2	D_2	$P_2 + D_2$
山西	B、B06、B07、B08、B09、C、C13、C14、C15、C16、C17、C18、C20、C21、C22、C23、C24、C27、C29、C30、C32、C34、C36、C37、C38、C39、C41、C42、C43、D、D44、D45、D46		B07、B08、B09、C13、C14、C15、C16、C17、C18、C20、C21、C22、C23、C27、C30、C32、C36、C38、C39、C42、C43、D、D44、D45、D46	B07、B09、C15、C16、C17、C18、C21、C27、C32、C36、C39、D45、D46

续表

地区	R_{ij}	P_2	D_2	P_2+D_2
河南	B09、B10、C、C13、C14、C15、C16、C17、C18、C19、C20、C21、C22、C23、C24、C26、C27、C28、C29、C30、C31、C32、C33、C34、C35、C36、C37、C38、C39、C40、C41、C42、C43、D、D45、D46	B、B06、B07、B08、B09、B10、B11、B12、C、C13、C14、C15、C16、C17、C18、C19、C20、C21、C22、C23、C24、C25、C26、C27、C28、C29、C30、C31、C32、C33、C34、C35、C36、C37、C38、C39、C40、C41、C42、C43、D、D44、D45、D46	C14、C18、C21、C23、C24、C27、C29、C30、C33、C34、C36、C37、C38、C39、C40、C41、D46	C、C13、C14、C15、C18、C19、C20、C21、C23、C24、C26、C27、C29、C30、C33、C34、C35、C36、C37、C38、C39、C40、C41、C42、D45、D46
湖北	B10、B12、C、C13、C14、C15、C16、C17、C18、C19、C20、C21、C22、C23、C24、C25、C26、C27、C29、C30、C32、C33、C34、C35、C36、C37、C38、C39、C40、C41、C42、C43、D、D45、D46	B、B06、B07、B08、B09、B10、B11、B12、C、C13、C14、C15、C16、C17、C18、C19、C20、C21、C22、C23、C24、C25、C26、C27、C28、C29、C30、C31、C32、C33、C34、C35、C36、C37、C38、C39、C40、C41、C42、C43、D、D44、D45、D46	B12、C14、C15、C19、C21、C23、C24、C27、C29、C30、C35、C38、C39、C40、C42、C43、D45、D46	B12、C、C13、C14、C15、C17、C18、C19、C20、C21、C23、C24、C26、C27、C29、C30、C33、C34、C35、C36、C38、C39、C40、C42、C43、D45、D46
湖南	B10、C、C13、C14、C15、C16、C17、C18、C19、C20、C21、C22、C23、C24、C26、C27、C28、C29、C30、C31、C32、C33、C34、C35、C36、C37、C38、C39、C40、C41、C42、D、D44、D45、D46	B、B06、B07、B08、B09、B10、B11、B12、C、C13、C14、C15、C16、C17、C18、C19、C20、C21、C22、C23、C24、C25、C26、C27、C28、C29、C30、C31、C32、C33、C34、C35、C36、C37、C38、C39、C40、C41、C42、C43、D、D44、D45、D46	C13、C14、C15、C19、C21、C23、C24、C27、C30、C33、C34、C36、C37、C38、C39、C41、D46	C、C13、C14、C15、C18、C19、C21、C23、C24、C27、C30、C33、C34、C36、C37、C38、C39、C41、D45、D46

续表

地区	R_{ij}	P_2	D_2	P_2+D_2
江西	B、B08、B09、B10、C、C13、C14、C15、C16、C17、C18、C19、C20、C21、C22、C23、C24、C25、C26、C27、C28、C29、C30、C31、C32、C33、C34、C35、C36、C38、C39、C40、C41、C42、C43、D、D44、D45、D46	B、B06、B07、B08、B09、B10、B11、B12、C、C13、C14、C15、C16、C17、C18、C19、C20、C21、C22、C23、C24、C25、C26、C27、C28、C29、C30、C31、C32、C33、C34、C35、C36、C37、C38、C39、C40、C41、C42、C43、D、D44、D45、D46	B10、C21、C24、C33、C36、C39、C40、C41、C42、D45、D46	B10、C、C13、C14、C15、C17、C18、C19、C20、C21、C22、C23、C24、C26、C27、C29、C30、C33、C34、C35、C36、C38、C39、C40、C41、C42、D45、D46
安徽	B、B06、B08、B09、B10、B11、C、C13、C14、C15、C16、C17、C18、C19、C20、C21、C22、C23、C24、C25、C26、C27、C28、C29、C30、C32、C33、C34、C35、C36、C37、C38、C39、C40、C41、C42、C43、D45、D46	B、B06、B07、B08、B09、B10、B11、B12、C、C13、C14、C15、C16、C17、C18、C19、C20、C21、C22、C23、C24、C25、C26、C27、C28、C29、C30、C31、C32、C33、C34、C35、C36、C37、C38、C39、C40、C41、C42、C43、D、D44、D45、D46	B11、C14、C18、C21、C23、C24、C27、C29、C36、C39、C40、C41	B08、B10、B11、C、C13、C14、C15、C17、C18、C19、C20、C21、C22、C23、C24、C26、C27、C29、C30、C32、C33、C34、C35、C36、C38、C39、C40、C41、C42、D45、D46

第二节　装备制造业

装备制造业是指为国民经济各部门进行简单生产和扩大再生产提供装备的各类制造业的总称，是机械工业的核心部分。装备制造业享有"制造业之母"美称，是国家综合实力的重要体现。装备制造业作为现代制造业体系的重要组成部分，是推动工业迈向中高端的重要引擎。

在国家统计局历年发布的《国民经济和社会发展统计公报》中，将8类制造业行业（金属制品业，通用设备制造业，专用设备制造业，汽车制造业，铁路、船舶、航空航天和其他运输设备制造业，电气机械和器材制造业，计算机、通信和其他电子设备制造业，仪器仪表制造业）统称装备制造业。2014~2018

年，装备制造业增加值增长率分别为 10.5%、6.8%、9.5%、11.3%、8.1%，装备制造业增加值占规模以上工业增加值的比重分别达到 30.4%、31.8%、32.9%、32.7%、32.9%。

装备制造业具有资本密集、行业门类数多、技术密集与产业关联性大等特征，集聚发展是提升装备制造业竞争力的必由之路，装备制造业集聚发展在一定程度上能减少中间产品投入、提高资源配置效率，但过度集聚也会引发资源短缺、环境污染等问题。在建设工业强国背景下，科学研判中部地区装备制造业集聚水平及其空间分布特征，具有重要的实践意义。

一、中部地区装备制造业集聚水平测度方法与数据来源

借鉴吴传清和邓明亮（2018）等的研究成果，考察中部地区装备制造业集聚水平时空演变特征。

（一）测度方法

采用区位熵（LQ）考察中部地区装备制造业集聚水平：

$$LQ_{ij} = \frac{X_{ij} / \sum_{i=1}^{m} X_{ij}}{\sum_{j=1}^{n} X_{ij} / \sum_{i=1}^{m} \sum_{j=1}^{n} X_{ij}}$$

其中，n 表示背景区域的数量，j 表示背景区域中第 j 个区域，m 表示该经济体系中所有产业类型的总数，i 表示该经济体系中第 i 类产业，X_{ij} 则代表第 j 个地区中第 i 类产业的经济指标绝对值。

（二）数据来源

选取规模以上工业企业主营业务收入测算中部地区装备制造业集聚水平。鉴于我国行业分类标准自 2011 年重新修订，结合《中国工业经济统计年鉴》、中国工业经济数据库对工业部门的划分，选取 2012~2016 年数据测算中部地区装备制造业集聚水平。所有数据均来源于《中国工业经济统计年鉴》、中国工业经济数据库，以 2012 年为基期，以工业生产者出厂价格指数对规模以上企业主营业务收入进行平减。

二、中部地区装备制造业集聚水平的时空分布

以全国 31 个省份（不含港澳台）装备制造业发展为背景，考察中部地区装备制造业集聚水平的时序演变特征及其空间分布特征。

（一）装备制造业时序演变特征

从全国装备制造业发展来看，中部地区装备制造业集聚水平自 2013 年起超过全国平均水平，2012~2016 年中部地区制造业集聚水平平均变化率达到

2.09%，高于全国平均水平。从我国四大板块装备制造业发展来看，2015 年之前中部地区装备制造业集聚水平落后于东部地区和东北地区，领先于西部地区。东部地区、东北地区工业基础好，装备制造业集聚水平在 2015 年以前领先于其他地区，但近年来东部地区、东北地区装备制造业集聚水平存在下降的趋势，2016 年中部地区装备制造业集聚水平超过东北地区，但与东部地区仍有一定差距；中部地区、西部地区装备制造业起步较晚，集聚水平相对靠后，但呈现出增长趋势，且 2012 年以来中部地区装备制造业集聚水平高于西部地区。从中部六省来看，2012~2016 年安徽省（1.0191）、湖南省（0.9042）装备制造业平均集聚水平领先，山西省（0.5437）、江西省（0.6377）装备制造业平均集聚水平相对靠后，湖北省（0.8719）、河南省（0.7447）装备制造业集聚水平均值处于中等水平；2012 年以来，中部六省装备制造业集聚趋势明显，但平均增长速度与集聚水平绝对值呈反向相关关系，安徽省装备制造业集聚水平最高，但平均增长速度为 0.75%，落后于其他省份，山西省装备制造业集聚水平靠后，但平均增长速度为 5.23%，领先于其他省份，河南省（2.46%）、湖北省（1.88%）、江西省（2.46%）、湖南省（1.48%）装备制造业集聚水平平均增长速度处于中等水平，但仍高于全国装备制造业集聚水平平均增长速度（见表 4-3）。

表 4-3 中部地区装备制造业集聚水平测算结果

序号	地区	2012 年	2013 年	2014 年	2015 年	2016 年	平均值	平均变化率（%）
1	山西	0.4998	0.5049	0.5252	0.5842	0.6044	0.5437	5.23
2	安徽	1.0049	1.0176	1.0125	1.0253	1.0352	1.0191	0.75
3	江西	0.6116	0.6274	0.6289	0.6487	0.6718	0.6377	2.46
4	河南	0.6988	0.7328	0.7508	0.7736	0.7676	0.7447	2.46
5	湖北	0.8365	0.8621	0.8779	0.8837	0.8992	0.8719	1.88
6	湖南	0.8848	0.8949	0.8987	0.9054	0.9372	0.9042	1.48
7	全国平均值	0.7678	0.7719	0.7748	0.7794	0.7830	0.7754	0.50
8	东部地区平均值	1.0912	1.0900	1.0756	1.0728	1.0655	1.0790	-0.59
9	中部地区平均值	0.7560	0.7733	0.7823	0.8035	0.8192	0.7869	2.09
10	西部地区平均值	0.4803	0.4877	0.4989	0.5126	0.5210	0.5001	2.12
11	东北地区平均值	0.8630	0.8452	0.8608	0.8205	0.8169	0.8413	-1.33

中部地区金属制品业集聚地区差异显著。从全国金属制品业发展来看，2012 年以来中部地区金属制品业集聚水平平均值（0.7868）高于全国平均值（0.7473），金属制品业在中部地区具有集聚优势；动态来看，2012~2016 年中

部地区金属制品业平均变化率（2.84%）高于全国平均增速（0.11%），中部地区金属制品业集聚发展趋势进一步明显。从四大板块来看，中部地区金属制品集聚水平平均值（0.7868）领先于西部地区（0.4999）和东北地区（0.6484），东部地区金属制品业集聚水平平均值（1.0501）领先于其他板块，金属制品业集聚优势明显；动态来看，2012～2016年东部地区、东北地区金属制品业集聚水平呈下降趋势，东北地区（-3.68%）金属制品业集聚水平平均下降速度快于东部地区（-0.65%），中部地区和西部地区金属制品业集聚水平呈上升趋势，2012～2016年中部地区金属制品业集聚水平平均增长速度（2.84%）快于西部地区金属制品业集聚水平平均增长速度（0.57%）。从中部地区六省份来看，安徽省（0.9760）、湖南省（0.9661）、湖北省（0.9042）金属制品业集聚水平平均值领先于其他省份，山西省（0.5235）金属制品业集聚水平相对靠后，河南省（0.7410）、江西省（0.6103）金属制品业集聚水平处于中等水平；动态来看，2012～2016年湖南省、河南省、江西省金属制品业集聚水平呈上升趋势，湖南省（22.03%）平均增速最快，领先于河南省（4.72%）和江西省（4.03%），山西省、安徽省、湖北省金属制品业集聚水平呈现出不同幅度的下降趋势，山西省（-10.58%）金属制品业集聚水平下降速度较快，安徽省（-2.04%）金属制品业集聚水平下降速度居中，湖北省金属制品业集聚水平平均下降速度为0.16%，下降速度相对平缓（见表4-4）。

表4-4　中部地区金属制品业集聚水平测算结果

序号	地区	2012年	2013年	2014年	2015年	2016年	平均值	平均变化率（%）
1	山西	0.6880	0.7328	0.3634	0.4363	0.3969	0.5235	-10.58
2	安徽	1.0221	1.0260	0.9679	0.9255	0.9385	0.9760	-2.04
3	江西	0.5581	0.5910	0.6290	0.6254	0.6481	0.6103	4.03
4	河南	0.6753	0.6932	0.7568	0.7771	0.8029	0.7410	4.72
5	湖北	0.9034	0.9046	0.9348	0.8804	0.8977	0.9042	-0.16
6	湖南	0.7824	0.8138	0.8625	0.8997	1.4719	0.9661	22.03
7	全国平均值	0.7539	0.7396	0.7407	0.7447	0.7573	0.7473	0.11
8	东部地区平均值	1.0579	1.0589	1.0481	1.0548	1.0305	1.0501	-0.65
9	中部地区平均值	0.7715	0.7936	0.7524	0.7574	0.8593	0.7868	2.84
10	西部地区平均值	0.5169	0.4589	0.4925	0.5022	0.5287	0.4999	0.57
11	东北地区平均值	0.6535	0.6903	0.6855	0.6557	0.5572	0.6484	-3.68

中部地区通用设备制造业集聚水平呈上升趋势。从全国通用设备制造业的

发展来看，2012~2016 年中部地区通用设备制造业集聚水平平均值（0.7889）高于全国通用设备制造业平均集聚水平（0.7102）；在通用设备制造业发展过程中，中部地区集聚水平平均增速（2.09%）高于全国平均增速（0.30%）中部地区通用设备制造业集聚式发展具有一定优势。从四大板块来看，东北地区通用设备制造业平均集聚水平为 1.0113，领先于其他板块，东部地区（0.9446）、中部地区（0.7889）通用设备制造业平均集聚水平高于全国平均水平，西部地区通用设备制造业集聚水平相对较低；动态来看，2012~2016 年中部地区（2.09%）、东部地区（1.28%）通用设备制造业集聚水平平均增长速度相对较快，西部地区通用设备制造业集聚水平平均增速（0.16%）相对缓慢，东北地区（-4.76%）通用设备制造业集聚水平呈现出下降趋势，下降速度较快。从中部地区六省份来看，2015~2016 年安徽省、河南省、湖南省通用设备制造业集聚水平大于 1，在全国具有发展优势，山西省（0.4300）、江西省（0.5014）、湖北省（0.6393）通用设备制造业集聚水平平均值相对较低，产业发展优势尚不明显；动态来看，2012 年以来中部地区六省份通用设备制造业集聚水平均呈上升趋势，其中安徽省（2.90%）、河南省（3.06%）、湖南省（1.63%）、江西省（1.52%）、山西省（1.09%）通用设备制造业集聚水平平均增长速度较快，产业优势明显；湖北省（0.98%）通用设备制造业集聚水平平均增长速度相对平缓（见表4-5）。

表4-5　中部地区通用设备制造业集聚水平测算结果

序号	地区	2012 年	2013 年	2014 年	2015 年	2016 年	平均值	平均变化率（%）
1	山西	0.4121	0.4559	0.4293	0.4224	0.4301	0.4300	1.09
2	安徽	1.1403	1.2080	1.1513	1.2317	1.2724	1.2008	2.90
3	江西	0.4905	0.4836	0.4803	0.5322	0.5204	0.5014	1.52
4	河南	0.9237	0.9681	0.9741	1.0258	1.0365	0.9856	3.06
5	湖北	0.6172	0.6524	0.6527	0.6330	0.6413	0.6393	0.98
6	湖南	0.9459	0.9450	0.9798	1.0023	1.0075	0.9761	1.63
7	全国平均值	0.7066	0.7029	0.7128	0.7139	0.7150	0.7102	0.30
8	东部地区平均值	0.9292	0.9305	0.9454	0.9513	0.9768	0.9466	1.28
9	中部地区平均值	0.7549	0.7855	0.7779	0.8079	0.8180	0.7889	2.09
10	西部地区平均值	0.4006	0.3876	0.3964	0.4056	0.4032	0.3987	0.16
11	东北地区平均值	1.0916	1.0401	1.0727	0.9684	0.8837	1.0113	-4.76

中部地区专用设备制造业集聚优势明显，但呈现出下降趋势。从全国专用

设备制造业的发展来看，中部地区专用设备制造业集聚水平高于全国平均水平，发展优势明显；动态来看，全国专用设备制造业集聚水平和中部地区专用设备制造业聚集水平均呈现出下降趋势，虽然中部地区专用设备制造业集聚水平下降速度达到3.46%，但集聚水平绝对值仍然高于1，具有明显发展优势。从四大板块来看，中部地区（1.2150）、东北地区（1.0001）专用设备制造业集聚水平平均值高于1，领先于东部地区（0.8702）和西部地区（0.4828）；动态来看，虽然中部地区和东北地区专用设备制造业集聚水平较高，但呈现出下降趋势，东北地区平均下降速度达到6.18%，中部地区平均下降速度达到3.46%，均超过全国专用设备制造业集聚水平平均下降速度1.42%，东部地区、西部地区专用设备制造业集聚水平相对较低，但呈现出上升趋势，2012～2016年平均增长速度分别为0.17%和1.77%。从中部地区六省份而言，湖南省（2.4509）、河南省（1.5186）、山西省（1.1148）和安徽省（1.0854）专用设备制造业集聚水平平均值较高，具有明显集聚优势，江西省（0.4466）和湖北省（0.6737）专用设备制造业集聚水平平均值相对较低，集聚优势尚不明显；动态来看，山西省、湖南省、河南省专用设备制造业集聚水平出现下降趋势，2012～2016年平均下降速度分别为9.46%、7.18%、0.11%，湖北省、江西省和安徽省专用设备制造业集聚水平保持上升趋势，2012～2016年平均增长速度分别为6.37%、3.20%和1.78%（见表4-6）。

表4-6　中部地区专用设备制造业集聚水平测算结果

序号	地区	2012年	2013年	2014年	2015年	2016年	平均值	平均变化率（%）
1	山西	1.3187	1.1792	1.2667	0.9899	0.8198	1.1148	-9.46
2	安徽	1.0522	1.0540	1.0960	1.0977	1.1270	1.0854	1.78
3	江西	0.4127	0.4309	0.4561	0.4680	0.4655	0.4466	3.20
4	河南	1.5537	1.4684	1.5136	1.5102	1.5470	1.5186	-0.11
5	湖北	0.5782	0.6642	0.6997	0.7009	0.7254	0.6737	6.37
6	湖南	3.0097	2.5037	2.3867	2.2094	2.1448	2.4509	-7.18
7	全国平均值	0.8232	0.8120	0.7933	0.7927	0.7765	0.7995	-1.42
8	东部地区平均值	0.8616	0.8830	0.8648	0.8742	0.8674	0.8702	0.17
9	中部地区平均值	1.3208	1.2167	1.2365	1.1627	1.1382	1.2150	-3.46
10	西部地区平均值	0.4737	0.4852	0.4656	0.4823	0.5072	0.4828	1.77
11	东北地区平均值	1.0985	1.0729	0.9797	1.0227	0.8267	1.0001	-6.18

中部地区汽车制造业集聚发展趋势相对平缓。从全国汽车制造业发展来看，

中部地区汽车制造业平均集聚水平为 0.7862，低于全国平均水平 1.0156，可见中部地区集聚优势尚不明显；动态来看，中部地区汽车制造业集聚水平平均增长速度为 0.42%，全国汽车制造业集聚水平平均增长速度为 −0.07%，存在下降危险，但趋势尚不明显。从四大板块来看，东北地区（2.0473）、东部地区（1.2641）汽车制造业集聚水平平均值大于 1，产业集聚发展优势明显，领先于中部地区（0.7862）和西部地区（0.6653）；动态来看，2012~2016 年东部地区（1.23%）、中部地区（0.42%）汽车制造业集聚水平呈现出上升趋势，东部地区上升趋势更加明显，西部地区（−1.81%）和东北地区（−0.74%）汽车制造业集聚水平存在下降趋势，东北地区下降趋势相对平缓。从中部地区六省份来看，湖北省汽车制造业集聚水平（1.9580）领先于其他省份，集聚趋势明显，安徽省（0.9322）汽车制造业集聚水平处于中等水平，集聚优势有待进一步发挥，山西省（0.1732）、江西省（0.5533）、河南省（0.5678）、湖南省（0.5327）汽车制造业集聚水平平均值相对较低，集聚优势相对不足；动态来看，2012 年以来，安徽省（−1.76%）和湖北省（−2.34%）汽车制造业集聚水平呈现出下降趋势，山西省（34.83%）、湖南省（9.69%）汽车制造业集聚水平上升趋势明显，江西省（0.02%）、河南省（0.20%）汽车制造业集聚水平呈现出较为平缓的上升趋势（见表 4-7）。

表 4-7　中部地区汽车制造业集聚水平测算结果

序号	地区	2012 年	2013 年	2014 年	2015 年	2016 年	平均值	平均变化率（%）
1	山西	0.1164	0.1291	0.1616	0.1805	0.2786	0.1732	34.83
2	安徽	1.0041	0.9470	0.8732	0.9032	0.9336	0.9322	−1.76
3	江西	0.5567	0.5442	0.5502	0.5581	0.5571	0.5533	0.02
4	河南	0.5526	0.5707	0.5684	0.5902	0.5570	0.5678	0.20
5	湖北	2.0600	1.9904	1.9332	1.9396	1.8669	1.9580	−2.34
6	湖南	0.4527	0.5167	0.5246	0.5414	0.6281	0.5327	9.69
7	全国平均值	1.0202	1.0261	1.0093	1.0055	1.0172	1.0156	−0.07
8	东部地区平均值	1.2353	1.2713	1.2409	1.2769	1.2963	1.2641	1.23
9	中部地区平均值	0.7904	0.7830	0.7686	0.7855	0.8035	0.7862	0.42
10	西部地区平均值	0.6823	0.6858	0.6667	0.6592	0.6328	0.6653	−1.81
11	东北地区平均值	2.1141	2.0560	2.0888	1.9261	2.0516	2.0473	−0.74

中部地区铁路、船舶、航空航天和其他运输设备制造业集聚优势尚不明显。从全国铁路、船舶、航空航天和其他运输设备制造业发展来看，中部地区铁路、

船舶、航空航天和其他运输设备制造业集聚水平（0.7624）低于全国平均水平（0.9186），集聚优势尚不明显；动态来看，中部地区铁路、船舶、航空航天和其他运输设备制造业集聚水平呈现缓慢下降趋势，平均下降速度为0.34%，全国水平则表现出缓慢上升趋势（0.41%）。从四大板块来看，东北地区（1.2486）、东部地区（0.9631）的铁路、船舶、航空航天和其他运输设备制造业集聚水平平均值相对较高，2012～2016年东北地区（2.72%）、东部地区（4.97%）集聚水平平均变化率超过2%，集聚优势明显；中部地区（0.7624）、西部地区（0.8770）的铁路、船舶、航空航天和其他运输设备制造业集聚水平平均值相对较低，集聚式发展优势尚不明显，动态来看集聚水平呈现出下降趋势，平均下降速度分别为0.34%和3.55%，聚集优势尚不明显。从中部地区六省份来看，湖南省铁路、船舶、航空航天和其他运输设备制造业集聚水平领先于其他省份，2012~2016年集聚水平平均值达到1.3895，山西省（0.8431）、安徽省（0.4462）、江西省（0.4039）、河南省（0.6768）、湖北省（0.8152）五省份的铁路、船舶、航空航天和其他运输设备制造业集聚水平相对较低，集聚优势尚不明显；动态来看，江西省（-15.75%）、安徽省（-3.07%）的铁路、船舶、航空航天和其他运输设备制造业集聚水平呈现出下降趋势，河南省（9.30%）、湖南省（2.76%）、山西省（2.02%）的铁路、船舶、航空航天和其他运输设备制造业集聚水平呈现出上升趋势，湖北省铁路、船舶、航空航天和其他运输设备制造业集聚水平存在缓慢下降趋势，2012～2016年平均下降速度为0.07%，下降趋势尚不明显（见表4-8）。

表4-8　中部地区铁路、船舶、航空航天和其他运输设备制造业集聚水平测算结果

序号	地区	2012年	2013年	2014年	2015年	2016年	平均值	平均变化率（%）
1	山西	0.7010	0.7867	0.9078	1.0622	0.7577	0.8431	2.02
2	安徽	0.5115	0.4329	0.4045	0.4334	0.4488	0.4462	-3.07
3	江西	0.6310	0.6543	0.2844	0.2162	0.2334	0.4039	-15.75
4	河南	0.5730	0.6684	0.6517	0.7045	0.7862	0.6768	9.30
5	湖北	0.8198	0.8456	0.7870	0.8059	0.8176	0.8152	-0.07
6	湖南	1.2016	1.3772	1.4468	1.5872	1.3344	1.3895	2.76
7	全国平均值	0.9060	0.9233	0.9268	0.9159	0.9209	0.9186	0.41
8	东部地区平均值	0.8707	0.9149	0.9794	1.0070	1.0438	0.9631	4.97
9	中部地区平均值	0.7397	0.7942	0.7470	0.8016	0.7297	0.7624	-0.34
10	西部地区平均值	0.9411	0.9368	0.9090	0.7908	0.8074	0.8770	-3.55
11	东北地区平均值	1.2157	1.1558	1.1826	1.3409	1.3481	1.2486	2.72

中部地区电气机械和器材制造业集聚水平上升趋势明显。从全国电气机械和器材制造业发展来看，中部地区电气机械和器材制造业集聚水平平均值（0.8776）高于全国平均值（0.7177），中部地区集聚优势尚不明显；动态来看，中部地区电气机械和器材制造业集聚水平与全国一样，都表现出上升趋势，2012~2016年平均增长速度分别为1.62%和1.39%。从四大板块来看，东部地区（0.9878）、中部地区（0.8776）、西部地区（0.4853）、东北地区（0.4269）电气机械和器材制造业集聚水平平均值递减，西部地区、东北地区电气机械和器材制造业集聚水平与东部地区、中部地区存在一定差距；动态来看，东部地区和东北地区电气机械和器材制造业集聚水平呈现下降趋势，2012~2016年平均变化率分别为-0.45%和-2.99%，中部地区和西部地区电气机械和器材制造业集聚水平则呈现出上升趋势，2012~2016年平均增长速度分别为1.62%和5.82%。从中部地区六省份来看，安徽省（1.8486）、江西省（1.2366）电气机械和器材制造业集聚水平相对较高，集聚优势明显，领先于其他省份，湖南省（0.6916）、河南省（0.6598）、湖北省（0.6000）电气机械和器材制造业集聚水平处于中等水平，集聚优势尚不明显，山西省（0.2292）电气机械和器材制造业集聚水平相对靠后；动态来看，安徽省电气机械和器材制造业集聚水平呈现出下降趋势，2012~2016年平均变化率为-1.70%，山西省（7.70%）、湖南省（4.20%）、湖北省（3.47%）、江西省（3.09%）、河南省（2.80%）电气机械和器材制造业集聚水平均呈现出上升趋势，产业集聚式发展趋势进一步凸显（见表4-9）。

表4-9　中部地区电气机械和器材制造业集聚水平测算结果

序号	地区	2012年	2013年	2014年	2015年	2016年	平均值	平均变化率（%）
1	山西	0.2048	0.1747	0.2240	0.2747	0.2679	0.2292	7.70
2	安徽	1.9068	1.9129	1.8398	1.8059	1.7773	1.8486	-1.70
3	江西	1.1601	1.2113	1.2253	1.2829	1.3036	1.2366	3.09
4	河南	0.6237	0.6513	0.6644	0.6662	0.6934	0.6598	2.80
5	湖北	0.5416	0.6185	0.6174	0.6057	0.6168	0.6000	3.47
6	湖南	0.6314	0.6505	0.6891	0.7496	0.7373	0.6916	4.20
7	全国平均值	0.6946	0.7073	0.7103	0.7430	0.7333	0.7177	1.39
8	东部地区平均值	0.9925	1.0017	0.9849	0.9852	0.9747	0.9878	-0.45
9	中部地区平均值	0.8447	0.8699	0.8767	0.8975	0.8994	0.8776	1.62
10	西部地区平均值	0.4330	0.4517	0.4659	0.5421	0.5338	0.4853	5.82
11	东北地区平均值	0.4473	0.4232	0.4404	0.4296	0.3938	0.4269	-2.99

中部地区计算机、通信和其他电子设备制造业集聚水平快速上升。从全国计算机、通信和其他电子设备制造业发展来看，中部地区计算机、通信和其他电子设备制造业集聚水平（0.5700）低于全国平均水平（0.6517），2012～2016年全国计算机、通信和其他电子设备制造业集聚水平呈上升趋势，平均变化率为1.18%，增长速度慢于中部地区（13.08%）。从四大板块来看，东部地区计算机、通信和其他电子设备制造业集聚水平平均值远高于其他板块，2012～2016年平均值达到1.1902，集聚优势明显；中部地区（0.5700）、西部地区（0.3802）、东北地区（0.1065）的计算机、通信和其他电子设备制造业集聚水平相对较低，集聚优势尚不明显；动态来看，东部地区（-4.06%）计算机、通信和其他电子设备制造业集聚水平呈现出下降趋势，中部地区（13.08%）、西部地区（10.60%）的计算机、通信和其他电子设备制造业集聚水平增长速度较快，产业集聚式发展潜力较大，东北地区（4.03%）计算机、通信和其他电子设备制造业集聚水平呈现出增长趋势，但增长速度相对平缓。从中部地区六省份来看，2015年以来山西省计算机、通信和其他电子设备制造业集聚水平突破临界值1，产业集聚优势凸显，安徽省（0.5046）、江西省（0.4680）、河南省（0.5363）、湖北省（0.4837）、湖南省（0.5771）的计算机、通信和其他电子设备制造业集聚水平相对较低，集聚优势尚不明显；动态来看，山西省（26.42%）、安徽省（17.88%）的计算机、通信和其他电子设备制造业集聚水平平均增长速度最快，江西省（9.49%）、河南省（6.89%）、湖北省（8.59%）、湖南省（5.78%）的计算机、通信和其他电子设备制造业集聚水平平均增长速度相对较慢，计算机、通信和其他电子设备制造业集聚式发展潜力有待进一步激发（见表4-10）。

表4-10　中部地区计算机、通信和其他电子设备制造业集聚水平测算结果

序号	地区	2012年	2013年	2014年	2015年	2016年	平均值	平均变化率（%）
1	山西	0.5834	0.6314	0.8022	1.0355	1.2000	0.8505	26.42
2	安徽	0.3561	0.4061	0.5520	0.5982	0.6107	0.5046	17.88
3	江西	0.4048	0.4248	0.4665	0.4854	0.5586	0.4680	9.49
4	河南	0.4396	0.5239	0.5562	0.6009	0.5608	0.5363	6.89
5	湖北	0.4203	0.4270	0.4785	0.5278	0.5647	0.4837	8.59
6	湖南	0.4709	0.6085	0.6099	0.6166	0.5797	0.5771	5.78
7	全国平均值	0.6314	0.6454	0.6622	0.6585	0.6612	0.6517	1.18
8	东部地区平均值	1.2884	1.2405	1.2039	1.1390	1.0791	1.1902	-4.06
9	中部地区平均值	0.4459	0.5036	0.5776	0.6441	0.6791	0.5700	13.08

续表

序号	地区	2012 年	2013 年	2014 年	2015 年	2016 年	平均值	平均变化率（%）
10	西部地区平均值	0.3081	0.3564	0.3926	0.4051	0.4387	0.3802	10.60
11	东北地区平均值	0.1052	0.1013	0.1046	0.0991	0.1222	0.1065	4.03

中部地区仪器仪表制造业集聚式发展趋势尚不明显。从全国仪器仪表制造业发展来看，中部地区仪器仪表制造业集聚水平平均值（0.5808）略低于全国平均水平（0.6547），产业集聚优势尚不明显；动态来看，中部地区与全国仪器仪表制造业集聚水平均呈下降趋势，全国仪器仪表制造业集聚水平平均变化率为 -2.50%，中部地区下降速度相对平缓，平均变化率为 -0.95%。从四大板块来看，东部地区仪器仪表制造业集聚水平相对领先，2012~2016 年平均集聚水平均超过 1，产业集聚优势明显；中部地区（0.5808）、西部地区（0.3512）、东北地区（0.4066）仪器仪表制造业集聚水平相对较低，集聚优势尚不明显；动态来看，2012~2016 年东部地区（-4.17%）、中部地区（-0.95%）、西部地区（-0.14%）仪器仪表制造业集聚水平呈现出下降趋势，东北地区仪器仪表制造业集聚水平则呈现出上升趋势，2012~2016 年平均增长速度为 1.99%。从中部地区六省份来看，湖南省（0.8305）仪器仪表制造业集聚水平相对领先，但集聚优势尚不明显，山西省（0.4716）、安徽省（0.6221）、江西省（0.4694）、河南省（0.6564）、湖北省（0.4349）仪器仪表制造业集聚水平相对较低；动态来看，2012~2016 年安徽省（1.61%）、江西省（2.65%）、河南省（3.58%）、湖北省（8.98%）仪器仪表制造业集聚水平呈现出上升趋势，山西省（-11.56%）、湖南省（-3.91%）仪器仪表制造业集聚水平呈现出下降趋势，产业集聚趋势尚不明显（见表 4-11）。

表 4-11　中部地区仪器仪表制造业集聚水平测算结果

序号	地区	2012 年	2013 年	2014 年	2015 年	2016 年	平均值	平均变化率（%）
1	山西	0.6537	0.5937	0.3781	0.3811	0.3515	0.4716	-11.56
2	安徽	0.6018	0.6339	0.6088	0.6253	0.6405	0.6221	1.61
3	江西	0.4659	0.4255	0.4519	0.4884	0.5152	0.4694	2.65
4	河南	0.6088	0.6298	0.6677	0.6795	0.6961	0.6564	3.58
5	湖北	0.3512	0.3877	0.4454	0.5129	0.4774	0.4349	8.98
6	湖南	0.8508	0.9193	0.8791	0.7853	0.7177	0.8305	-3.91
7	全国平均值	0.7120	0.6473	0.6300	0.6435	0.6408	0.6547	-2.50
8	东部地区平均值	1.2877	1.1380	1.0899	1.1005	1.0731	1.1378	-4.17

续表

序号	地区	2012 年	2013 年	2014 年	2015 年	2016 年	平均值	平均变化率（%）
9	中部地区平均值	0.5887	0.5983	0.5718	0.5787	0.5664	0.5808	-0.95
10	西部地区平均值	0.3686	0.3311	0.3397	0.3498	0.3666	0.3512	-0.14
11	东北地区平均值	0.4130	0.3742	0.3749	0.4248	0.4459	0.4066	1.99

（二）地区差异特征

采用 σ 收敛和 β 收敛两种收敛分析方法检验中部地区六省份装备制造业集聚水平敛散性，分析中部地区六省份装备制造业集聚水平的地区差异特征。

1. 绝对 σ 收敛

采用如下公式对中部地区六省份装备制造业集聚水平进行 σ 收敛分析：

$$\sigma_t = \left\{ N^{-1} \sum_{i=1}^{n} \left[LQ_i(t) - \left(N^{-1} \sum_{k=1}^{n} LQ_k(t) \right) \right]^2 \right\}^{\frac{1}{2}}$$

其中，$LQ_i(t)$ 为第 i 个地区在 t 时期的中部地区六省份装备制造业集聚水平，$N=6$ 省份个数。当 $\sigma_{t+1} < \sigma_{jt}$ 时，表明各地区装备制造业集聚水平离散系数在缩小，存在 σ 收敛，各地区装备制造业集聚水平地区差异缩小；当 $\sigma_{t+1} > \sigma_t$ 时，表明各地区装备制造业集聚水平离散系数在扩大，存在 σ 发散，各地区装备制造业集聚水平地区差异扩大。

2012 年以来中部地区装备制造业集聚水平地区差异呈现缩小趋势，但行业差异明显。中部地区六省份装备制造业集聚水平 σ 收敛值呈下降趋势，2012 年中部地区装备制造业集聚水平 σ 收敛值为 0.4181，2016 年下降至 0.3709，各地区装备制造业集聚水平离散系数缩小，存在 σ 收敛，中部六省装备制造业集聚水平地区差异缩小。从装备制造业细分行业来看，金属制品业，通用设备制造业，铁路、船舶、航空航天和其他运输设备制造业集聚水平 σ 收敛值呈现出上升趋势，中部六省份地区差异存在扩大的趋势；专用设备制造业，汽车制造业，电气机械和器材制造业，计算机、通信和其他电子设备制造业，仪器仪表制造业集聚水平 σ 收敛值呈现下降趋势，中部六省份地区差异缩小（见表4-12）。

表4-12 中部地区装备制造业集聚水平 σ 收敛检验结果

序号	产业类型	2012 年	2013 年	2014 年	2015 年	2016 年
1	装备制造业	0.4181	0.4211	0.4078	0.3727	0.3709
2	金属制品业	0.3769	0.3486	0.5084	0.4296	0.8029
3	通用设备制造业	0.6480	0.6744	0.6666	0.7212	0.7486

续表

序号	产业类型	2012 年	2013 年	2014 年	2015 年	2016 年
4	专用设备制造业	2.0869	1.6342	1.5224	1.3951	1.3801
5	汽车制造业	1.5287	1.4441	1.3722	1.3643	1.2552
6	铁路、船舶、航空航天和其他运输设备制造业	0.5594	0.7131	0.9261	1.0829	0.8382
7	电气机械和器材制造业	1.3503	1.3590	1.2738	1.2338	1.2172
8	计算机、通信和其他电子设备制造业	0.1732	0.2221	0.2735	0.4434	0.5723
9	仪器仪表制造业	0.3808	0.4237	0.4158	0.3264	0.3193

2. 绝对 β 收敛

基于中部六省份装备制造业集聚水平测算结果，构建绝对 β 收敛回归方程：

$$\frac{\ln(LQ_{i,T}) - \ln(LQ_{i,0})}{T} = \alpha + \beta\ln(LQ_{i,0}) + \varepsilon$$

其中，$LQ_{i,T}$ 和 $LQ_{i,0}$ 分别表示为 T 时期和基期中部地区第 i 个地区的装备制造业集聚水平，$\ln(LQ_{i,T}) - \ln(LQ_{i,0})/T$ 表示第 i 个地区从 $t=0$ 时期到 $t=T$ 时期的装备制造业集聚水平增长率。若系数 $\beta < 0$，则存在绝对 β 收敛，即中部地区装备制造业集聚水平的增长与初始值成反比，落后地区存在"追赶"先进地区的趋势；若系数 $\beta > 0$，则各地区不存在 β 收敛，即落后地区的"追赶"效应不明显。

2012~2016 年中部地区装备制造业集聚水平 β 收敛结果行业差异明显。从装备制造业整体来看，中部六省装备制造业集聚水平 β 收敛系数为负，且通过了显著性检验，可见中部六省装备制造业集聚式发展存在"追赶"效应，集聚水平低的省份增长速度相对较快。从装备制造业细分行业来看，金属制品制造业、专用设备制造业、汽车制造业、电气机械和器材制造业、仪器仪表制造业集聚水平 β 收敛结果为负，产业集聚水平存在"追赶"效应，但金属制品业 β 收敛检验未通过显著性检验，产业集聚水平"追赶"效应尚不显著；通用设备制造业，铁路、船舶、航空航天和其他运输设备制造业，计算机、通信和其他电子设备制造业集聚水平 β 收敛结果为正，但均未通过显著性检验，产业集聚水平不存在"追赶"效应，产业集聚水平变化速度与初始水平呈正相关关系（见表4-13）。

表4-13 中部地区装备制造业集聚水平绝对 β 检验结果

序号	产业类型	Coef.	Std. Err.	t	$P > \|t\|$	[95%Conf. Interval]	
1	装备制造业	-0.107	0.034	-3.180	0.004	-0.178	-0.037

续表

序号	产业类型	Coef.	Std. Err.	t	P>｜t｜	［95%Conf. Interval］	
2	金属制品业	−0.079	0.266	−0.300	0.769	−0.632	0.473
3	通用设备制造业	0.024	0.020	1.180	0.250	−0.018	0.065
4	专用设备制造业	−0.213	0.039	−5.530	0.000	−0.293	−0.133
5	汽车制造业	−0.192	0.035	−5.530	0.000	−0.264	−0.120
6	铁路、船舶、航空航天和其他运输设备制造业	0.400	0.277	1.450	0.162	−0.173	0.974
7	电气机械和器材制造业	−0.066	0.027	−2.450	0.023	−0.121	−0.010
8	计算机、通信和其他电子设备制造业	0.184	0.236	0.780	0.444	−0.305	0.674
9	仪器仪表制造业	−0.418	0.163	−2.570	0.017	−0.755	−0.081

第三节　高技术制造业

高技术制造业具有知识技术密集、能源资源消耗较少、产业增长率高、产业关联效应强等特点，高技术制造业是国民经济体系中最为活跃的制造业部门，集中体现一国创新发展水平，对提升制造业国际竞争力至关重要。国家统计局2017年印发的《高技术产业（制造业）分类（2017）》将高技术产业（制造业）界定为国民经济行业中R&D投入强度（R&D经费支出占主营业务收入的比重）相对高的制造业行业，主要包括医药制造业，航空、航天器及设备制造业，电子及通信设备制造业，计算机及办公设备制造业，医疗仪器设备及仪器仪表制造业，信息化学品制造业6个行业大类。

国家统计局历年发布的《国民经济和社会发展统计公报》数据显示，2014～2018年我国高技术制造业增加值占规模以上工业增加值比重不断增长，分别为10.6%、11.8%、12.4%、12.7%、13.9%；制造业增加值增长率均超过10%，分别为12.3%、10.2%、10.8%、13.4%、11.7%；2017年和2018年全年高技术制造业实际使用外资分别为666亿元和898亿元，增长率分别为11.3%和35.1%。中部地区高技术制造业生产经营、研发创新、环境匹配水平如何，直接关系到中部地区创新驱动产业转型升级，加快中部地区经济高质量发展。在经济高质量发展背景下，科学研判中部地区高技术制造业的发展效率及其空间分布特征，具有重要的实践意义。

一、研究方法与数据来源

借鉴现有研究成果,采用超效率 SBM 模型,对中部地区高技术制造业发展效率进行测算并考察其空间分布特征。

(一) 超效率 SBM 模型

考虑到 ML 指数本质上衡量的是生产率改进,并非生产率本身,且传统 DEA 模型只能区分有效单元和无效单元,无法在有效单元做进一步区分,因此选择能够恰当处理的超效率 SBM 模型。为实现测算结果跨期可比,进一步构建测度创新效率的超效率 SBM 模型。假设第 k 个决策单元 SBM 有效,构建基于该生产技术前沿面的超效率 SBM 模型。

$$
\min = \frac{\dfrac{1}{m} \displaystyle\sum_{i}^{m} \dfrac{\bar{x}}{x_{ik}}}{\dfrac{1}{r_1 + r_2} \left(\displaystyle\sum_{s=1}^{r1} \dfrac{y^d}{y^d_{sk}} + \displaystyle\sum_{q=1}^{r2} \dfrac{y^u}{y^u_{qk}} \right)}
$$

$$
\text{s. t.} \begin{cases}
\bar{x} \geqslant \displaystyle\sum_{j=1, j \neq k}^{n} x_{ij} \lambda_j, \ i = 1, \cdots, m; \ \bar{y}^d \leqslant \displaystyle\sum_{j=1, j \neq k}^{n} y^d_{sj} \lambda_j, \ s = 1, \cdots, r_1; \\[2ex]
\bar{y}^u \geqslant \displaystyle\sum_{j=1, j \neq k}^{n} y^u_{qj} \lambda_j, \ q = 1, \cdots, r_2; \\[2ex]
\lambda_j \geqslant 0, \ j = 1, \cdots, n, \ j \neq 0; \ \bar{x} \geqslant x_k, \ i = 1, \cdots, m; \\[2ex]
\bar{y}^d \leqslant y^d_k, \ s = 1, \cdots, r_1; \ \bar{y}^u \leqslant y^u_k, \ q = 1, \cdots, r_2
\end{cases}
$$

(二) 指标选取与数据来源

指标选取方面,投入变量为当年 R&D 人员全时当量、R&D 经费内部支出和新产品开发经费支出,产出变量为新产品销售收入和专利申请量。其中,R&D 经费内部支出、新产品开发经费支出和新产品销售收入采用以 2015 年为基期的组合价格指数进行价格因子处理。组合价格指数是研发经费中的劳务费、固定资产和原材料的比重 (40%、30%、30%) 分别乘以居民消费价格指数、固定资产投资价格指数和工业生产者购进价格指数的结果之和求得的。

鉴于高技术制造业分类的调整和数据可得性,采用 2015~2016 年全国 31 个省份 (不含港澳台) 的相关数据,测算高技术制造业创新效率,并着重分析中部地区六省份高技术制造业发展状况。相关数据均整理自 Easy Professional Superior 数据平台。

二、评估结果与分析

采用超效率 SBM 模型测算中部地区六省份高技术制造业创新效率,同时引入基尼系数，分析中部地区六省份高技术制造业创新效率的差异。

（一）创新效率

中部地区高技术制造业创新效率领先于全国平均水平。从全国高技术制造业发展来看，中部地区高技术制造业创新效率平均水平领先于全国平均水平，具有一定的效率优势；从四大板块来看，中部地区、西部地区高技术制造业发展规模虽然相对较小，但产业效率领先于其他地区，东部地区高技术制造业发展规模大，创新效率同样较高，东北地区高技术制造业创新效率相对靠后，产业生产要素配置有待进一步优化；从中部地区六省份来看，河南省高技术制造业创新效率领先于其他省份，安徽省、江西省、湖北省、湖南省高技术制造业创新效率有待进一步提高，山西省高技术制造业创新效率相对靠后，高技术制造业发展潜力较大。动态来看，与2015年相比，安徽省、江西省、湖北省、湖南省与全国、东部、西部、东北地区高技术制造业创新效率呈现出上升趋势，资源配置得到优化；山西省、河南省与中部地区高技术制造业创新效率存在下降风险，高技术制造业生产要素有待进一步优化配置，以推进高技术制造业高质量发展（见表4-14）。

表4-14　中部地区高技术制造业创新效率评估结果

地区	山西	安徽	江西	河南	湖北	湖南	全国	东部	中部	西部	东北
2015 年	0.391	0.588	0.488	1.146	0.350	0.494	0.452	0.426	0.576	0.452	0.291
2016 年	0.202	0.618	0.594	0.961	0.409	0.567	0.478	0.456	0.558	0.488	0.350
增速	−0.485	0.050	0.215	−0.162	0.171	0.148	0.057	0.070	−0.031	0.079	0.200

注："全国"表示全国平均水平；"东部"表示东部地区平均水平；"中部"表示中部地区平均水平；"西部"表示西部地区平均水平；"东北"表示东北地区平均水平。

中部地区医药制造业创新效率呈现快速上升趋势。从全国医药制造业发展来看，2016年中部地区医药制造业创新效率平均值超过全国平均水平，创新效率优势进一步凸显，但中部地区与全国医药制造业创新效率均呈现出上升趋势；从四大板块来看，中部地区、西部地区医药制造业创新效率平均值相对较高，东部地区、东北地区医药制造业创新效率相对靠后，但四大板块的医药制造业均未达到有效水平，生产要素配置有待进一步优化；从中部地区六省份来看，安徽省、江西省、湖南省医药制造业创新效率相对领先，山西省、河南省、湖北省医药制造业创新效率相对较低，综合来看中部地区医药制造业创新效率仍有待进一步提高。与2015年相比，安徽省、江西省、河南省、湖北省、湖南省与全国、东部地区、中部地区、东北地区医药制造业创新效率均呈现出不同速度的增长，其中江西省、安徽省、河南省医药制造业创新效率增长速度相对较快；山西省与西部地区医药制造业创新效率呈现出下降趋势，医药制造业生产要素的利用和配置有待进一步优化（见表4-15）。

表 4-15 中部地区医药制造业创新效率评估结果

地区	山西	安徽	江西	河南	湖北	湖南	全国	东部	中部	西部	东北
2015 年	0.351	0.427	0.412	0.182	0.387	0.625	0.400	0.341	0.398	0.490	0.241
2016 年	0.277	0.547	0.771	0.224	0.443	0.673	0.403	0.356	0.489	0.430	0.274
增速	-0.211	0.280	0.871	0.233	0.143	0.075	0.006	0.043	0.230	-0.123	0.139

注："全国"表示全国平均水平；"东部"表示东部地区平均水平；"中部"表示中部地区平均水平；"西部"表示西部地区平均水平；"东北"表示东北地区平均水平。

中部地区航空、航天器及设备制造业创新效率地区差异明显。从全国航空、航天器及设备制造业发展来看，中部地区航空、航天器及设备制造业创新效率平均水平领先于全国平均水平，但均未达到有效水平，航空、航天器及设备制造业生产要素配置优化任务艰巨；从四大板块来看，2016年东部地区和中部地区航空、航天器及设备制造业创新效率相对领先，西部地区和东北地区航空、航天器及设备制造业创新效率相对靠后；从中部地区六省份来看，2016年江西省航空、航天器及设备制造业创新效率达到有效水平，具有效率优势，安徽省创新效率处于中等水平，河南省、湖北省、湖南省的航空、航天器及设备制造业创新效率有待进一步提高，资源配置仍需优化。与2015年相比，安徽省、江西省、湖北省与全国、东部地区、中部地区、西部地区、东北地区的航空、航天器及设备制造业创新效率均在2016年有较大增长，资源配置得到优化（见表4-16）。

表 4-16 中部地区航空、航天器及设备制造业创新效率评估结果

地区	山西	安徽	江西	河南	湖北	湖南	全国	东部	中部	西部	东北
2015 年	—	0.133	0.460	0.103	0.066	0.096	0.099	0.106	0.143	0.048	0.193
2016 年	—	0.559	1.000	0.101	0.081	0.063	0.203	0.310	0.301	0.064	0.202
增速	—	3.194	1.174	-0.016	0.230	-0.340	1.039	1.922	1.104	0.327	0.044

注："全国"表示全国平均水平；"东部"表示东部地区平均水平；"中部"表示中部地区平均水平；"西部"表示西部地区平均水平；"东北"表示东北地区平均水平。由于山西省缺乏航空、航天器及设备制造业统计数据，未对山西省航空、航天器及设备制造业创新效率进行统计测算。

中部地区电子及通信设备制造业创新效率有待进一步提高。从全国电子及

通信设备制造业发展来看，2016年中部地区电子及通信设备制造业创新效率低于全国平均水平，电子及通信设备制造业生产要素配置有待优化；从四大板块来看，西部地区电子及通信设备制造业发展具有后发优势，电子及通信设备制造业创新效率相对领先，东部地区和中部地区电子及通信设备制造业创新效率处于中等水平，东北地区电子及通信设备制造业创新效率有待进一步提高；从中部地区六省份来看，2016年安徽省、河南省、湖北省电子及通信设备制造业创新效率均大于1，效率优势明显，山西省、江西省、湖南省电子及通信设备制造业创新效率相对靠后，生产要素配置有待进一步优化。动态来看，2016年安徽省、河南省电子及通信设备制造业创新效率呈现出缓慢上升趋势，江西省、湖北省、湖南省与全国、东部地区、中部地区、西部地区、东北地区电子及通信设备制造业创新效率增长速度较快，山西省电子及通信设备制造业创新效率则出现下降趋势（见表4-17）。

表4-17　中部地区电子及通信设备制造业创新效率评估结果

地区	山西	安徽	江西	河南	湖北	湖南	全国	东部	中部	西部	东北
2015年	0.224	1.039	0.302	1.240	0.235	0.397	0.503	0.643	0.573	0.383	0.375
2016年	0.061	1.044	0.506	1.324	1.009	0.473	0.739	0.708	0.736	0.812	0.554
增速	-0.729	0.005	0.677	0.068	3.288	0.192	0.469	0.100	0.286	1.121	0.479

注："全国"表示全国平均水平；"东部"表示东部地区平均水平；"中部"表示中部地区平均水平；"西部"表示西部地区平均水平；"东北"表示东北地区平均水平。

中部地区计算机及办公设备制造业创新效率存在下降风险。从全国计算机及办公设备制造业发展来看，中部地区计算机及办公设备制造业创新效率低于全国平均水平，同时存在下降的趋势，计算机及办公设备制造业生产要素配置有待进一步优化；从四大板块来看，东部地区计算机及办公设备制造业创新效率相对领先，中部地区、西部地区、东北地区计算机及办公设备制造业创新效率相对较低，效率优势尚不明显；从中部地区六省份来看，安徽省计算机及办公设备制造业创新效率相对领先，江西省、河南省计算机及办公设备制造业创新效率处于中等水平，山西省、湖北省、湖南省计算机及办公设备制造业创新效率则相对靠后，效率优势尚不明显。动态来看，2016年山西省、安徽省、河南省与东部地区计算机及办公设备制造业创新效率呈现出上升趋势，效率优势进一步明显；江西省、湖北省、湖南省与全国、中部地区、西部地区、东北地区计算机及办公设备制造业创新效率存在下降风险，生产要素配置有待继续优化（见表4-18）。

表4-18　中部地区计算机及办公设备制造业创新效率评估结果

地区	山西	安徽	江西	河南	湖北	湖南	全国	东部	中部	西部	东北
2015年	0.166	0.654	1.024	0.243	0.188	0.209	0.435	0.551	0.386	0.375	0.391
2016年	0.219	0.688	0.394	0.473	0.044	0.143	0.365	0.614	0.290	0.191	0.376
增速	0.318	0.051	-0.615	0.946	-0.764	-0.313	-0.163	0.115	-0.248	-0.491	-0.037

注："全国"表示全国平均水平；"东部"表示东部地区平均水平；"中部"表示中部地区平均水平；"西部"表示西部地区平均水平；"东北"表示东北地区平均水平。

中部地区医疗仪器设备及仪器仪表制造业创新效率有待进一步提高。从全国医疗仪器设备及仪器仪表制造业发展来看，2016年中部地区医疗仪器设备及仪器仪表制造业创新效率超过全国平均水平，效率优势进一步凸显；从四大板块来看，东部地区、中部地区医疗仪器设备及仪器仪表制造业创新效率相对领先，西部地区、东北地区医疗仪器设备及仪器仪表制造业创新效率相对靠后，生产要素配置有待进一步优化；从中部地区六省份来看，安徽省、江西省、湖南省医疗仪器设备及仪器仪表制造业创新效率相对领先，山西省、河南省、湖北省医疗仪器设备及仪器仪表制造业创新效率有待进一步提高，资源配置尚需进一步优化。与2015年相比，2016年山西省、江西省、河南省、湖北省与全国、中部地区、西部地区医疗仪器设备及仪器仪表制造业创新效率呈现出下降趋势；安徽省、湖南省与东部地区、东北地区医疗仪器设备及仪器仪表制造业创新效率提高，产业效率优势得到进一步增强（见表4-19）。

表4-19　中部地区医疗仪器设备及仪器仪表制造业创新效率评估结果

地区	山西	安徽	江西	河南	湖北	湖南	全国	东部	中部	西部	东北
2015年	0.264	0.424	0.395	0.213	0.394	0.378	0.354	0.256	0.345	0.483	0.188
2016年	0.170	0.442	0.346	0.200	0.290	0.461	0.296	0.364	0.318	0.239	0.252
增速	-0.357	0.044	-0.123	-0.059	-0.263	0.219	-0.166	0.419	-0.076	-0.506	0.341

注："全国"表示全国平均水平；"东部"表示东部地区平均水平；"中部"表示中部地区平均水平；"西部"表示西部地区平均水平；"东北"表示东北地区平均水平。

中部地区信息化学品制造业创新效率优势尚显不足。从全国信息化学品制造业发展来看，中部地区信息化学品制造业创新效率低于全国平均水平，产业效率优势相对不足；从四大板块来看，东部地区信息化学品制造业发展较早，创新效率相对较高，中部地区和东北地区信息化学品制造业创新效率相对靠后；从中部地区六省份来看，江西省、河南省信息化学品制造业创新效率相对较高，山西省、安徽省、湖北省、湖南省信息化学品制造业创新效率有待进一步提高。动态来看，江西省、湖北省与全国、东部地区、西部地区信息化学品制造业创新效率呈现出上升趋势，产业生产要素配置得到优化；安徽省、河南省、湖南省与中部地区、东北地区信息化学品制造业创新效率存在不同程度的下降，信息化学品制造业创新效率有待进一步提高（见表4-20）。

表4-20　中部地区信息化学品制造业创新效率评估结果

地区	山西	安徽	江西	河南	湖北	湖南	全国	东部	中部	西部	东北
2015年	—	0.181	0.589	0.933	0.288	0.470	0.426	0.544	0.410	0.356	0.348
2016年	0.065	0.110	0.705	0.729	0.480	0.160	0.565	0.632	0.375	0.750	0.039
增速	—	-0.391	0.197	-0.219	0.669	-0.660	0.325	0.162	-0.086	1.109	-0.887

注："全国"表示全国平均水平；"东部"表示东部地区平均水平；"中部"表示中部地区平均水平；"西部"表示西部地区平均水平；"东北"表示东北地区平均水平。由于山西省2015年信息化学品制造业统计数据缺乏，未对2015年山西省信息化学品制造业创新效率进行统计测算。

（二）效率空间差异

泰尔指数能够考察样本组内差距、组间差距对总差距的贡献，是学术界考察经济指标地区差异常用的方法之一。若研究样本的总量为 N，按照一定标准可划分为 K 个群组（记作 G_K），每个群组的样本容量为 N_K，则有：

$$T = T_b + T_w$$

$$= \sum_{K=1}^{K} \frac{y_K}{Y} \log \frac{y_K/Y}{N_K/N} + \sum_{K=1}^{K} \frac{y_i}{y_K} \left(\sum_{i \in G_k} \frac{y_i}{y_K} \log \frac{y_i/y_K}{N_K/N} \right)$$

其中，y_K 表示 K 组经济指标份额，y_i 表示个体 i 指标值，Y 表示样本经济指标总额，T_b 表示群组间差距，T_w 表示群组内部差距，T 表示总差距。泰尔指数测算结果越小，表明地区之间的差距越小。

中部地区高技术制造业创新效率地区差异呈现出缩小趋势。从全国来看，中国高技术制造业创新效率地区差异主要是由各地区高技术制造业内部因素差异导致，且存在缩小趋势；从四大板块来看，板块之间的组间差距并非造成高技术制造业创新效率全国地区差异的主要原因，东部地区、中部地区、东北地区高技术制造业创新效率地区差异相对较小，但东部地区高技术制造业创新效率地区差异存在扩大风险；西部地区高技术制造业创新效率地区差异相对较大，但呈现出缩小趋势（见表4-21）。

表 4-21　中部地区高技术制造业创新效率泰尔指数测算结果

产业类型	年份	总差距	组间差距	组内差距	东部地区	中部地区	西部地区	东北地区
00	2015	0.1607	0.0142	0.1464	0.0614	0.0917	0.258	0.0845
	2016	0.1411	0.0069	0.1342	0.0807	0.0885	0.2134	0.0706
	变化	缩小	缩小	缩小	扩大	缩小	缩小	缩小
01	2015	0.264	0.0218	0.2421	0.0341	0.0558	0.4613	0.0546
	2016	0.1354	0.0129	0.1225	0.0855	0.0852	0.1823	0.0405
	变化	缩小	缩小	缩小	扩大	扩大	缩小	缩小
02	2015	0.244	0.0358	0.2083	0.0843	0.2894	0.2822	0.2406
	2016	0.4836	0.0289	0.4547	0.5608	0.5007	0.1453	0.1687
	变化	扩大	缩小	扩大	扩大	扩大	缩小	缩小
03	2015	0.2471	0.0189	0.2282	0.0962	0.2379	0.4037	0.2361
	2016	0.2536	0.0138	0.2398	0.0806	0.206	0.3667	0.2639
	变化	扩大	缩小	扩大	缩小	缩小	缩小	扩大
04	2015	0.3153	0.0139	0.3014	0.2253	0.2347	0.3893	0.4533
	2016	0.2979	0.0434	0.2545	0.1783	0.2537	0.4179	0.3386
	变化	缩小	扩大	缩小	缩小	扩大	扩大	缩小
05	2015	0.4723	0.079	0.3933	0.0939	0.0273	0.6917	0.0302
	2016	0.2556	0.0055	0.2502	0.347	0.0624	0.309	0.0355
	变化	缩小	缩小	缩小	扩大	扩大	缩小	扩大
06	2015	0.2136	0.0141	0.1995	0.1527	0.1403	0.3422	—
	2016	0.3844	0.1217	0.2628	0.1596	0.2954	0.3317	—
	变化	扩大	扩大	扩大	扩大	扩大	缩小	—

注：高技术制造业大类代码，00：高技术制造业。01：医药制造业。02：航空、航天器及设备制造业。03：电子及通信设备制造业。04：计算机及办公设备制造业。05：医疗仪器设备及仪器仪表制造业。06：信息化学品制造业。由于吉林省、黑龙江省信息化学品制造业统计数据缺失，此处未测算东北地区信息化学品制造业地区泰尔指数。

此外，从高技术制造业具体行业来看，中部地区医药制造业，航空、航天器及设备制造业，计算机及办公设备制造业，医疗仪器设备及仪器仪表制造业，信息化学品制造业创新效率地区差异呈现出扩大趋势，而中部地区电子及通信设备制造业创新效率地区差异则呈现缩小趋势。从四大板块来看，东部地区、中部地区、东北地区医药制造业创新效率地区差异相对较小，西部地区医药制造业创新效率地区差异较大；东部地区、中部地区的航空、航天器及设备制造业创新效率地区差异较大，而西部地区、东北地区的航空、航天器及设备制造

业地区差异则相对较小；中部地区电子及通信设备制造业创新效率地区差异小
于西部地区和东北地区，东部地区电子及通信设备制造业创新效率地区差异最
小，西部地区电子及通信设备制造业创新效率地区差异最大；四大板块计算机
及办公设备制造业地区差异普遍较大，其中西部地区、东北地区计算机及办公
设备制造业创新效率地区差异相对较大，中部地区计算机及办公设备制造业创
新效率地区差异相对较小，东部地区计算机及办公设备制造业创新效率地区差
异最小；东部地区、西部地区医疗仪器设备及仪器仪表制造业创新效率地区差
异较大，中部地区、东北地区医疗仪器设备及仪器仪表制造业创新效率地区差
异相对较小，但有差异扩大的风险；东部地区、中部地区、西部地区信息化学
品制造业创新效率地区差异呈现出阶梯递增的趋势，但东部地区、中部地区和
西部地区信息化学品制造业创新效率地区差异普遍较大，且东部地区和中部地
区之间的差异存在扩大趋势。

参考文献

［1］柴士改.一种改进的动态偏离—份额分析法［J］.统计与信息论坛，2017，32
（6）：11-16.

［2］黄蕾，李莉，熊若晨.我国高技术制造业的创新效率差异［J］.科技管理研究，
2016，36（9）：73-78.

［3］廖冰，张智光.中国16省域林业产业总量、结构与区位竞争力动态研究——基于动
态偏离-份额方法［J］.江苏农业科学，2017，45（4）：295-301.

［4］吕洁华，刘艳迪，付思琦，等.黑龙江省林下经济优势产业的选择分析——基于偏
离-份额分析法［J］.林业经济问题，2018，38（4）：72-77.

［5］罗海平，宋炎.基于偏离—份额法的我国粮食主产区农业产值结构与增长效益研
究：1980年~2012年［J］.经济经纬，2015，32（6）：29-34.

［6］孙君，陈晖，郇红艳.基于偏离—份额分析的产业用工与就业协调研究——以江苏
制造业为例［J］.数学的实践与认识，2018，48（16）：1-7.

［7］孙智君，李响.长江经济带文化产业集聚水平测度及影响因素研究［J］.学习与实
践，2015（4）：49-58.

［8］孙智君，张雅晴.中国高技术制造业集聚水平的时空演变特征——基于空间统计标
准差椭圆方法的实证研究［J］.科技进步与对策，2018，35（9）：54-58.

［9］汤长安.高技术产业发展水平对区域产业结构升级影响的空间计量分析［J］.湖南师
范大学社会科学学报，2018，47（2）：102-111.

［10］吴传清，邓明亮.长江经济带高耗能产业集聚特征及影响因素研究［J］.科技进步
与对策，2018，35（16）：67-74.

［11］吴传清，申雨琦.中国装备制造业集聚对绿色创新效率的影响效应研究［J］.科技
进步与对策，2019，36（5）：54-63.

［12］吴继英，赵喜仓.偏离—份额分析法空间模型及其应用［J］.统计研究，2009，26

（4）：73-79.

［13］肖仁桥，陈忠卫，钱丽.异质性技术视角下中国高技术制造业创新效率研究［J］.管理科学，2018，31（1）：48-68.

［14］薛纪宾.基于偏离—份额分析的青岛市市北区主导产业选择探析［J］.产业经济评论，2017（1）：31-44.

［15］张冬平，郑博阳.基于偏离—份额分析法的河南省制造业竞争力研究［J］.河南农业大学学报，2017，51（5）：741-746.

［16］张玉娟，汤湘希.基于熵值—突变级数法的企业创新能力测度——以创业板上市公司为例［J］.山西财经大学学报，2017，39（8）：15-27.

［17］赵霞，王志增，朱启航.比较优势、空间差异与区域产业定位——基于偏离-份额模型的丝绸之路经济带沿线省区分析［J］.经济与管理，2017，31（2）：17-26.

第五章　中部地区服务业经济地理

服务业是国民经济的重要组成部分，加快发展服务业是推进中部地区经济结构调整、产业结构优化升级的重大任务，也是扩大就业、满足人民群众日益增长的美好生活需要的内在要求。中部崛起战略实施以来，中部地区服务业快速发展，但仍然存在服务化程度有待增强、服务质量有待提高等不足。

第一节　优势服务业识别

培育和发展中部地区的服务业主导产业，是加快推进中部地区服务业高质量发展的重要手段和途径。伴随中部地区经济社会发展，在供给侧结构性改革背景下，着重发展地区优势服务业，能够在区域合理分工的基础上有效减少服务业发展的重复建设和资源浪费。因此，运用科学方法识别中部地区各省份的优势服务业，有利于优化服务业发展布局，加快推进中部地区服务业高质量发展。

一、识别方法与数据来源

借鉴石福刚（2018）等的研究成果，将优势服务业定义为具有内生比较优势和外生比较优势的服务业产业类型。外生比较优势强调外生因素，即事前的生产率差别或资源差别使某个区域产生的交易好处，从而表现为特定产业在该地区的生产具有低成本或者高质量等方面的竞争优势；内生比较优势着重强调内生因素，即在社会分工演进中，由于选择不同产业方向造成事后生产率的差别，从而使得更早选择从事该产业生产的地区相对于起步晚的地区具有较高的生产效率。优势服务业主要强调该产业在该地区相对于其他地区而言具有生产率优势，表现为在地区生产具有明显的竞争优势。

（一）区域优势产业选择测算方法

基于内生比较优势和外生比较优势的定义与设想，选用市场竞争力指标和生产要素吸引力指标完成中部地区优势服务业的考察与识别。

1. 市场竞争力测算方法

采用区位熵测度服务业市场竞争力，区位熵大于 1 时，表明该产业具有明显优势。

$$LQ_{ij} = \frac{X_{ij} / \sum_{i=1}^{m} X_{ij}}{\sum_{j=1}^{n} X_{ij} / \sum_{i=1}^{m} \sum_{j=1}^{n} X_{ij}}$$

其中，n 表示背景区域的数量，j 表示背景区域中第 j 个区域；m 表示该经济体系中所有产业类型的总数，i 表示该经济体系中第 i 类产业；X_{ij} 则代表第 j 个地区中第 i 类产业的经济指标绝对值。区位熵指标能够反映该服务业在评价区域较基准区域具有更强的吸引力，表明该服务业行业在评价区域发展一定比在基准区域其他地区发展更具有优势。

2. 生产要素吸引力测算方法

优势产业的另一个表现是有利于生产要素的流入，当一个地区具有优势时，会吸收外部生产要素流入该产业，表现为该产业在该地区的成长速度明显快于其他区域，或者说该产业在评价区的增长速度明显快于在基准区域的增长速度。借鉴现有研究成果，选择相对增长速度来反映特定服务业在特定地区吸引生产要素流入的优势。

以 Y_{ijt} 表示 j 区域 i 产业在 t 时期的经济活动水平，y_{ijt} 表示 j 区域 i 产业在 t 时期的经济活动增长率，K_{it} 表示基准经济 i 产业在 t 时期的经济活动总水平，k_{it} 表示基准经济 i 产业在 t 时期的经济活动增长率，则：

$$y_{ijt} = \frac{Y_{ijt} - Y_{ij(t-1)}}{Y_{ijt}} \quad k_{it} = \frac{K_{it} - K_{i(t-1)}}{K_{it}}$$

$$\overline{y}_{it} = \frac{1}{n} \sum_{t=1}^{n} y_{ijt} \quad \overline{k}_{i} = \frac{1}{n} \sum_{t=1}^{n} k_{it}$$

在一个较长的时期，$\overline{y}_{it}$ 或 $\overline{k}_{i}$ 为 0，条件相对严苛，因而 $\overline{y}_{it}$ 或 $\overline{k}_{i}$ 为 0 的可能性相对较低。将基准区域增长率与评价区域增长率综合构建计算结果分类框架（见图 5-1）。若基准区域正增长且评价区域负增长，表明评价产业逐渐从评价区域转移出去，评价产业正在快速向基准经济范围内的其他经济区域转移；若基准经济负增长且评价区域负增长，表明评价产业在整个基准经济区域都逐渐衰退；若基准经济负增长且评价区域正增长，表明评价产业正在快速从基准经济范围内的其他区域向评价区域转移；若基准经济正增长且评价区域正增长，则评价产业发展方式更为复杂。

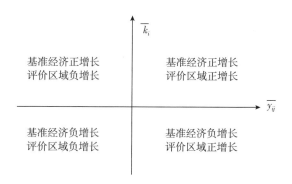

图 5-1 相对平均经济活动增长率计算结果分类框架

将 r_{ijn} 定义为产业相对平均经济活动增长率，并对其进行修正。$r_{ijn}^{\cdot}>1$，表明 j 区域 i 产业的平均经济活动增长速度大于基准经济 i 产业的平均经济活动增长速度，基准经济内与 i 产业相关的更多生产要素流入 j 地区，即 j 地区拥有更有利于 i 产业增长的生产要素优势，i 产业发展成为 j 地区优势产业的可能性更大；$r_{ijn}^{\cdot}<1$，表明 j 区域 i 产业的平均经济活动增长速度慢于基准经济 i 产业的平均经济活动增长速度，基准经济区域内与 i 产业相关的更多生产要素转移出 j 区域，基准经济其他区域拥有更利于 i 产业增长的生产要素优势，i 产业发展成为评价区域优势产业的可能性相对较低；$r_{ijn}^{\cdot}=1$，表明评价产业 i 在评价区域 j 和基准经济范围内的其他区域具有同样的增长速度。

$$r_{ijn}=\frac{\overline{y_{ij}}}{\overline{k_i}}=\frac{\dfrac{1}{n}\sum_{t=1}^{n}y_{ijt}}{\dfrac{1}{n}\sum_{t=1}^{n}k_{it}}=\frac{\sum_{t=1}^{n}y_{ijt}}{\sum_{t=1}^{n}k_{it}}$$

$$(\overline{y_{ij}})^{\cdot}=\begin{cases}0, & \overline{y_{ij}}<0\\ \overline{y_{ij}}, & \overline{y_{ij}}>0\end{cases} \quad (\overline{K_i})^{\cdot}=\begin{cases}0, & \overline{K_i}<0\\ \overline{K_i}, & \overline{K_i}>0\end{cases}$$

$$(\overline{y_{ij}})^{\cdot}=\begin{cases}0, & (\overline{y_{ij}})^{\cdot}=0\\ \infty, & (\overline{k_i})^{\cdot}=0\ \text{且}\ (\overline{y_{ij}})^{\cdot}>0\\ (\overline{y_{ij}})^{\cdot}/(\overline{k_i})^{\cdot}, & (\overline{k_i})^{\cdot}>0\ \text{且}\ (\overline{y_{ij}})^{\cdot}>0\end{cases}$$

（二）优势服务业选择方法

基于服务业市场竞争力指标和有利于生产要素流入的指标，借鉴布鲁斯·亨德森四象限分析法，构建中部地区优势服务业评价矩阵，具体步骤为：

第一步，为匹配相对平均变化率测算方法，改进区位熵测算方法，计算服务业平均区位熵，即取服务业区位熵平均值反映一段时间内服务业产业区位熵的平均水平；

$$\overline{LQ}_{ij} = \frac{1}{n} \sum_{t=1}^{n} LQ_{ij}$$

第二步，以平均区位熵为横轴、产业相对平均变化率为纵轴，分别以 1 为分界点，构建中部地区优势服务业识别矩阵（见图 5-2）；

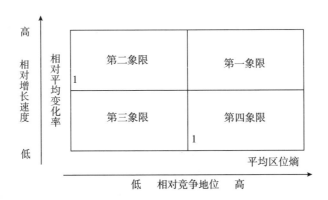

图 5-2　中部地区优势服务业识别矩阵

第三步，计算 r_{ijn} 和 $\overline{LQ}_{ij}$，将各地区服务业产值纳入中部地区优势服务业识别矩阵；

第四步，基于识别矩阵和测算结果识别中部地区优势服务业（见表 5-1）。

表 5-1　中部地区优势服务业识别分类

产业所在象限	产业特征	产业优势识别状况
第一象限	相对竞争地位高，相对增长速度快	显著优势产业
第二象限	相对竞争地位低，相对增长速度快	潜在优势产业
第三象限	相对竞争地位低，相对增长速度慢	劣势产业
第四象限	相对竞争地位高，相对增长速度慢	衰退优势产业

（三）指标选择与数据来源

国内外现有关于服务业优势产业识别的指标主要包括总产值、增加值、企业个数、销售总值、企业主营业务收入等，选取各行业增加值作为中部地区优势服务业识别指标。鉴于数据可得性和《国民经济行业分类》调整，以 2012 年为基期，以第三产业增加值指数对第三产业增加值进行平减，完成中部地区六省份 2012~2017 年优势服务业的识别和研判。相关数据均来自中国第三产业数据库，鉴于数据可得性，选取批发和零售业，交通运输、仓储和邮政业，住宿和餐饮业，金融业，房地产业，其他行业共计 6 类产业作为中部地区优势服务业识别研究对象。

二、识别结果

基于四象限分析法，测算中部地区服务业平均区位熵和相对平均变化率，并借此识别中部地区优势服务业产业类型。

（一）显著优势服务业

显著优势服务业同时拥有高市场竞争力和高生产要素吸引力，即平均区位熵和相对平均增速均大于 1。高市场竞争力表明 j 省份 i 服务业产业已经取得比全国其他省份更有利的竞争地位；高生产要素吸引力表明 i 服务业产业在 j 省份处于快速增长阶段，服务业产业正处于产品生命周期中的扩张期。一方面，高市场竞争力和高生产要素吸引力表明 j 省份拥有 i 服务业产业发展的资源优势，导致 i 服务业产业发展速度快于全国其他省份发展速度；另一方面，高市场竞争力和高生产要素吸引力表明 j 地区是 i 服务业产业发展的原创新区域，j 地区在 i 服务业产业发展过程中具有明显的技术优势。可见，显著优势服务业是一个省份服务业发展中最中坚的服务业产业。i 服务业产业增长速度显著快于全国其他地区增长速度，i 服务业增加值所占比重显著高于全国 i 服务业产业增加值所占比重，表明 i 服务业产业在 j 地区存在吸引生产要素流入的优势，i 产业在 j 地区发展活跃，增长速度较快，竞争优势明显。

中部地区六省份显著优势服务业产业类型差异明显。山西省显著优势服务业为金融业；安徽省显著优势服务业包括住宿和餐饮业、房地产业、其他行业；江西省、湖南省显著优势服务业为其他行业；河南省显著优势服务业包括交通运输、仓储和邮政业，房地产业。显著优势服务业要求服务业产业同时拥有高市场价值竞争力和高生产要素吸引力，湖北省服务业产业优势尚未凸显，服务业产业显著优势尚显不足（见表 5-2）。

表 5-2　中部地区优势服务业识别结果

产业	地区	山西	安徽	江西	河南	湖北	湖南
F	平均区位熵	0.8027	0.9296	0.8907	0.8683	0.8893	0.8956
	相对平均增速	0.0000	0.0000	0.0000	∞	0.0000	0.0000
	所属象限	第三象限	第三象限	第三象限	第二象限	第三象限	第三象限

续表

产业	地区	山西	安徽	江西	河南	湖北	湖南
G	平均区位熵	1.4237	0.9624	1.1793	1.2187	0.9949	1.0500
	相对平均增速	0.0000	0.0000	0.0000	∞	0.0000	0.0000
	所属象限	第四象限	第三象限	第四象限	第一象限	第三象限	第四象限
H	平均区位熵	1.1476	1.0029	1.2913	1.6268	1.1857	1.0201
	相对平均增速	0.0000	∞	0.0000	0.0000	0.0000	0.0000
	所属象限	第四象限	第一象限	第四象限	第四象限	第四象限	第四象限
I	平均区位熵	1.1030	0.9581	0.8465	0.8576	0.9423	0.5760
	相对平均增速	1.1774	1.7780	1.7815	1.4859	2.1737	1.6989
	所属象限	第一象限	第二象限	第二象限	第二象限	第二象限	第二象限
K	平均区位熵	0.9298	1.0981	0.9293	1.1495	0.9098	0.6045
	相对平均增速	5.4079	1.8897	2.0937	2.3368	2.9801	0.4927
	所属象限	第二象限	第一象限	第二象限	第一象限	第二象限	第三象限
O	平均区位熵	0.9558	1.0330	1.0475	0.9541	1.0805	1.2886
	相对平均增速	1.3063	1.3611	1.0070	1.5684	0.8881	1.0286
	所属象限	第二象限	第一象限	第一象限	第二象限	第四象限	第一象限

注：参考国民经济行业分类（GB/T 4754—2017），采用 F 表示批发和零售业，G 表示交通运输、仓储和邮政业，H 表示住宿和餐饮业，I 表示金融业，K 表示房地产业，O 表示其他行业。

（二）潜在优势服务业

潜在优势服务业市场竞争力相对较低，但生产要素吸引力较高，即评价指标区位熵小于1，相对平均增速大于等于1。潜在优势服务业市场竞争力较低表明该服务业产业存在两种可能状态，一是 i 服务业产业为产品生命周期中的成熟产业，但在以往发展过程中 i 服务业产业在 j 省份服务业产业中的竞争优势尚未凸显；二是 i 服务业产业为新兴服务业产业，正处于产品生命周期的起步阶段，i 服务业产业在 j 省份服务业产业中竞争优势不明显的原因在于 j 省份服务业产业政策等因素导致 i 服务业产业发展起步较晚。潜在优势服务业生产要素吸引力较高表明 j 省份具备一定 i 服务业产业发展的要素优势，i 服务业产业在 j 省份开始快速增长。潜在优势服务业位于第二象限的可以总结为两种可能性情况，第一种情况是 i 服务业产业在全国其他省份的发展过程中已经处于成熟阶段，由于产业转移、长期生产和普及，i 服务业产业技术实现标准化，技术获取程度较低，服务产品市场几于饱和，但服务产品在 j 省份生产具有生产要素优势，如廉价的原材料供应、足够的技术劳动力支撑，导致 i 服务业产业进一步从原创性省

份向 j 省份转移；第二种情况是 i 服务业产业正处于成长期，j 省份本身具备 i 服务业产业发展的比较优势，但由于区域经济规划、战略等因素导致 i 服务业产业在 j 省份发展起步较晚，产业发展基础较弱，产业后发优势尚未完全发挥，从而滞后于其他省份，市场竞争力相对较低。

　　金融业是中部地区最普遍的潜在优势服务业产业，金融业等生产性服务业的发展关系到中部地区制造业发展。中部地区金融业发展起步较晚，生产要素吸引力较强，相对平均增速较高，但中部地区金融业市场竞争力相对较低，目前仍滞后于北京、上海等省份。具体来看，山西省潜在优势服务业包括房地产业和其他行业；安徽省、湖南省潜在优势服务业为金融业；江西省、湖北省潜在优势服务业包括金融业和房地产业；河南省潜在优势服务业包括批发和零售业、金融业、其他行业（见表5-3）。

表5-3　中部地区服务业分类结果

地区	第一象限 （显著优势产业）	第二象限 （潜在优势产业）	第三象限 （劣势产业）	第四象限 （衰退优势产业）
山西	金融业	房地产业 其他行业	批发和零售业	交通运输、仓储和邮政业 住宿和餐饮业
安徽	住宿和餐饮业 房地产业 其他行业	金融业	批发和零售业 交通运输、仓储和邮政业	—
江西	其他行业	金融业 房地产业	批发和零售业	交通运输、仓储和邮政业 住宿和餐饮业
河南	交通运输、仓储和邮政业 房地产业	批发和零售业 金融业 其他行业	—	住宿和餐饮业
湖北	—	金融业 房地产业	批发和零售业 交通运输、仓储和邮政业	住宿和餐饮业 其他行业
湖南	其他行业	金融业	批发和零售业 房地产业	交通运输、仓储和邮政业 住宿和餐饮业

（三）衰退优势服务业

　　衰退优势服务业市场竞争力较高，但生产要素吸引力较低，即平均区位熵大于1，相对平均增速小于1。衰退优势服务业市场竞争力较高，表明 i 服务业产业在 j 省份竞争优势明显，j 省份 i 服务业产业发展优势高于全国其他省份。

衰退优势服务业产业生产要素吸引力较低可能存在两种情况：第一种情况是 i 服务业产业在 j 省份的发展已经处于产品生命周期中的成熟阶段，服务产品市场趋于饱和，i 服务业产业增长速度趋于平缓甚至开始下降；第二种情况是 i 服务业产业已经从 j 省份转移到其他省份，j 省份发展 i 服务业产业的生产要素吸引力较低。两种情况均表明，i 服务业产业在 j 省份的竞争优势逐步降低，同时 i 服务业产业正从 j 省份逐渐转移出去或者即将转移出去，即 j 省份 i 服务业产业正逐步衰退。

交通运输、仓储和邮政业，住宿和餐饮业是中部地区六省份最主要的衰退优势服务业。交通运输、仓储和邮政业，住宿和餐饮业等服务业产业发展起步早，产业市场趋于饱和，在服务业行业中的比重逐步降低。具体来看，山西省、江西省、湖南省衰退优势服务业产业主要包括交通运输、仓储和邮政业，住宿和餐饮业；河南省衰退优势服务业为住宿和餐饮业；湖北省衰退优势服务业包括住宿和餐饮业和其他行业。与此同时，安徽省暂未出现衰退优势服务业产业。

（四）劣势服务业

劣势服务业同时表现出低市场竞争力和低生产要素吸引力，即平均区位熵小于1，相对平均变化率小于1。劣势服务业同时表现出低市场竞争力和低生产要素吸引力的原因只有一种，即 i 服务业产业在 j 省份既没有取得竞争优势地位，同时，j 省份 i 服务业产业发展速度慢于全国其他省份。若 i 服务业产业属于新兴服务业，低生产要素吸引力表明 j 省份基本不具备吸引 i 服务业产业生产要素的优势，或由于政策规划等因素，j 省份现有资源优势尚未充分发挥；若 i 服务业产业为成熟产业类型，低市场竞争力表明 j 省份 i 服务业产业正以比全国其他省份更快的速度逐步衰退。

批发和零售业是中部地区六省份最普遍的劣势服务业产业。批发和零售业发展起步较早，中部地区各省份批发和零售业发展速度趋缓或衰退。具体来看，山西省、江西省劣势服务业产业为批发和零售业；安徽省、湖北省劣势服务业产业包括批发和零售业，交通运输、仓储和邮政业；湖南省劣势服务业产业包括批发和零售业、房地产。与此同时，河南省各服务业产业类型均未表现出明显的劣势。

第二节　物流业

物流业是融合运输、仓储、货代、信息等产业的复合型服务业，是支撑国民经济发展的基础性、战略性产业。加快发展现代物流业，对于促进产业结构调整、转变发展方式、提高国民经济竞争力和建设生态文明具有重要意义。根据国家统计局发布的《中华人民共和国 2018 年国民经济和社会发展统计公报》，2018 年我国交通运输、仓储和邮政业增加值为 40550 亿元，同比增长 8.1%。近年来中部地区物流业保持较快增长，服务能力显著提升，基础设施条件和政策环境明显改善，现代产业体系初步形成，物流业已成为中部地区国民经济的重要组成部分。

一、物流业集聚水平的测度方法与数据来源

借鉴吴传清和邓明亮（2018）等的研究成果，考察中部地区物流业集聚水平时空演变特征。

（一）测度方法

采用区位熵（LQ）考察中部地区物流业集聚水平：

$$LQ_j = \frac{X_i / \sum_{i=1}^{m} X_j}{\sum_{j=1}^{n} X_j / \sum_{j=1}^{n} X_j}$$

其中，n 表示背景区域的数量，j 表示背景区域中第 j 个区域；m 表示该经济体系中所有产业类型的总数；X_j 则代表第 j 个地区中物流业的经济指标绝对值。

（二）数据来源

选取物流业增加值测算中部地区物流业集聚水平。鉴于中国行业分类标准自 2011 年重新修订，交通运输、仓储和邮政业是物流业的典型代表，选取 2012~2017 年数据测算中部地区物流业集聚水平。所有数据均来源于中国第三产业数据库，以 2012 年为基期，以第三产业增加值指数对交通运输、仓储和邮政业增加值进行平减。

二、物流业集聚的时空分布

以全国 31 个省份（不含港澳台）物流业发展为背景，采用区位熵测算中部地区物流业集聚水平，考察中部地区物流业集聚水平的时序演变特征及其空间分布特征。

（一）物流集聚时序演变特征

与全国物流业发展平均水平相比，中部地区物流业集聚优势明显。2012 年以来，全国物流业集聚水平均大于等于 1，物流业呈现出集聚式发展趋势；中部地区物流业集聚水平平均值高于全国平均水平，物流业集聚式发展优势明显。动态来看，中部地区物流业集聚水平与全国平均水平均呈现下降趋势，但中部

中部经济地理

地区下降速度更高，集聚优势有所下降；2012~2017年全国物流业集聚水平下降速度相对缓慢，下降趋势尚不明显。

从四大板块来看，中部地区物流业具有集聚式发展优势。2012~2017年，西部地区物流业集聚水平平均值领先于其他板块，中部地区物流业集聚水平平均值稍低于西部地区，东北地区次之，东部地区物流业集聚水平平均值相对较低，物流业集聚优势相对不足。动态来看，中部地区、西部地区物流业集聚水平存在下降趋势，且中部地区物流业集聚水平下降速度相对较快；东部地区、东北地区物流业集聚水平呈现出上升趋势，且东北地区物流业集聚水平上升速度相对较快（见表5-4）。

表5-4 中部地区物流业集聚水平测算结果

地区	2012年	2013年	2014年	2015年	2016年	2017年	平均值	平均增速（%）
山西	1.5665	1.4061	1.3576	1.3461	1.4037	1.4625	1.4237	-1.82
安徽	1.0000	1.0606	1.0282	0.9421	0.9008	0.8425	0.9624	-0.75
江西	1.2168	1.2678	1.1876	1.1523	1.1194	1.1319	1.1793	-0.62
河南	1.0889	1.2260	1.2509	1.2451	1.2508	1.2504	1.2187	2.38
湖北	0.9860	1.0315	1.0069	0.9984	0.9867	0.9602	0.9949	0.18
湖南	1.0793	1.1102	1.0664	1.0357	1.0118	0.9964	1.0500	-0.54
全国	1.0813	1.0854	1.0822	1.0770	1.0811	1.0745	1.0803	-0.02
东部地区	0.9686	0.9672	0.9804	0.9860	0.9833	0.9983	0.9806	0.25
中部地区	1.1562	1.1837	1.1496	1.1199	1.1122	1.1073	1.1382	-0.31
西部地区	1.1508	1.1432	1.1398	1.1294	1.1547	1.1254	1.1406	-0.18
东北地区	1.0288	1.0515	1.0559	1.0850	1.0505	1.0595	1.0552	0.51

从中部地区六省份来看，中部地区物流业集聚水平省际差异较大。2012~2017年，山西省物流业集聚水平领先于其他省份，物流业集聚式发展优势明显；江西省、河南省物流业集聚水平处于第二阶层，同样具有明显集聚优势；湖南省物流业集聚水平平均值略高于1，但湖南省物流业集聚式发展优势存在衰退的风险；安徽省、湖北省物流业集聚水平平均值相对较低，且均小于1，物流业集聚优势尚不明显。动态来看，2012年以来，山西省、安徽省、江西省、湖南省物流业集聚水平呈现出下降趋势，且山西省物流业集聚水平下降速度相对较快；河南省、湖北省物流业集聚水平呈上升趋势，且河南省物流业集聚水平上升快于湖北省。

（二）地区差异特征

采用绝对 β 收敛和条件 β 收敛两种收敛分析方法检验中部地区六省份物流业集聚水平敛散性，分析中部地区六省份物流业集聚水平的地区差异特征。

1. 绝对 β 收敛

在中部地区六省份物流业集聚水平测算的基础上，构建绝对 β 收敛回归方程：

$$\frac{\ln(LQ_{i,T})-\ln(LQ_{i,0})}{T}=\alpha+\beta\ln(LQ_{i,0})+\varepsilon$$

其中，$LQ_{i,T}$ 和 $LQ_{i,0}$ 分别表示为 T 时期和基期中部地区第 i 个省份的物流业集聚水平，$\ln(LQ_{i,T})-\ln(LQ_{i,0})/T$ 表示第 i 个省份从 $t=0$ 时期到 $t=T$ 时期的物流业集聚水平增长率。若系数 $\beta<0$，则存在绝对 β 收敛，即中部地区物流业集聚水平的增长与初始值成反比，落后地区存在"追赶"先进地区的趋势；若系数 $\beta>0$，则各地区不存在 β 收敛，即落后地区的"追赶"效应不明显。

由表5-5可知，中部地区物流业集聚水平存在显著绝对 β 收敛，低集聚水平省份对高集聚水平省份存在显著"追赶"效应。具体来看，中部地区物流业集聚水平绝对 β 收敛检验回归系数为负，且通过了1%的显著性检验，表明中部地区六省份物流业集聚水平存在"追赶"效应，各省份物流业发展竞争激烈。全国物流业集聚水平绝对 β 收敛检验结果显示，各省份物流业集聚水平同样存在显著 β 收敛，低集聚省份对高集聚省份存在显著"追赶"效应。四大板块中，东部地区、西部地区、东北地区物流业集聚水平绝对 β 收敛检验结果为负，均未通过显著性检验，物流业集聚水平较低的省份对集聚水平较高的省份存在"追赶"效应，但追赶趋势尚不显著，各省份物流业集聚水平地区差异存在进一步扩大的风险。

表5-5 物流业集聚水平绝对 β 收敛检验结果

地区	LQ	Coef.	Std. Err.	t	$P>\|t\|$	[95%Conf. Interval]	
全国	β	−0.0331	0.0123	−2.6800	0.0081	[−0.0575	−0.0087]
	_cons	0.0014	0.0042	0.3300	0.7420	[−0.0070	0.0097]
东部地区	β	−0.0284	0.0209	−1.3600	0.1809	[−0.0704	0.0136]
	_cons	0.0015	0.0079	0.1900	0.8489	[−0.0144	0.0174]
中部地区	β	−0.1442	0.0447	−3.2200	0.0032	[−0.2360	−0.0526]
	_cons	0.0193	0.0092	2.1000	0.0444	[0.0005	0.0382]
西部地区	β	−0.0283	0.0204	−1.3800	0.1716	[−0.0691	0.0126]
	_cons	−0.0033	0.0082	−0.4100	0.6845	[−0.0197	0.0130]

地区	LQ	Coef.	Std. Err.	t	P>∣t∣	[95%Conf. Interval]
东北地区	β	−0.0042	0.0343	−0.1200	0.9033	[−0.0783 0.0698]
	_cons	0.0130	0.0037	3.5100	0.0038	[0.0050 0.0211]

2. 条件 β 收敛

各省份物流业发展进程存在差异的影响因素较多，如物流业企业规模、就业人数、产业结构、固定资产投资等。鉴于数据可得性，本文构建如下分析模型：

$$\ln LO_{i,T}-\ln LQ_{i,T-1}=\alpha+\beta_1\ln LQ_{i,T-1}+\beta_2\ln NUM_{i,T}+\beta_3\ln UU_{i,T}+\beta_4\ln PE_{i,T}+\beta_5\ln UP_{i,T}+\beta_6\ln IND_{i,T}+\beta_7\ln FAI_{i,T}+\varepsilon_T$$

其中，NUM 表示交通运输、仓储和邮政业法人单位数，UU 表示交通运输、仓储和邮政业城镇单位就业人员数，PE 表示交通运输、仓储和邮政业私营企业和个体就业人员数，UP 表示交通运输、仓储和邮政业城镇私营企业和个体就业人员数，IND 表示交通运输、仓储和邮政业行业增加值占第三产业增加值比重，FAI 表示交通运输、仓储和邮政业全社会固定资产投资。若 β<0，表明中部地区六省份物流业集聚水平存在条件收敛，各省份物流业集聚水平地区差异存在缩小甚至消失的可能。

由表 5-6 可知，中部地区物流业集聚水平存在条件 β 收敛，各省份物流业集聚水平的增长与初始水平呈负向相关关系。在物流业法人单位数、就业人数、产业结构、固定资产等条件的共同影响下，全国、东部地区、中部地区物流业集聚水平均存在显著条件 β 收敛，西部地区、东北地区物流业集聚水平虽然存在条件 β 收敛，但未通过显著性检验，物流业集聚水平较低的省份对集聚水平较高省份的"追赶"效应尚不显著。法人单位数对物流业集聚水平的收敛产生负向影响，但仅在全国和东部地区的检验中通过显著性检验；城镇单位就业人员数对东部地区、东北地区物流业集聚水平的收敛存在负向影响，但未通过显著性检验，城镇单位就业人员数对全国、中部地区、西部地区物流业集聚水平的收敛存在正向促进作用，且在中部地区样本中通过了显著性检验；私营企业和个体就业人员数对全国、西部地区、东北地区物流业集聚水平的收敛存在负向抑制作用，对东部地区、中部地区物流业集聚水平的收敛存在正向促进作用，但均未通过显著性检验；城镇私营企业和个体就业人员数对全国、西部地区、东北地区物流业集聚水平的收敛存在正向促进作用，对东部地区、中部地区物流业集聚水平的收敛存在负向抑制作用，但均未通过显著性检验；行业增加值占第三产业增加值的比重反映了各地区服务业产业结构，物流业所占比重对全国、中部地区、西部地区、东北地区物流业集聚水平的收敛存在正向促进作用，且在中部地区通过了显著性检验，可见中部地区各省份物流业在服务业发展中的地位加速了物流业集聚水平的收敛，而物流业所占比重对东部地区物流业集聚水平的收敛存在负向抑制性作用，但未通过显著性检验；全社会物流业固定资产投资对全国、东部地区、西部地区、东北地区物流业集聚水平的收敛存在正向促进作用，且在东部地区通过显著性检验，在全国、西部地区和东北地区未通过显著性检验，全社会物流业固定资产投资对中部地区物流业集聚水平的收敛存在负向抑制作用，且通过了显著性检验。

表5-6　物流业集聚水平条件 β 收敛检验结果

地区	符号	全国	东部地区	中部地区	西部地区	东北地区
初始水平	LQ	−0.0404 ** （0.0164）	−0.0687 （0.0424）	−0.246 *** （0.0603）	−0.0200 （0.0292）	−0.622 （0.450）
法人单位数	NUM	−0.0234 ** （0.0113）	−0.0456 ** （0.0206）	−0.0126 （0.0194）	−0.0201 （0.0363）	0.0407 （0.0751）
城镇单位就业人员数	UU	0.0169 （0.0129）	−0.00217 （0.0269）	0.147 *** （0.0316）	0.00636 （0.0280）	−0.00366 （0.0866）
私营企业和个体 就业人员数	PE	−0.0122 （0.0185）	0.0114 （0.0316）	0.0214 （0.0295）	−0.0298 （0.0369）	−0.0660 （0.119）
城镇私营企业和 个体就业人员数	UP	0.0207 （0.0180）	−0.0114 （0.0351）	−0.0426 （0.0375）	0.0352 （0.0305）	0.124 （0.162）
行业增加值占第三产业 增加值比重	IND	0.0103 （0.00932）	−0.0113 （0.0247）	0.0454 ** （0.0199）	0.00627 （0.0128）	0.00950 （0.0381）
全社会固定资产投资	FAI	0.0125 （0.00998）	0.0518 * （0.0299）	−0.0911 *** （0.0202）	0.0369 （0.0257）	0.0259 （0.0376）
截距项	_cons	0.0366 （0.0747）	0.0972 （0.131）	0.245 （0.179）	−0.116 （0.196）	−0.662 （0.519）

注：括号中数值为 Z 值，* 表示 $p<0.1$，** 表示 $p<0.05$，*** 表示 $p<0.01$。

第三节　金融业

伴随中部地区经济快速发展，金融业在中部地区社会资金流动配置过程中发挥的作用日益重要。根据国家统计局发布的《中华人民共和国 2018 年国民经济和社会发展统计公报》，2018 年中国金融业增加值达到 69100 亿元，同比增长 4.4%。在金融业快速发展、规模不断扩大、对国民经济影响不断加深的同时，我国金融业仍然面临区域发展不平衡问题，大量金融资源集聚在东部地区，中部和西部地区金融业发展规模相对较小、效率相对较低。《国务院关于大力实施促进中部地区崛起战略的若干意见》（2012）等国家顶层设计明确提出，要加大中部地区财税金融政策支持力度，积极支持武汉、郑州、长沙、合肥等地区加快金融改革和金融创新，充分发挥金融业在中部地区国民经济发展中的重要作用。随着中部地区经济发展方式快速转变，经济结构逐步调整优化，大数据、移动互联等新技术与金融业务加速融合，科学研判中部地区金融业全要素生产率的时空演化规律及其影响因素，有助于推动新技术应用，促进普惠金融创新发展，深化金融标准化战略，优化金融信息技术治理体系，支持中部地区金融业健康发展，推进金融业与制造业融合，加快中部地区经济高质量发展。

一、金融业全要素生产率测度方法与数据来源

借鉴学术界关于金融业全要素生产率的研究成果，基于 DEA-Malmquist 指数法测度中部地区金融业全要素生产率，并考察其时空演变规模。

假设有 n 个 DUM，每个 DUM 都有 m 种投入和 s 种产出，x_{ij} 表示第 j 个决策单元 DUM_j 的第 i 种投入，y_{rj} 表示第 r 种产出，λ_j 表示 n 个 DUM 的投入产出指标权重，$\sum_{j=1}^{n} x_{ij}\lambda_j$ 为加权处理后 DMU 的投入量，$\sum_{j=1}^{n} y_{ij}\lambda_j$ 为加权处理后 DMU 的产出量。进而得到中部地区金融业全要素生产率的测算公式：

$$\min \left[\theta - \varepsilon \left(\sum_{i=1}^{m} s_i^- + \sum_{i=1}^{m} s_r^+ \right) \right]$$

$$s.t \begin{cases} \sum_{j=1}^{n} X_{ij}\lambda_j + s_i^- = \theta X_{ij}, & i \in (1, 2, \cdots, m) \\ \sum_{j=1}^{m} X_{ij}\lambda_j - s_i^+ = y_{ij}, & r \in (1, 2, \cdots, s) \\ \sum_{j=1}^{n} \lambda_j = 1, & \theta, \lambda_j, s_i^-, s_i^+ \geqslant 0, \ j = 1, 2, \cdots, n \end{cases}$$

其中，θ 表示相对效率，s_i^- 和 s_i^+ 表示松弛变量，ε 表示非阿基米德无穷小，通常取 $\varepsilon = 0.000001$。若该式有最优解 θ，s_i^-，s_i^+，λ 若 $\theta = 1$，且 $s_i^- = s_i^+ = 0$，则 DMU 为 DEA 有效；若 $\theta = 1$，且 $s_i^- \neq 0$ 或 $s_i^+ \neq 0$，或 $s_i^- \neq 0$ 且 $s_i^+ \neq 0$，则表示 DMU 为弱 DEA 有效；若 $\theta < 1$，且 $s_i^- \neq 0$，$s_i^+ \neq 0$，则 DMU 为非 DEA 有效，而且 θ 值越

大，DMU 的相对效率越高。

选取金融业资本投入、劳动投入、金融机构投入为金融业全要素生产率投入指标。其中，资本投入指标采用全社会金融业固定资产投资额表示；劳动投入指标采用金融业就业人员数测度（金融业就业人员数为城镇单位就业人员数、私营企业和个体就业人员数之和）；金融机构投入指标采用金融业法人单位数表示。中部地区金融业全要素生产率产出指标采用金融业增加值表示（见表5-7）。

表5-7　中部地区金融业全要素生产率测度指标

指标性质	指标类型	具体指标
产出指标	经济产出	金融业增加值
投入指标	资本投入	全社会金融业固定资产投资额
	劳动投入	金融业就业人员数
	金融机构投入	金融业法人单位数

鉴于我国行业分类标准自 2011 年重新修订，选取 2012~2017 年数据测算中部地区金融业全要素生产率，并考察其时空演变规律。所有数据均来源于中国第三产业数据库，以 2012 年为基期，采用第三产业增加值指数对第三产业增加值进行平减。部分缺失数据采用均值法补齐。

二、测度结果与分析

采用 DEA-Malmquist 模型测算中部地区六省份金融业全要素生产率，同时引入绝对 σ 收敛法和泰尔指数法，分析中部地区六省份金融业全要素生产率差异。

（一）全要素生产率

基于乘法法则将中部地区金融业 Malmquist 指数进一步分解为纯技术效率变化（PEC）、规模效率变化（SEEC）、纯技术变化（PTC）、规模技术变化（SETC）四部分，考察中部地区金融业全要素生产率变化及其分解。

1. 金融业全要素生产率测算结果及其分解

中部地区金融业全要素生产率快速上升。与全国金融业全要素生产率相比，中部地区金融业全要素生产率平均值高于全国平均水平，具有一定的效率优势；动态来看，2013 年以来全国金融业全要素生产率存在下降趋势，平均变化率为 -0.75%，下降趋势尚不明显，中部地区金融业全要素生产率呈现出上升趋势，平均变化率达到 2.77%。从四大板块来看，各地区金融业全要素生产率平均水平差异相对较小，其中东北地区、中部地区金融业全要素生产率相对领先，西部地区金融业全要素生产率处于中等水平，东部地区金融业发展起步早、金融业基础好，金融业全要素生产率相对较低，效率改进优势尚不明显；动态来看，东部地区、中部地区金融业全要素生产率呈现出上升趋势，东部地区金融业全要素生产率平均变化率为 0.06%，上升速度相对平缓，西部地区、东北地区金融业全要素生产率呈现出下降趋势，东北地区金融业全要素生产率平均变化率达到-5.51%，下降相对较快。从中部地区六省份来看，各省份金融业全要素生产率普遍较高，山西省、湖北省金融业全要素生产率相对领先，江西省、河南省、湖南省金融业全要素生产率处于中等水平，安徽省金融业全要素生产率相对较低；动态来看，山西省、湖南省金融业全要素生产率呈现出快速上升趋势，2013~2017 年金融业全要素生产率平均变化率分别达到 32.81% 和 12.30%，安徽省、江西省、河南省、湖北省金融业全要素生产率呈现出下降趋势，其中安徽省金融业全要素生产率下降相对较快（见表5-8）。

表5-8　中部地区金融业全要素生产率

序号	地区	2013 年	2014 年	2015 年	2016 年	2017 年	平均值	平均变化率（%）
1	山西	0.7844	1.3716	0.7273	0.6904	1.8137	1.0775	32.81
2	安徽	1.1971	0.9811	1.0300	0.9090	0.7926	0.9819	-8.45
3	江西	1.0870	1.1596	1.0293	0.9873	0.9343	1.0395	-3.51
4	河南	1.0785	1.0472	1.1939	0.8299	0.9990	1.0297	-1.84
5	湖北	1.0690	1.0008	1.2017	1.1034	0.9767	1.0703	-2.16
6	湖南	0.7302	1.0507	1.0167	1.2290	1.0894	1.0232	12.30
7	全国平均值	1.0210	1.0394	0.9326	1.0270	0.9905	1.0021	-0.75
8	东部地区平均值	0.9568	0.9711	0.8992	1.0414	0.9591	0.9655	0.06
9	中部地区平均值	0.9910	1.1018	1.0331	0.9582	1.1010	1.0370	2.77
10	西部地区平均值	1.0395	1.0705	0.8757	1.0554	0.9713	1.0025	-1.64
11	东北地区平均值	1.2212	1.0184	1.0700	1.0032	0.9518	1.0529	-5.51

　　中部地区金融业纯技术效率变化领先于全国平均水平。与全国金融业纯技术效率变化相比，中部地区金融业纯技术效率变化平均水平高于全国平均水平，纯技术效率变化优势明显；动态来看，全国金融业纯技术效率变化存在下降趋势，中部地区金融业纯技术效率变化总体呈现上升趋势，虽然在 2016 年存在波动，但在 2017 年得以重新回升。从四大板块来看，中部地区、东北地区金融业纯技术效率变化平均水平相对较高，东部地区、西部地区金融业纯技术效率变化平均水平相对靠后；动态来看，东部地区、中部地区金融业纯技术效率变化

呈现出上升趋势，西部地区、东北地区金融业纯技术效率变化存在下降趋势。
从中部地区六省份来看，山西省、江西省、湖北省、湖南省金融业纯技术效率
变化平均水平相对领先，安徽省、河南省金融业纯技术效率变化平均水平相对
靠后；动态来看，除湖南省外，中部地区其他省份在 2016 年普遍出现下降波
动，但从 2013~2017 年的变化趋势来看，山西省、河南省、湖南省金融业纯技
术效率变化呈现出上升趋势，其中山西省金融业纯技术效率变化上升速度较快，
安徽省、江西省、湖北省金融业纯技术效率变化呈现出下降趋势（见表5-9）。

表5-9　中部地区金融业纯技术效率变化

序号	地区	2013 年	2014 年	2015 年	2016 年	2017 年	平均值	平均变化率（%）
1	山西	1.0736	1.1733	1.0000	0.5525	1.8098	1.1219	17.15
2	安徽	1.1123	0.9812	1.0524	0.9252	0.7776	0.9697	-7.52
3	江西	1.1719	1.2005	1.0234	1.0095	0.9549	1.0720	-4.63
4	河南	0.8882	1.0879	1.1938	0.8370	0.9487	0.9911	1.70
5	湖北	1.0167	1.0143	1.2257	1.1202	0.9361	1.0626	-1.98
6	湖南	0.8261	1.0340	0.9303	1.2674	1.0643	1.0244	7.21
7	全国平均值	1.0213	1.0146	0.9739	0.9974	0.9748	0.9964	-1.14
8	东部地区平均值	0.9095	1.0082	0.9557	0.9977	0.9781	0.9698	1.89
9	中部地区平均值	1.0148	1.0819	1.0709	0.9520	1.0819	1.0403	1.65
10	西部地区平均值	1.0849	0.9835	0.9104	1.0229	0.9343	0.9872	-3.47
11	东北地区平均值	1.1529	1.0251	1.0948	0.9856	0.9112	1.0339	-5.24

中部地区金融业纯技术变化上升趋势明显。与全国金融业纯技术变化平均
水平相比，中部地区金融业纯技术变化平均水平略高于全国平均水平，纯技术
变化优势尚不明显；动态来看，中部地区金融业纯技术变化与全国金融业纯技
术变化均表现出上升趋势，但中部地区金融业纯技术变化上升较快，平均变化
率达到 2.96%。从四大板块来看，东部地区金融业纯技术变化平均水平相对领
先，但整体表现出下降趋势；中部地区、东北地区金融业纯技术变化平均水平
相近，但中部地区金融业纯技术变化水平呈现出上升趋势、东北地区金融业纯
技术变化水平表现出缓慢下降趋势；西部地区金融业纯技术变化水平相对较低，
但呈现出上升趋势，2013~2017 年平均变化率达到 2.89%。从中部地区六省份
来看，山西省、河南省、湖南省金融业纯技术变化平均水平相对领先，安徽省、
湖北省金融业纯技术变化处于中等水平，江西省金融业纯技术变化平均水平相
对靠后，纯技术变化优势尚不明显；动态来看，山西省、江西省金融业纯技术

变化呈现出明显上升趋势，山西省金融业纯技术变化平均变化率达到36.33%，上升速度最快；湖北省、湖南省金融业纯技术变化水平平均变化率接近于0，变化趋势尚不明显，但湖北省平均变化率为正，湖南省平均变化率为负；2013～2017年安徽省、河南省金融业纯技术变化呈现出下降趋势，且河南省金融业纯技术变化下降相对较快（见表5-10）。

表5-10　中部地区金融业纯技术变化

序号	地区	2013年	2014年	2015年	2016年	2017年	平均值	平均变化率（%）
1	山西	0.6114	1.3038	0.6312	1.1268	1.4999	1.0346	36.33
2	安徽	1.0750	1.0003	0.9741	0.9801	1.0127	1.0085	-1.45
3	江西	0.9279	0.9622	1.0040	0.9752	0.9776	0.9694	1.34
4	河南	1.2265	0.9625	0.9998	0.9882	1.0532	1.0460	-3.53
5	湖北	1.0379	0.9853	0.9765	0.9835	1.0428	1.0052	0.12
6	湖南	1.0297	1.0742	1.0686	0.9713	1.0227	1.0333	-0.17
7	全国平均值	1.0030	1.0265	0.9724	1.0066	1.0509	1.0119	1.19
8	东部地区平均值	1.0747	1.0045	0.9994	1.0170	1.0270	1.0245	-1.11
9	中部地区平均值	0.9848	1.0481	0.9424	1.0042	1.1015	1.0162	2.96
10	西部地区平均值	0.9392	1.0433	0.9633	0.9970	1.0478	0.9981	2.89
11	东北地区平均值	1.0558	0.9893	0.9787	1.0148	1.0417	1.0160	-0.34

中部地区金融业规模效率变化省际差异相对较小。与全国金融业规模效率变化水平相比，中部地区金融业规模效率变化平均值与全国平均水平相近，且中部地区略高，但规模效率变化优势尚不明显；动态来看，中部地区与全国金融业规模效率变化平均变化率均略低于0，但下降趋势尚不显著。从四大板块来看，西部地区金融业规模效率变化平均水平略高于其他板块，且呈现出上升趋势，2013～2017年平均变化率为0.74%；中部地区、东北地区金融业规模效率变化水平略高于1，且平均变化率均为负，但东北地区金融业规模效率变化下降相对较快；东部地区金融业规模效率变化平均水平相对较低，2013～2017年平均变化率为-1.69%，下降趋势相对明显。从中部地区六省份来看，各省份金融业规模效率变化水平差异较小，均接近于1；动态来看，山西省、安徽省、河南省、湖北省金融业规模效率变化呈现出下降趋势，江西省、湖南省金融业规模效率变化呈现出上升趋势，其中江西省平均变化率为0.04%，上升趋势尚不明显，湖南省上升相对较快（见表5-11）。

表 5-11　中部地区金融业规模效率变化

序号	地区	2013 年	2014 年	2015 年	2016 年	2017 年	平均值	平均变化率（%）
1	山西	1.0759	1.0696	1.0000	0.9664	1.0348	1.0293	-0.96
2	安徽	1.0391	0.9993	1.0056	0.9998	1.0045	1.0097	-0.83
3	江西	0.9895	1.0190	1.0071	0.9959	0.9910	1.0005	0.04
4	河南	1.0116	1.0010	1.0009	1.0007	1.0005	1.0029	-0.28
5	湖北	1.0559	1.0030	1.0029	0.9977	1.0017	1.0122	-1.28
6	湖南	0.8610	1.0620	1.1039	0.9997	0.9986	1.0050	4.00
7	全国平均值	0.9944	1.0664	0.9882	1.0107	0.9827	1.0085	-0.29
8	东部地区平均值	1.0204	1.0084	0.9641	1.0202	0.9514	0.9929	-1.69
9	中部地区平均值	1.0055	1.0257	1.0201	0.9934	1.0052	1.0099	-0.01
10	西部地区平均值	0.9647	1.1492	0.9895	1.0137	0.9934	1.0221	0.74
11	东北地区平均值	1.0040	1.0101	0.9995	1.0019	0.9988	1.0029	-0.13

　　中部地区金融业规模技术变化优势尚不明显。与全国金融业规模技术变化水平相比，中部地区金融业规模技术变化水平高，但低于全国平均水平，在金融业规模技术变化方面存在劣势；动态来看，中部地区与全国金融业规模技术变化均呈现出下降趋势，但中部地区金融业规模技术变化下降趋势相对较快。从四大板块来看，西部地区金融业规模技术变化平均水平相对领先，东北地区金融业规模技术变化平均值处于中等水平，东部地区、中部地区金融业规模技术变化水平相对靠后；动态来看，中部地区、西部地区金融业规模技术变化呈现出下降趋势，东部地区、东北地区金融业规模技术变化存在上升趋势，但东部地区金融业规模技术变化上升趋势更为显著。从中部地区六省份来看，江西省金融业规模技术变化平均水平相对领先，安徽省、河南省、湖北省金融业规模技术变化平均值处于中等水平，山西省、湖南省金融业规模技术变化优势尚不明显；动态来看，安徽省、河南省、湖北省、湖南省金融业规模技术变化呈现出上升趋势，山西省金融业规模技术变化下降趋势相对明显，江西省金融业规模技术变化动态变化趋势尚不明显（见表5-12）。

表 5-12　中部地区金融业规模技术变化

序号	地区	2013 年	2014 年	2015 年	2016 年	2017 年	平均值	平均变化率（%）
1	山西	1.1106	0.8383	1.1523	1.1474	0.6457	0.9789	-10.47
2	安徽	0.9635	1.0003	0.9991	1.0026	1.0019	0.9935	1.00

续表

序号	地区	2013 年	2014 年	2015 年	2016 年	2017 年	平均值	平均变化率（%）
3	江西	1.0102	0.9852	0.9947	1.0071	1.0101	1.0015	0.00
4	河南	0.9786	0.9990	0.9994	1.0026	0.9994	0.9958	0.53
5	湖北	0.9594	0.9984	1.0011	1.0039	0.9990	0.9924	1.03
6	湖南	0.9970	0.8907	0.9264	0.9987	1.0023	0.9630	0.13
7	全国平均值	1.0111	0.9487	1.0027	1.0087	0.9912	0.9925	-0.49
8	东部地区平均值	0.9625	0.9558	0.9936	0.9943	1.0058	0.9824	1.13
9	中部地区平均值	1.0032	0.9520	1.0122	1.0271	0.9430	0.9875	-1.50
10	西部地区平均值	1.0585	0.9297	1.0063	1.0142	0.9997	1.0017	-1.39
11	东北地区平均值	0.9996	0.9944	1.0001	0.9986	1.0047	0.9995	0.13

2. 金融业全要素生产率类型划分

基于金融业全要素生产率及其分解指数，将中部地区六省份划分为稳定型、上升型、发展型三种类型。

稳定型省份具有高全要素生产率、高纯技术效率变化、高纯技术变化、高规模效率变化、低规模技术变化。中部地区六省份中，山西省属于稳定型省份，金融业全要素生产率较高，金融业发展较快，但仍需进一步扩大金融业发展规模、提高管理水平（见表5-13）。

表5-13 中部地区金融业全要素生产率及其分解类型划分

类型	省份	特点
稳定型	山西省	全要素生产率高，纯技术效率变化高，纯技术变化高，规模效率变化高，规模技术变化较低
上升型	江西省、河南省、湖北省	全要素生产率处于中等水平，纯技术效率变化、纯技术变化、规模效率变化、规模技术变化中某一方面或某几方面较高
发展型	安徽省、湖南省	全要素生产率相对靠后，纯技术效率变化、纯技术变化、规模效率变化、规模技术变化优势尚不明显

上升型省份金融业全要素生产率处于中等水平，但在纯技术效率变化、纯技术变化、规模效率变化、规模技术变化中某一方面或某几方面存在比较优势。中部六省份中江西省、河南省、湖北省属于上升型省份，全要素生产率处于中等水平，但江西省规模技术变化水平相对领先，河南省纯技术变化水平领先，湖北省纯技术效率变化、规模效率变化具备一定优势。上升型省份金融业发展仍需不断优化资源配置，加快金融科技成果转化。

发展型省份金融业全要素生产率相对靠后，纯技术效率变化、纯技术变化、规模效率变化、规模技术变化优势尚不明显。中部地区中安徽省、湖南省属于发展型省份，金融业发展技术水平、规模水平较高，产出效率较高，但在金融业创新发展、规模优化等方面仍需进一步提高和发展。

（二）效率空间差异

采用σ收敛和泰尔指数法检验中部地区六省份金融业全要素生产率敛散性，考察中部地区六省份金融业全要素生产率的地区差异特征。

1. 绝对σ收敛

采用如下公式对中部地区六省份金融业全要素生产率进行σ收敛分析：

$$\sigma_t = \left\{ N^{-1} \sum_{i=1}^{n} \left[TFP_i(t) - \left(N^{-1} \sum_{k=1}^{n} TFP_k(t) \right) \right]^2 \right\}^{\frac{1}{2}}$$

其中，$TFP_i(t)$ 为第 i 个地区在 t 时期的中部地区六省份金融业全要素生产率，N 表示省份个数。当 $\sigma_{t+1} < \sigma_{jt}$ 时，各地区金融业全要素生产率离散系数在缩小，存在σ收敛，各地区金融业全要素生产率地区差异缩小；当 $\sigma_{t+1} > \sigma_t$ 时，各地区金融业全要素生产率离散系数在扩大，存在σ发散，各地区金融业全要素生产率地区差异扩大。

中部地区金融业全要素生产率地区差异呈现出扩大趋势，但全要素生产率分解项σ收敛存在较大差异。2013~2017年中部地区金融业全要素生产率省际差异呈现出上升趋势，不存在σ收敛，各地区金融业全要素生产率差异扩大。从中部地区金融业全要素生产率分解项来看，中部地区金融业纯技术效率变化、规模技术变化σ收敛值呈现出上升趋势，地区差异存在扩大趋势；金融业纯技术变化、规模效率变化σ收敛值呈现出下降趋势，存在σ收敛，各地区金融业纯技术变化、规模效率变化水平差异缩小（见表5-14）。

表5-14 中部地区金融业全要素生产率及其分解σ收敛结果

年份	2013年	2014年	2015年	2016年	2017年	平均变化率（%）
全要素生产率	0.4197	0.3264	0.3848	0.4311	0.8105	23.27
纯技术效率变化	0.2987	0.1987	0.2578	0.5519	0.8234	43.90
纯技术变化	0.4627	0.2950	0.3493	0.1350	0.4404	-1.20
规模效率变化	0.1727	0.0715	0.0921	0.0298	0.0340	-20.08
规模技术变化	0.1254	0.1565	0.1666	0.1320	0.3259	39.97

2. 泰尔指数

泰尔指数能够考察样本组内差距、组间差距对总差距的贡献，是学术界考察经济指标地区差异常用的方法之一。若研究样本的总量为 N，按照一定标准可划分为 K 个群组（记做 G_K），每个群组的样本容量为 N_K，则有：

$$T = T_b + T_w$$

$$= \sum_{K=1}^{K} \frac{y_K}{Y} \log \frac{y_K/Y}{N_K/N} + \sum_{K=1}^{K} \frac{y_i}{y_K} \left(\sum_{i \in G_k}^{K} \frac{y_i}{y_K} \log \frac{y_i/y_K}{N_K/N} \right)$$

其中，y_K 表示 K 组经济指标份额，y_i 表示个体 i 指标值，Y 表示样本经济指标总额，T_b 表示群组间差距，T_w 表示群组内部差距，T 表示总差距。泰尔指数测算结果越小，表明地区之间的差距越小。

全国金融业全要素生产率地区差异有缩小趋势，但中部地区金融业全要素生产率地区差异存在扩大趋势。从全国来看，2013 年以来全国金融业全要素生产率地区差异呈现出下降趋势，四大板块的内部差异是导致全国差异最主要的原因，四大板块之间的差异相对较小，同时呈现出下降趋势。就四大板块金融业全要素生产率泰尔指数来看，中部地区、西部地区金融业全要素生产率泰尔指数相对较高，地区差异明显，东部地区、东北地区金融业全要素生产率泰尔指数相对较低，地区差异较小；动态来看，东部地区、西部地区、东北地区金融业全要素生产率呈现出下降趋势，地区差异进一步缩小，中部地区泰尔指数则呈现出上升趋势，与中部地区金融业全要素生产率 σ 收敛结果一致（见表 5-15）。

表 5-15 中部地区金融业全要素生产率泰尔指数分解结果

年份	2013 年	2014 年	2015 年	2016 年	2017 年	平均值	平均变化率（%）
总差距	0.0166	0.0102	0.0168	0.0201	0.0142	0.0156	-2.92
组间差距	0.0026	0.0013	0.0030	0.0007	0.0015	0.0018	-8.47
组内差距	0.0141	0.0089	0.0138	0.0194	0.0127	0.0138	-1.94
东部地区	0.0118	0.0074	0.0020	0.0238	0.0047	0.0099	-12.04
中部地区	0.0155	0.0070	0.0122	0.0170	0.0403	0.0184	31.87
西部地区	0.0184	0.0131	0.0278	0.0196	0.0066	0.0171	-12.78
东北地区	0.0027	0.0006	0.0038	0.0079	0.0005	0.0031	-16.48

第四节 商贸服务业

深入推进现代服务业发展是新常态下新的经济增长点，以批发和零售业、住宿和餐饮业为主的商贸服务业是现代服务业的重要组成部分。根据国家统计局发布的《中华人民共和国 2018 年国民经济和社会发展统计公报》，2018 年中国服务进出口总额达到 5.24 万亿元，居民服务性消费支出占消费总支出比重达到 49.5%，家政服务业带动新增就业超过 10 万人。

随着信息技术革新和经济发展水平不断提高，现代商贸服务业呈现出技术新、业态新、方式新、人力资本含量高、技术含量高、附加值高的特点。科学分析中部地区商贸服务业发展竞争力水平及其时空演变规律，对于制定中部地区商贸服务业发展政策、增加商贸服务业竞争力，促进中部地区商贸服务业高质量发展具有重要的实践价值。

一、商贸服务业竞争力测算方法和数据来源

借鉴现有研究成果，采用熵权-TOPSIS 模型测算中部地区商贸服务业竞争力水平，并分别考察批发和零售业、住宿和餐饮业竞争力水平。

（一）测算方法

TOPSIS 模型是一种逼近于理想解的排序方法，主要是根据研究对象与正、负理想解的距离进行相对优劣评价。该方法能够客观全面地反映各方案的综合评价值，然后根据综合评价值的大小对各方案进行排序，通过在目标空间中定义一个测度，来测量目标靠近正理想解和远离负理想解的程度。引入改进的TOPSIS 模型来评估商贸服务业发展竞争力，较之传统综合指数法更具科学性、客观性与准确性。

首先，需确定各指标对应的权重，以准确测算各层次及整体竞争力的具体水平。确定权重的方法主要包括主观赋权法、客观赋权法。鉴于竞争力评价指标中每个指标可能都有重要作用，因此选择熵值法来确定权重（见表 5-16）（为保证不同年度竞争力水平的可比性，各指标在所有年度的权重应相等，本书将 6 年 31 个决策单元指标数据合并建立统一的指标数据矩阵，而非每年构建一个数据矩阵，每年指标权重都不相同，以避免不同年份的商贸服务业竞争力水平无法比较、评价结果与实际情况不符的现象）。熵权-TOPSIS 模型具体计算过程如下：

表 5-16　熵值与权重对应关系

熵大	不确定性小	信息量少	效用值小	权重小
熵小	不确定性大	信息量大	效用值多	权重大

第一步，确定指标权重。

（1）无量纲正向化处理：

正向指标：$X'_{ti,j}=\dfrac{X_{ti,j}-\min\{X_j\}}{\max\{X_j\}-\min\{X_j\}}$（$t=1,2,\cdots,6$；$i=1,2,\cdots,31$；$j=1,2,\cdots,8$）

负向指标：$X'_{ti,j}=\dfrac{\max\{X_j\}-X_{ti,j}}{\max\{X_j\}-\min\{X_j\}}$（$t=1,2,\cdots,6$；$i=1,2,\cdots,313$；$j=1,2,\cdots,8$）

$X'^{+}_{ti,j}=X'_{ti,j}+0.001$

由于熵值法求取权重需对标准化后指标值取对数，故整体将正向化标准化指标值向上平移 0.001 个单位。

（2）计算第 i 个决策单元第 j 项指标在第 t 年份标准值的比重：

$Y_{ti,j}=\dfrac{X'^{+}_{ti,j}}{\sum_{t=1}^{6}\sum_{i=1}^{31}X'^{+}_{ti,j}}$（$t=1,2,\cdots,6$；$i=1,2,\cdots,31$；$j=1,2,\cdots,8$）

（3）计算第 j 项指标的信息熵值：

$e_j=-1/\ln(6\times31)\times\sum_{t=1}^{6}\sum_{i=1}^{31}(Y_{ti,j}\times\ln Y_{ti,j})$（$j=1,2,\cdots,8$）

（4）计算第 j 项指标的信息效用值：

$d_j=1-e_j$（$j=1,2,\cdots,8$）

（5）计算第 j 项指标的权重：

$w_j=d_j/\sum_{j=1}^{k}d_j$（$j=1,2,\cdots,8$）

第二步，计算权重规范化矩阵。

$s_{ti,j}=w_j\times X'_{ti,j}$（$t=1,2,\cdots,6$；$i=1,2,\cdots,31$；$j=1,2,\cdots,8$）

第三步，确定正理想解集和负理想解集。

正理想解的集合：$\{s_j^{+}\}=\{\max\{s_{ti,1}\},\max\{s_{ti,2}\},\cdots,\max\{s_{ti,12}\}\}$（$j=1,2,\cdots,8$）

负理想解的集合：$\{s_j^{-}\}=\{\min\{s_{ti,1}\},\min\{s_{ti,2}\},\cdots,\min\{s_{ti,12}\}\}$（$j=1,2,\cdots,8$）

正理想解集即为所有决策单元各指标得分最大值的集合，而负理想解集即为所有决策单元各指标得分最小值的集合。

第四步，计算第 t 年的第 i 个决策单元与正理想集的欧氏距离和与负理想集的欧式距离。

$$d_{it}^{+}=\sqrt{\sum_{j=1}^{12}(s_{ti,j}-s_j^{+})^2}$$

$$d_{it}^{-}=\sqrt{\sum_{j=1}^{12}(s_{ti,j}-s_j^{-})^2}$$

第五步，计算第 t 年的第 i 个决策单元的综合评价指数。以负理想解为基准通过测度与负理想集的距离来间接测度与正理想解的贴近度。

$$\lambda_{ti}=d_{ti}^{-}/(d_{ti}^{+}+d_{ti}^{-})，\lambda_{ti}\in[0,1]$$

其中，贴进度值越大，表示与决策目标正理想解集越接近，即商贸服务业竞争力水平越高。

（二）指标选择与数据来源

本书从发展规模、人力资本、发展潜力 3 个维度对中部地区商贸服务业竞争力进行评价。其中商贸服务业发展规模通过商贸服务业增加值、商贸服务业增加值占第三产业增加值比重、商贸服务业法人单位数来反映；商贸服务业人力资本水平通过商贸服务业城镇单位就业人员数、私营企业和个体就业人员数、城镇私营企业和个体就业人员数来反映；发展潜力通过全社会固定资产投资、不含农户固定资产投资来反映（见表 5-17）。

表 5-17　中部地区商贸服务业竞争力水平评价指标体系

目标	一级指标	二级指标	单位
竞争力	发展规模	商贸服务业增加值	亿元
		商贸服务业增加值占第三产业增加值比重	%
		商贸服务业法人单位数	个
	人力资本	城镇单位就业人员数	万人
		私营企业和个体就业人员数	万人
		城镇私营企业和个体就业人员数	万人
	发展潜力	全社会固定资产投资	亿元
		不含农户固定资产投资	亿元

鉴于中国行业分类标准自 2011 年重新修订，选取 2012～2017 年数据测算中部地区商贸服务业竞争力水平，并考察其时空演变规律。所有数据均来源于中国第三产业数据库，以 2012 年为基期，采用第三产业增加值指数对商贸服务业增加值进行平减。

二、测算结果与分析

采用熵权-TOPSIS 模型测算中部地区商贸服务业竞争力水平，并采用基尼系数估算中部地区商贸服务业竞争力水平地区差异及其演变规律。

（一）商贸服务业竞争力水平

基于熵权-TOPSIS 模型分别考察中部地区商贸服务业发展规模、人力资本、发展潜力和综合竞争力水平的时空演变规律。

1. 发展规模

中部地区商贸服务业发展规模优势尚不明显。与全国商贸服务业发展规模相比，2012~2017年中部地区商贸服务业发展规模平均值低于全国平均值，商贸服务业发展规模优势尚不明显；动态来看，全国商贸服务业发展规模呈现出上升趋势，2012年以来商贸服务业发展规模平均变化率为4.22%，中部地区商贸服务业发展规模也呈现出上升趋势，且水平上升速度较快，平均变化率达到5.63%。从四大板块来看，东部地区商贸服务业发展规模水平相对较高，商贸服务业发展规模优势明显，中部地区、东北地区商贸服务业发展规模水平处于中等水平，西部地区商贸服务业发展规模水平相对较低，商贸服务业发展相对较晚，规模较小；动态来看，四大板块商贸服务业发展规模增长速度存在一定差异，西部地区商贸服务业发展规模上升速度较快，平均变化率达到8.79%，中部地区、东北地区商贸服务业发展规模上升速度处于中等水平，东部地区商贸服务业发展规模水平绝对值高，上升速度相对缓慢。从中部地区六省份来看，河南省、湖北省商贸服务业发展规模水平相对领先，安徽省、江西省、湖南省商贸服务业发展规模处于中等水平，山西省商贸服务业发展规模水平相对靠后；动态来看，山西省、安徽省、江西省商贸服务业发展规模水平增长速度较快，河南省、湖北省商贸服务业发展规模上升速度处于中等水平，湖南省商贸服务业发展规模上升速度相对平缓（见表5-18）。

表5-18　中部地区商贸服务业发展规模

序号	省份	2012年	2013年	2014年	2015年	2016年	2017年	平均值	平均变化率（%）
1	山西	0.0815	0.1056	0.0771	0.1083	0.1120	0.1151	0.0999	6.88
2	安徽	0.0909	0.1217	0.0972	0.1273	0.1283	0.1355	0.1168	8.16
3	江西	0.0791	0.1127	0.0808	0.1131	0.1118	0.1173	0.1025	8.06
4	河南	0.1273	0.1434	0.1341	0.1521	0.1575	0.1656	0.1467	5.01
5	湖北	0.1165	0.1393	0.1266	0.1448	0.1457	0.1493	0.1370	4.70
6	湖南	0.1130	0.1333	0.1157	0.1277	0.1290	0.1308	0.1249	2.63
7	全国平均值	0.1127	0.1322	0.1159	0.1350	0.1370	0.1413	0.1290	4.22
8	东部地区平均值	0.1762	0.1736	0.1804	0.1793	0.1838	0.1922	0.1809	1.51
9	中部地区平均值	0.1014	0.1260	0.1053	0.1289	0.1307	0.1356	0.1213	5.63
10	西部地区平均值	0.0686	0.1024	0.0712	0.1026	0.1033	0.1048	0.0922	8.79
11	东北地区平均值	0.1003	0.1266	0.1002	0.1295	0.1289	0.1291	0.1191	4.78

中部地区批发和零售业发展规模省际差异较大。与全国批发和零售业发展规模相比，中部地区批发和零售业发展规模低于全国平均水平，批发和零售业发展规模优势尚不明显；动态来看，中部地区批发和零售业发展规模上升速度快于全国的上升速度，批发和零售业发展较快。从四大板块来看，东部地区批发和零售业发展规模领先于其他板块，规模优势明显，中部地区、东北地区批发和零售业发展规模处于中等水平，西部地区批发和零售业发展规模相对靠后；动态来看，西部地区批发和零售业发展规模上升速度最快，中部地区、东北地区批发和零售业发展规模上升速度处于中等水平，东部地区批发和零售业发展规模上升速度相对缓慢。从中部地区六省份来看，河南省、湖北省批发和零售业发展规模相对较高，安徽省、湖南省批发和零售业发展规模处于中等水平，山西省、江西省批发和零售业发展规模水平相对靠后；动态来看，安徽省、江西省批发和零售业发展规模上升速度相对较快，山西省、河南省上升速度处于中等水平，湖北省、湖南省批发和零售业发展规模上升速度相对缓慢（见表5-19）。

表5-19　中部地区批发和零售业发展规模

序号	省份	2012 年	2013 年	2014 年	2015 年	2016 年	2017 年	平均值	平均变化率（%）
1	山西	0.0777	0.1000	0.0740	0.1014	0.1044	0.1072	0.0941	6.34
2	安徽	0.0889	0.1178	0.0946	0.1219	0.1230	0.1298	0.1127	7.66
3	江西	0.0746	0.1052	0.0769	0.1051	0.1041	0.1098	0.0960	7.85
4	河南	0.1097	0.1253	0.1183	0.1366	0.1436	0.1499	0.1306	6.11
5	湖北	0.1094	0.1304	0.1192	0.1360	0.1368	0.1405	0.1287	4.73
6	湖南	0.1081	0.1274	0.1109	0.1215	0.1224	0.1246	0.1191	2.54
7	全国平均值	0.1089	0.1271	0.1130	0.1292	0.1313	0.1353	0.1241	4.04
8	东部地区平均值	0.1735	0.1733	0.1807	0.1780	0.1822	0.1901	0.1796	1.59
9	中部地区平均值	0.0947	0.1177	0.0990	0.1204	0.1224	0.1270	0.1135	5.67
10	西部地区平均值	0.0652	0.0948	0.0675	0.0943	0.0950	0.0966	0.0856	8.04
11	东北地区平均值	0.0970	0.1212	0.0971	0.1238	0.1242	0.1244	0.1146	4.70

中部地区住宿和餐饮业发展规模具备一定优势。与全国住宿和餐饮业发展规模相比，中部地区住宿和餐饮业发展规模水平平均值高于全国平均水平，具备住宿和餐饮业发展规模优势；动态来看，中部地区住宿和餐饮业发展规模水平增长速度快于全国平均水平，住宿和餐饮业发展较快。从四大板块来看，各地区住宿和餐饮业发展规模水平差异相对较小，东部地区、中部地区住宿和餐

饮业发展规模水平相对领先，西部地区、东北地区住宿和餐饮业发展规模水平相对靠后；动态来看，东部地区住宿和餐饮业发展规模水平较高，但存在下降趋势，中部地区、西部地区、东北地区住宿和餐饮业发展规模水平呈现出上升趋势，其中西部地区住宿和餐饮业发展规模上升速度最快，2012~2017年住宿和餐饮业发展规模水平平均变化率达到10.65%。从中部地区六省份来看，河南省、湖北省住宿和餐饮业发展规模水平相对较高，湖南省、江西省、安徽省住宿和餐饮业发展规模处于中等水平，山西省住宿和餐饮业发展规模水平有待进一步提高；动态来看，山西省、安徽省、江西省住宿和餐饮业发展规模上升速度相对较快，湖北省、湖南省住宿和餐饮业发展规模上升速度处于中等水平，河南省住宿和餐饮业发展规模上升速度相对平缓（见表5-20）。

表5-20　中部地区住宿和餐饮业发展规模

序号	省份	2012年	2013年	2014年	2015年	2016年	2017年	平均值	平均变化率（%）
1	山西	0.0883	0.1183	0.0803	0.1226	0.1245	0.1240	0.1097	6.75
2	安徽	0.0849	0.1196	0.0896	0.1261	0.1239	0.1248	0.1115	7.82
3	江西	0.0902	0.1347	0.0873	0.1337	0.1281	0.1290	0.1171	7.17
4	河南	0.1967	0.2094	0.1877	0.1953	0.1883	0.1986	0.1960	0.16
5	湖北	0.1290	0.1565	0.1344	0.1535	0.1522	0.1507	0.1460	2.81
6	湖南	0.1195	0.1391	0.1189	0.1354	0.1352	0.1311	0.1299	1.61
7	全国平均值	0.1117	0.1343	0.1064	0.1354	0.1339	0.1344	0.1260	3.39
8	东部地区平均值	0.1523	0.1361	0.1347	0.1382	0.1382	0.1402	0.1399	-1.33
9	中部地区平均值	0.1181	0.1463	0.1164	0.1444	0.1420	0.1430	0.1350	3.52
10	西部地区平均值	0.0775	0.1268	0.0797	0.1284	0.1275	0.1270	0.1112	10.65
11	东北地区平均值	0.1001	0.1338	0.0986	0.1357	0.1290	0.1272	0.1207	4.52

2. 人力资本

中部地区商贸服务业人力资本具有一定优势。与全国商贸服务业人力资本水平相对，中部地区商贸服务业人力资本水平略高于全国平均水平，具备一定人才优势；动态来看，中部地区商贸服务业人力资本水平上升速度低于全国平均水平，商贸服务业人才吸引能力有待进一步加强。从四大板块来看，东部地区商贸服务业人力资本水平相对较高，中部地区落后于东部地区，西部地区、东北地区商贸服务业人力资本水平相对较低；动态来看，东部地区商贸服务业人才吸引力较强，人力资本水平上升速度最快，中部地区、西部地区商贸服务业人力资本水平上升速度处于中等水平，东北地区商贸服务业人力资本水平上升速度相对较慢。从中部地区六省份来看，河南省、湖北省商贸服务业人力资本水平相对领先，安徽省、湖南省商贸服务业人力资本水平处于中等水平，山西省、江西省商贸服务业人力资本水平有待进一步提高；动态来看，安徽省、河南省、湖北省商贸服务业人力资本水平上升速度相对较快，山西省、江西省商贸服务业人力资本水平上升速度相对平缓，湖南省商贸服务业人力资本水平上升趋势尚不明显（见表5-21）。

表5-21 中部地区商贸服务业人力资本

序号	省份	2012 年	2013 年	2014 年	2015 年	2016 年	2017 年	平均值	平均变化率（%）
1	山西	0.0662	0.0750	0.0747	0.0750	0.0781	0.0777	0.0745	2.88
2	安徽	0.0829	0.0919	0.1005	0.1059	0.1123	0.1187	0.1020	7.21
3	江西	0.0776	0.0800	0.0859	0.0906	0.0908	0.0925	0.0862	3.19
4	河南	0.1199	0.1235	0.1342	0.1421	0.1536	0.1625	0.1393	5.93
5	湖北	0.1123	0.1301	0.1421	0.1455	0.1441	0.1488	0.1371	5.41
6	湖南	0.0906	0.0999	0.1045	0.1073	0.0948	0.0950	0.0987	0.81
7	全国平均值	0.0863	0.0957	0.1004	0.1044	0.1081	0.1114	0.1010	4.85
8	东部地区平均值	0.1135	0.1291	0.1362	0.1438	0.1518	0.1573	0.1386	6.44
9	中部地区平均值	0.0916	0.1001	0.1070	0.1110	0.1123	0.1159	0.1063	4.42
10	西部地区平均值	0.0633	0.0688	0.0716	0.0740	0.0763	0.0783	0.0721	3.93
11	东北地区平均值	0.0769	0.0832	0.0828	0.0815	0.0811	0.0820	0.0813	1.10

中部地区批发和零售业人力资本水平省际差异较大。与全国批发和零售业人力资本水平相比，中部地区批发和零售业人力资本水平略高于全国平均值，但人才优势尚不明显；动态来看，中部地区批发和零售业人力资本水平上升速度慢于全国平均水平，批发和零售业发展对销售型人才的吸引能力有待进一步提高。从四大板块来看，东部地区、中部地区批发和零售业人力资本水平相对较高，西部地区、东北地区批发和零售业人力资本水平相对较低；动态来看，东部地区批发和零售业人才吸引能力最强，人力资本水平上升速度最快，中部地区、西部地区批发和零售业人力资本水平上升速度处于中等水平，东北地区批发和零售业人力资本水平上升趋势相对平缓。从中部地区六省份来看，河南省、湖北省批发和零售业人力资本水平相对较高，安徽省、湖南省批发和零售业人力资本水平处于中等水平，山西省、江西省批发和零售业人力资本水平相

对靠后；动态来看，安徽省、河南省、湖北省批发和零售业人力资本水平上升速度相对较快，山西省、江西省处于中等水平，湖南省批发和零售业人力资本水平上升速度相对平缓（见表5-22）。

表5-22　中部地区批发和零售业人力资本

序号	省份	2012年	2013年	2014年	2015年	2016年	2017年	平均值	平均变化率（%）
1	山西	0.0662	0.0765	0.0760	0.0759	0.0782	0.0763	0.0749	2.54
2	安徽	0.0833	0.0935	0.1022	0.1070	0.1121	0.1173	0.1026	6.79
3	江西	0.0787	0.0809	0.0879	0.0919	0.0915	0.0926	0.0872	2.94
4	河南	0.1228	0.1291	0.1402	0.1471	0.1571	0.1628	0.1432	5.43
5	湖北	0.1121	0.1280	0.1394	0.1435	0.1413	0.1439	0.1347	4.72
6	湖南	0.0888	0.0994	0.1036	0.1061	0.0914	0.0902	0.0966	0.27
7	全国平均值	0.0857	0.0955	0.1004	0.1042	0.1072	0.1094	0.1004	4.61
8	东部地区平均值	0.1123	0.1290	0.1366	0.1442	0.1517	0.1559	0.1383	6.46
9	中部地区平均值	0.0920	0.1012	0.1082	0.1119	0.1119	0.1138	0.1065	3.96
10	西部地区平均值	0.0625	0.0677	0.0705	0.0728	0.0746	0.0755	0.0706	3.47
11	东北地区平均值	0.0768	0.0840	0.0832	0.0807	0.0799	0.0808	0.0809	0.86

中部地区住宿和餐饮业人力资本水平呈现出快速上升趋势。与全国住宿和餐饮业人力资本水平相比，中部地区住宿和餐饮业人力资本水平高于全国平均水平，人才优势相对明显；动态来看，中部地区住宿和餐饮业人力资本水平上升速度高于全国平均水平，产业发展相对较快。从四大板块来看，东部地区、中部地区住宿和餐饮业人力资本水平相对较高，西部地区、东北地区住宿和餐饮业人力资本水平有待进一步提高；动态来看，中部地区住宿和餐饮业人力资本水平上升速度最快，东部地区、西部地区同样呈现出较快增长速度，东北地区住宿和餐饮业人力资本水平上升速度相对平缓。从中部地区六省份来看，河南省、湖北省住宿和餐饮业人力资本水平相对较高，安徽省、湖南省处于中等水平，山西省、江西省住宿和餐饮业人力资本水平相对较低；动态来看，安徽省、河南省、湖北省住宿和餐饮业人力资本水平上升速度最快，山西省、湖南省住宿和餐饮业人力资本水平上升速度处于中等水平，江西省住宿和餐饮业人力资本水平上升速度相对平缓，人才吸引能力、就业规模有待进一步提高（见表5-23）。

表5-23　中部地区住宿和餐饮业人力资本

序号	省份	2012年	2013年	2014年	2015年	2016年	2017年	平均值	平均变化率（%）
1	山西	0.0649	0.0697	0.0710	0.0756	0.0848	0.0939	0.0767	7.43
2	安徽	0.0837	0.0870	0.0948	0.1047	0.1213	0.1385	0.1050	10.90
3	江西	0.0750	0.0752	0.0781	0.0870	0.0924	0.0991	0.0845	5.34
4	河南	0.1142	0.1044	0.1156	0.1320	0.1584	0.1877	0.1354	10.72
5	湖北	0.1171	0.1535	0.1741	0.1739	0.1815	0.2012	0.1669	11.96
6	湖南	0.0912	0.0971	0.1051	0.1119	0.1187	0.1306	0.1091	7.20
7	全国平均值	0.0878	0.0965	0.1016	0.1087	0.1179	0.1291	0.1069	7.85
8	东部地区平均值	0.1111	0.1253	0.1305	0.1404	0.1526	0.1661	0.1376	8.26
9	中部地区平均值	0.0910	0.0978	0.1064	0.1142	0.1262	0.1418	0.1129	9.30
10	西部地区平均值	0.0688	0.0754	0.0790	0.0833	0.0899	0.0998	0.0827	7.50
11	东北地区平均值	0.0795	0.0825	0.0860	0.0942	0.0971	0.0979	0.0895	3.85

3. 发展潜力

中部地区商贸服务业发展潜力大，社会重视程度高。与全国商贸服务业发展潜力相比，2012~2017年中部地区商贸服务业发展潜力高于全国平均水平，商贸服务业社会固定资产投资规模较大，商贸服务业发展潜力大；动态来看，中部地区商贸服务业发展潜力上升速度快于全国平均水平。从四大板块来看，中部地区商贸服务业发展潜力最大，东部地区、东北地区商贸服务业发展潜力处于中等水平，西部地区商贸服务业发展潜力相对较低；动态来看，中部地区商贸服务业发展潜力增长最快，东部地区、西部地区商贸服务业发展潜力上升速度相对平缓，东北地区商贸服务业发展潜力存在下降风险。从中部地区六省份来看，河南省、湖南省商贸服务业发展潜力相对领先，安徽省、江西省、湖北省商贸服务业发展潜力处于中等水平，山西省商贸服务业发展潜力相对靠后；动态来看，河南省、湖南省商贸服务业发展潜力上升最快，安徽省、江西省、湖北省商贸服务业发展潜力增长速度相对平缓，山西省商贸服务业发展潜力存在下降趋势，社会固定资产投资存在流出现象（见表5-24）。

表5-24　中部地区商贸服务业发展潜力

序号	省份	2012年	2013年	2014年	2015年	2016年	2017年	平均值	平均变化率（%）
1	山西	0.0419	0.0474	0.0459	0.0545	0.0557	0.0325	0.0463	-3.74

续表

序号	省份	2012 年	2013 年	2014 年	2015 年	2016 年	2017 年	平均值	平均变化率（%）
2	安徽	0.0655	0.0780	0.0992	0.1123	0.1125	0.0821	0.0916	4.22
3	江西	0.0723	0.0803	0.0927	0.1167	0.1130	0.1038	0.0965	7.28
4	河南	0.0780	0.0977	0.1191	0.1402	0.1404	0.1484	0.1206	15.05
5	湖北	0.0677	0.0711	0.0911	0.1049	0.0982	0.0888	0.0870	5.18
6	湖南	0.0674	0.0798	0.1074	0.1282	0.1271	0.1477	0.1096	19.83
7	全国平均值	0.0587	0.0677	0.0753	0.0835	0.0804	0.0775	0.0738	5.33
8	东部地区平均值	0.0697	0.0782	0.0842	0.0974	0.0933	0.0891	0.0853	4.63
9	中部地区平均值	0.0655	0.0757	0.0926	0.1095	0.1078	0.1006	0.0919	8.93
10	西部地区平均值	0.0419	0.0489	0.0554	0.0580	0.0576	0.0575	0.0532	6.20
11	东北地区平均值	0.0756	0.0918	0.0910	0.0873	0.0737	0.0724	0.0820	-0.69

　　中部地区批发和零售业发展潜力快速增长。与全国批发和零售业发展潜力相比，中部地区批发和零售业发展潜力高于全国平均值，批发和零售业发展潜力相对较高；动态来看，中部地区批发和零售业发展潜力上升速度快于全国平均水平，社会固定资产投资流入较快。从四大板块来看，中部地区批发和零售业发展潜力高于其他板块，东部地区、东北地区批发和零售业发展潜力处于中等水平，西部地区相对较低；动态来看，中部地区批发和零售业发展潜力上升速度最快，东部地区、西部地区批发和零售业发展潜力上升速度相对平缓，东北地区批发和零售业社会固定资产投资存在流出，发展潜力出现下降趋势。从中部地区六省份来看，河南省、湖南省批发和零售业发展潜力相对领先，安徽省、江西省、湖北省批发和零售业发展潜力处于中等水平，山西省批发和零售业发展潜力相对靠后；动态来看，江西省、河南省、湖南省批发和零售业发展潜力呈现出快速上升趋势，安徽省、湖北省上升速度相对平缓，山西省批发和零售业发展潜力出现下降趋势（见表5-25）。

表 5-25　中部地区批发和零售业发展潜力

序号	省份	2012 年	2013 年	2014 年	2015 年	2016 年	2017 年	平均值	平均变化率（%）
1	山西	0.0410	0.0454	0.0459	0.0537	0.0554	0.0332	0.0458	-3.18
2	安徽	0.0547	0.0640	0.0913	0.1043	0.1028	0.0753	0.0821	6.27

续表

序号	省份	2012年	2013年	2014年	2015年	2016年	2017年	平均值	平均变化率（%）
3	江西	0.0592	0.0667	0.0820	0.1061	0.1034	0.0981	0.0859	10.96
4	河南	0.0687	0.0852	0.1067	0.1230	0.1275	0.1301	0.1069	14.91
5	湖北	0.0591	0.0611	0.0778	0.0911	0.0855	0.0776	0.0753	5.23
6	湖南	0.0597	0.0703	0.0966	0.1198	0.1177	0.1360	0.1000	21.34
7	全国平均值	0.0512	0.0589	0.0671	0.0755	0.0735	0.0697	0.0660	6.04
8	东部地区平均值	0.0584	0.0670	0.0749	0.0890	0.0864	0.0819	0.0763	6.70
9	中部地区平均值	0.0571	0.0655	0.0834	0.0997	0.0987	0.0917	0.0827	10.13
10	西部地区平均值	0.0383	0.0431	0.0487	0.0508	0.0512	0.0494	0.0469	4.79
11	东北地区平均值	0.0667	0.0824	0.0817	0.0812	0.0692	0.0665	0.0746	-0.05

中部地区住宿和餐饮业发展潜力优势明显。与全国住宿和餐饮业发展潜力相比，中部地区住宿和餐饮业发展潜力平均水平高于全国平均值，住宿和餐饮业发展具备后发优势；动态来看，中部地区住宿和餐饮业发展潜力上升速度高于全国平均水平，住宿和餐饮业社会固定资产投资增长速度较快。从四大板块来看，中部地区、东部地区、东北地区住宿和餐饮业发展潜力较高，西部地区住宿和餐饮业发展潜力相对较低；动态来看，中部地区、西部地区住宿和餐饮业发展潜力呈现出上升趋势，其中西部地区上升速度相对较快，东部地区、东北地区住宿和餐饮业发展潜力呈现出下降趋势，住宿和餐饮业社会固定资产投资存在流出风险。从中部地区六省份来看，河南省住宿和餐饮业发展潜力水平相对较高，安徽省、江西省、湖北省、湖南省住宿和餐饮业发展潜力处于中等水平，山西省住宿和餐饮业发展潜力相对靠后；动态来看，河南省、湖北省、湖南省住宿和餐饮业发展潜力呈现出上升趋势，河南省、湖南省住宿和餐饮业发展潜力上升速度较快，山西省、安徽省、江西省住宿和餐饮业发展潜力出现下降趋势（见表5-26）。

表5-26　中部地区住宿和餐饮业发展潜力

序号	省份	2012年	2013年	2014年	2015年	2016年	2017年	平均值	平均变化率（%）
1	山西	0.0462	0.0552	0.0443	0.0540	0.0523	0.0318	0.0473	-5.17
2	安徽	0.1124	0.1370	0.1202	0.1292	0.1381	0.1030	0.1233	-1.39

续表

序号	省份	2012 年	2013 年	2014 年	2015 年	2016 年	2017 年	平均值	平均变化率（%）
3	江西	0.1287	0.1364	0.1303	0.1455	0.1380	0.1123	0.1319	-2.12
4	河南	0.1131	0.1424	0.1565	0.1950	0.1732	0.2058	0.1643	13.66
5	湖北	0.1032	0.1122	0.1422	0.1538	0.1438	0.1301	0.1309	4.34
6	湖南	0.0984	0.1153	0.1401	0.1422	0.1464	0.1717	0.1357	12.42
7	全国平均值	0.0911	0.1034	0.1059	0.1103	0.1025	0.1048	0.1030	2.50
8	东部地区平均值	0.1178	0.1233	0.1170	0.1215	0.1110	0.1096	0.1167	-1.16
9	中部地区平均值	0.1003	0.1164	0.1223	0.1366	0.1320	0.1258	0.1222	4.23
10	西部地区平均值	0.0597	0.0756	0.0847	0.0896	0.0849	0.0934	0.0813	9.41
11	东北地区平均值	0.1093	0.1227	0.1214	0.1030	0.0861	0.0922	0.1058	-2.62

4. 综合竞争力

与全国商贸服务业竞争力水平相比，中部地区商贸服务业竞争力水平高于全国平均水平，具备产业竞争优势；动态来看，全国商贸服务业竞争力水平呈现出上升趋势，中部地区上升速度高于全国平均水平，商贸服务业竞争力水平上升速度较快。从四大板块来看，东部地区商贸服务业竞争力水平最高，中部地区商贸服务业竞争力水平与东部地区仍存在一定差距，西部地区、东北地区商贸服务业竞争力水平相对较低；动态来看，中部地区、西部地区商贸服务业竞争力水平上升较快，2012~2017 年平均变化率均超过 10%，东部地区、东北地区商贸服务业竞争力水平上升速度相对平缓。从中部地区六省份来看，河南省、湖北省、湖南省商贸服务业竞争力水平相对较高，安徽省、江西省商贸服务业竞争力水平处于中等水平，山西省商贸服务业竞争力水平相对靠后；动态来看，安徽省、江西省、河南省、湖南省商贸服务业竞争力水平上升相对较快，2012~2017 年商贸服务业竞争力水平平均变化率均超过 10%，山西省、湖北省商贸服务业竞争力水平上升速度相对平缓（见表 5-27）。

表 5-27　中部地区商贸服务业竞争力

序号	省份	2012 年	2013 年	2014 年	2015 年	2016 年	2017 年	平均值	平均变化率（%）
1	山西	0.0918	0.1316	0.1017	0.1406	0.1526	0.1464	0.1275	9.92
2	安徽	0.1489	0.1965	0.2212	0.2655	0.2788	0.2663	0.2295	13.15

续表

序号	省份	2012 年	2013 年	2014 年	2015 年	2016 年	2017 年	平均值	平均变化率（%）
3	江西	0.1409	0.1823	0.1841	0.2439	0.2395	0.2336	0.2041	10.96
4	河南	0.2291	0.2645	0.2996	0.3492	0.3717	0.4085	0.3204	13.05
5	湖北	0.2063	0.2464	0.2825	0.3173	0.3105	0.3162	0.2799	8.88
6	湖南	0.1748	0.2161	0.2482	0.2872	0.2721	0.3058	0.2507	12.50
7	全国平均值	0.1612	0.2053	0.2010	0.2390	0.2448	0.2530	0.2174	9.49
8	东部地区平均值	0.2586	0.2893	0.3047	0.3395	0.3541	0.3690	0.3192	7.12
9	中部地区平均值	0.1653	0.2062	0.2229	0.2673	0.2709	0.2795	0.2353	11.51
10	西部地区平均值	0.0780	0.1334	0.1071	0.1495	0.1533	0.1571	0.1297	16.91
11	东北地区平均值	0.1610	0.2110	0.1872	0.2059	0.1940	0.1968	0.1926	3.71

　　中部地区批发和零售业竞争力快速提高。与全国批发和零售业竞争力水平相比，中部地区批发和零售业竞争力平均水平高于全国平均值，具备一定竞争力优势；动态来看，2012 年以来中部地区批发和零售业竞争力水平上升速度快于全国平均水平，批发和零售业发展较快。从四大板块来看，东部地区、中部地区批发和零售业竞争力水平相对领先，东北地区批发和零售业竞争力水平处于中等水平，西部地区批发和零售业竞争力水平相对靠后；动态来看，中部地区、西部地区批发和零售业竞争力水平上升速度较快，2012～2017 年平均变化率均超过 10%，东部地区、东北地区批发和零售业竞争力水平上升速度相对平缓。从中部地区六省份来看，河南省批发和零售业竞争力水平相对领先，安徽省、湖北省、湖南省批发和零售业竞争力高于中部地区平均水平，山西省、江西省批发和零售业竞争力水平低于全国平均水平，批发和零售业竞争力优势尚不明显；动态来看，安徽省、江西省、河南省、湖南省批发和零售业竞争力水平上升速度较快，2012～2017 年平均变化率均大于 10%，安徽省、湖北省批发和零售业竞争力水平增长速度相对平缓（见表5-28）。

表 5-28　中部地区批发和零售业竞争力

序号	省份	2012 年	2013 年	2014 年	2015 年	2016 年	2017 年	平均值	平均变化率（%）
1	山西	0.0855	0.1242	0.0993	0.1336	0.1444	0.1326	0.1199	9.17
2	安徽	0.1342	0.1791	0.2159	0.2596	0.2674	0.2481	0.2174	14.15

续表

序号	省份	2012 年	2013 年	2014 年	2015 年	2016 年	2017 年	平均值	平均变化率（%）
3	江西	0.1226	0.1627	0.1741	0.2358	0.2315	0.2284	0.1925	14.39
4	河南	0.2070	0.2439	0.2847	0.3293	0.3549	0.3788	0.2998	13.83
5	湖北	0.1881	0.2213	0.2537	0.2895	0.2810	0.2827	0.2527	8.38
6	湖南	0.1606	0.2011	0.2367	0.2829	0.2638	0.2973	0.2404	14.18
7	全国平均值	0.1474	0.1893	0.1888	0.2247	0.2302	0.2344	0.2025	9.83
8	东部地区平均值	0.2392	0.2730	0.2904	0.3260	0.3405	0.3510	0.3033	7.79
9	中部地区平均值	0.1497	0.1887	0.2107	0.2551	0.2572	0.2613	0.2205	12.43
10	西部地区平均值	0.0694	0.1173	0.0958	0.1320	0.1359	0.1357	0.1143	15.94
11	东北地区平均值	0.1490	0.1997	0.1782	0.1969	0.1855	0.1863	0.1826	4.16

中部地区住宿和餐饮业竞争力存在下降风险。与全国住宿和餐饮业竞争力平均水平相比，中部地区住宿和餐饮业竞争力平均水平高于全国平均水平，住宿和餐饮业发展具有一定竞争优势；动态来看，全国住宿和餐饮业竞争力水平存在下降趋势，中部地区同样存在下降风险，中部地区下降速度低于全国平均水平。从四大板块来看，东部地区住宿和餐饮业竞争力水平最高，中部地区住宿和餐饮业竞争力水平高于全国平均水平，但较东部地区仍存在一定差距，东北地区住宿和餐饮业竞争力水平低于全国平均水平，西部地区住宿和餐饮业竞争力相对较低；动态来看，东部地区、中部地区、东北地区住宿和餐饮业竞争力水平呈现出下降趋势，且东北地区下降速度最快，西部地区住宿和餐饮业竞争力水平呈现出缓慢上升趋势。从中部地区六省份来看，河南省住宿和餐饮业竞争力水平较高，湖北省、湖南省住宿和餐饮业竞争力水平高于中部地区平均水平，地区优势明显，山西省、安徽省、江西省住宿和餐饮业竞争力水平相对较低；动态来看，山西省、江西省、河南省、湖南省住宿和餐饮业竞争力呈现出明显下降趋势，湖北省住宿和餐饮业竞争力水平存在下降风险，但下降趋势尚不明显，安徽省住宿和餐饮业竞争力水平呈现出快速上升趋势（见表5-29）。

表5-29　中部地区住宿和餐饮业竞争力

序号	省份	2012 年	2013 年	2014 年	2015 年	2016 年	2017 年	平均值	平均变化率（%）
1	山西	0.2162	0.1807	0.1853	0.1986	0.1990	0.1973	0.1962	-1.46

续表

序号	省份	2012 年	2013 年	2014 年	2015 年	2016 年	2017 年	平均值	平均变化率（%）
2	安徽	0.1924	0.2069	0.2087	0.2277	0.2244	0.2231	0.2138	2.66
3	江西	0.2249	0.2111	0.2141	0.2153	0.2104	0.2082	0.2140	-1.24
4	河南	0.6814	0.6344	0.6339	0.5890	0.5751	0.6234	0.6229	-1.42
5	湖北	0.3812	0.3929	0.3895	0.3831	0.3781	0.3755	0.3834	-0.25
6	湖南	0.3413	0.3333	0.3263	0.3246	0.3237	0.3101	0.3265	-1.52
7	全国平均值	0.2965	0.2833	0.2841	0.2846	0.2792	0.2798	0.2846	-0.93
8	东部地区平均值	0.4331	0.3965	0.3950	0.3946	0.3925	0.3939	0.4009	-1.51
9	中部地区平均值	0.3396	0.3265	0.3263	0.3230	0.3184	0.3229	0.3261	-0.82
10	西部地区平均值	0.1684	0.1717	0.1749	0.1767	0.1752	0.1747	0.1736	0.62
11	东北地区平均值	0.2671	0.2656	0.2670	0.2726	0.2390	0.2343	0.2576	-2.05

（二）地区差异

基尼系数被广泛用于分析各种经济社会现象的空间分布，基尼系数越大，空间分布越不均衡，因此本部分引入基尼系数，分析中部地区商贸服务业竞争力水平地区差异。计算公式如下：

$$G = \frac{1}{2n^2 \overline{Y}} \sum_{i=1}^{n} \sum_{j=1}^{n} |y_i - y_j|$$

其中，y_i、y_j 代表第 i、第 j 个省份的商贸服务业竞争力水平，$\overline{Y}$ 为商贸服务业平均竞争力水平，n 为城市数量。

由表 5-30 可知，中部地区商贸服务业竞争力水平地区差异存在扩大风险。2012 年以来，全国商贸服务业竞争力水平基尼系数整体呈现出下降趋势，表明商贸服务业竞争力的空间分布由不均衡发展向均衡发展。从四大板块来看，东部地区、西部地区商贸服务业竞争力基尼系数相对较大，商贸服务业空间风险较大，中部地区、东北地区商贸服务业竞争力基尼系数相对较小，商贸服务业竞争力空间差异相对较小。动态来看，中部地区商贸服务业竞争力基尼系数呈现出扩大趋势，东部地区、西部地区、东北地区商贸服务业竞争力基尼系数呈现出下降趋势，商贸服务业呈现出均衡发展趋势（见表 5-30）。

中部地区批发和零售业竞争力地区差异相对较小。2012 年以来，全国批发和零售业竞争力基尼系数呈现出下降趋势，批发和零售业均衡发展趋势明显。从四大板块来看，东部地区、西部地区批发和零售业竞争力基尼系数相对较高，地区差异明显；中部地区、东北地区批发和零售业竞争力基尼系数相对较低，批发和零售业发展区域差异相对均衡。动态来看，东部地区、西部地区、东北地区批发和零售业竞争力基尼系数呈现出下降趋势，批发和零售业竞争力地区差异有缩小趋势；中部地区批发和零售业竞争力基尼系数存在缓慢上升趋势，中部六省份批发和零售业竞争力地区差异有扩大风险。

表 5-30 中部地区商贸服务业竞争力水平基尼系数测算结果

产业	地区	2012 年	2013 年	2014 年	2015 年	2016 年	2017 年	平均值	平均变化率（%）
商贸服务业	全国	0.3874	0.2721	0.3803	0.2992	0.2997	0.3048	0.3239	-4.26
	东部地区	0.2968	0.2479	0.3212	0.2757	0.2753	0.2813	0.2830	-1.04
	中部地区	0.1527	0.1180	0.1635	0.1335	0.1349	0.1588	0.1436	0.80
	西部地区	0.3950	0.2097	0.3972	0.2496	0.2503	0.2269	0.2881	-8.51
	东北地区	0.1934	0.1557	0.1939	0.1027	0.0104	0.0499	0.1177	-14.84
批发和零售业	全国	0.3935	0.2817	0.3879	0.3126	0.3128	0.3196	0.3347	-3.76
	东部地区	0.3060	0.2527	0.3275	0.2831	0.2769	0.2814	0.2879	-1.61
	中部地区	0.1542	0.1172	0.1564	0.1266	0.1301	0.1566	0.1402	0.31
	西部地区	0.3798	0.2029	0.3915	0.2552	0.2596	0.2294	0.2864	-7.92
	东北地区	0.1701	0.1409	0.1832	0.0979	0.0168	0.0531	0.1103	-13.76
住宿和餐饮业	全国	0.4148	0.3932	0.3942	0.3945	0.3966	0.4011	0.3991	-0.66
	东部地区	0.3848	0.3644	0.3651	0.3747	0.3775	0.3778	0.3740	-0.37
	中部地区	0.2500	0.2509	0.2467	0.2195	0.2166	0.2339	0.2363	-1.29
	西部地区	0.4565	0.4348	0.4419	0.4486	0.4533	0.4538	0.4481	-0.12
	东北地区	0.1595	0.1585	0.1563	0.1478	0.0677	0.0792	0.1282	-10.07

中部地区住宿和餐饮业竞争力地区差异缩小。2012 年以来，全国住宿和餐饮业竞争力基尼系数平均变化率为负，各省份住宿和餐饮业竞争力呈现出均衡发展趋势。从四大板块来看，西部地区住宿和餐饮业竞争力基尼系数最大，东部地区住宿和餐饮业竞争力基尼系数略低于全国平均水平，中部地区住宿和餐饮业竞争力基尼系数远低于东部地区，东北地区住宿和餐饮业竞争力基尼系数最低；动态来看，四大板块住宿和餐饮业竞争力基尼系数均呈现出下降趋势，2012~2017 年住宿和餐饮业竞争力基尼系数平均变化率均为负，其中东北地区住宿和餐饮业竞争力基尼系数下降速度最快，中部地区住宿和餐饮业基尼系数下降速度相对平缓，东部地区、西部地区住宿和餐饮业竞争力基尼系数平均变化率接近于 0，变化趋势尚不明显。

参考文献

［1］柴士改.一种改进的动态偏离—份额分析法［J］.统计与信息论坛，2017，32（6）：11-16.

［2］廖冰，张智光.中国16省域林业产业总量、结构与区位竞争力动态研究——基于动态偏离-份额方法［J］.江苏农业科学，2017，45（4）：295-301.

［3］吕洁华，刘艳迪，付思琦，等.黑龙江省林下经济优势产业的选择分析——基于偏离-份额分析法［J］.林业经济问题，2018，38（4）：72-77.

［4］罗海平，宋炎.基于偏离—份额法的我国粮食主产区农业产值结构与增长效益研究：1980年~2012年［J］.经济经纬，2015，32（6）：29-34.

［5］石福刚.基于波士顿矩阵法的甘肃省工业优势产业选择［J］.兰州文理学院学报（社会科学版），2018，34（6）：48-56.

［6］孙君，陈晖，郐红艳.基于偏离—份额分析的产业用工与就业协调研究——以江苏制造业为例［J］.数学的实践与认识，2018，48（16）：1-7.

［7］吴传清，邓明亮.长江经济带高耗能产业集聚特征及影响因素研究［J］.科技进步与对策，2018，35（16）：67-74.

［8］吴继英，赵喜仓.偏离—份额分析法空间模型及其应用［J］.统计研究，2009，26（4）：73-79.

［9］薛纪宾.基于偏离—份额分析的青岛市市北区主导产业选择探析［J］.产业经济评论，2017（1）：31-44.

［10］张冬平，郑博阳.基于偏离—份额分析法的河南省制造业竞争力研究［J］.河南农业大学学报，2017，51（5）：741-746.

［11］赵霞，王志增，朱启航.比较优势、空间差异与区域产业定位——基于偏离—份额模型的丝绸之路经济带沿线省区分析［J］.经济与管理，2017，31（2）：17-26.

第六章　中部地区农业经济地理

第一节　优势农产品

一、优势农产品确定依据

2016 年国家发展改革委在《促进中部地区崛起"十三五"规划》中明确提出了新时期中部地区"一中心、四区"的战略定位，即全国重要先进制造业中心、全国新型城镇化重点区、全国现代农业发展核心区、全国生态文明建设示范区、全方位开放重要支撑区，其中建设全国现代农业发展核心区要求提高农业综合生产能力，巩固提升全国重要粮食生产基地地位，加快推进农业现代化，推动农业生产方式由数量规模型向质量效益型转变，为保障国家粮食安全和农产品有效供给，增强农业竞争力作出新贡献。

2008 年农业部发布《全国优势农产品区域布局规划（2008—2015）》，规划确定了水稻、小麦、玉米、大豆、马铃薯、棉花、油菜、甘蔗、苹果、柑橘、生猪、肉牛、肉羊、奶牛、天然橡胶、出口水产品 16 种国内消费需求量大、生产潜力巨大、战略意义深远的优势农产品品种。在此基础上，本书依据两个原则确定中部地区优势农产品品种：①中部地区该农产品总产量占全国比重的均值超过 20%；②中部六省该农产品年均产量排名至少有三个省份居于全国前十。满足任一条件的即确定为中部地区优势农产品。

从 2005~2016 年中部地区农产品年均产量占全国比重来看，水稻、小麦、大豆、棉花、油菜、苹果、柑橘、生猪、肉牛为中部地区优势农产品。其中，中部地区油菜籽年均产量占全国比重超过一半，稻谷、小麦年均产量占全国比重超过四成，柑橘年均产量占全国比重超过三成，大豆、棉花、苹果、猪肉、牛肉年均产量占全国比重超过两成（见表6-1）。

表 6-1　2005~2016 年中部地区农产品年均产量占全国比重情况

农产品品种	年均产量占全国比重（%）	农产品品种	年均产量占全国比重（%）
水稻	40.14	苹果	21.35
小麦	42.21	柑橘	35.28
玉米	17.52	生猪	28.43
大豆	20.27	肉牛	23.49
马铃薯	8.12	肉羊	16.56
棉花	23.82	奶牛	11.57
油菜	50.44	天然橡胶	0
甘蔗	1.89	出口水产品	18.91

注：根据数据可得性，水稻产量、油菜产量、生猪产量、肉牛产量、肉羊产量、奶牛产量、出口水产品产量分别用稻谷产量、油菜籽产量、猪肉产量、牛肉产量、羊肉产量、牛奶产量、水产品总产量表示。

　　从 2005~2016 年中部六省农产品年均产量排名来看，水稻、小麦、棉花、油菜、柑橘、生猪、出口水产品为中部地区优势农产品。其中，湖南省、江西省、湖北省、安徽省稻谷年均产量分别居于全国第 1、第 2、第 5、第 7 位；河南省、安徽省、湖北省小麦年均产量分别居于全国第 1、第 4、第 9 位；湖北省、河南省、安徽省、湖南省、江西省棉花年均产量分别居于全国第 4、第 5、第 6、第 8、第 9 位；湖北省、湖南省、安徽省、河南省、江西省油菜籽产量分别居于全国第 1、第 3、第 4、第 6、第 8 位；湖南省、湖北省、江西省柑橘年均产量分别居于全国第 1、第 4、第 6 位；河南省、湖南省、湖北省、安徽省猪肉年均产量分别居于全国第 2、第 3、第 5、第 10 位，水产品年均产量虽然占比不足 20%，但湖北省、江西省、湖南省水产品年均产量分别居于全国第 7、第 9、第 10 位（见表 6-2）。

表 6-2　2005~2016 年中部六省农产品年均产量情况

农产品品种	年均产量较高的省份	数量
水稻	湖南省（1）、江西省（2）、湖北省（5）、安徽省（7）	4
小麦	河南省（1）、安徽省（4）、湖北省（9）	3
玉米	河南省（4）、山西省（8）	2
大豆	安徽省（2）、河南省（4）	2
马铃薯	湖北省（9）	1
棉花	湖北省（4）、河南省（5）、安徽省（6）、湖南省（8）、江西省（9）	5

续表

农产品品种	年均产量较高的省份	数量
油菜	湖北省（1）、湖南省（3）、安徽省（4）、河南省（6）、江西省（8）	5
甘蔗	湖南省（7）、江西省（9）	2
苹果	河南省（3）、山西省（4）	2
柑橘	湖南省（1）、湖北省（4）、江西省（6）	3
生猪	河南省（2）、湖南省（3）、湖北省（5）、安徽省（10）	4
肉牛	河南省（1）	1
肉羊	河南省（5）、安徽省（8）	2
奶牛	河南省（4）、山西省（10）	2
天然橡胶	无	0
出口水产品	湖北省（7）、江西省（9）、湖南省（10）	3

注：括号中数字为排名情况。

因此，根据占比情况和排名情况两个角度，将 10 种农产品品种确定为中部地区优势农产品，分别为水稻、小麦、大豆、棉花、油菜、苹果、柑橘、生猪、肉牛和出口水产品。接下来，将这 10 种农产品品种分类为粮食作物、经济作物、畜产品、水产品，分别对其空间分布特征进行分析。

二、粮食作物的空间分布

（一）水稻

水稻是我国口粮消费的主体，依靠国际市场调剂国内需求的余地极为有限，战略地位十分重要。近年来，中部地区水稻生产能力快速提高，是我国重要的水稻生产基地。2005~2016 年中部地区稻谷产量呈稳步上升趋势，占全国比重保持在 40% 左右，2016 年中部地区稻谷产量为 8252.86 万吨，较 2005 年增加1142.67 万吨。

中部地区水稻优势区主要位于洞庭湖平原、江汉平原、河南南部地区、鄱阳湖平原。湖南省为我国稻谷产量最高的省份，2016 年稻谷产量为 2602.30 万吨，占全国比重达 12.57%，湖南省北部的常德市、岳阳市、益阳市，东部的长沙市，中部的衡阳市，以及南部的邵阳市、永州市，均是年产超过 200 万吨的水稻生产大市[①]。江西省稻谷产量在 2013 年突破 2000 万吨，2016 年稻谷产量达2012.60 万吨，占全国比重为 9.72%，江西省东部的上饶市、抚州市，中部的南

---

① 中部地区地级市各农产品产量的描述均为 2016 年的数据，数据来源于 EPS 数据平台，下不赘述。

昌市，南部的赣州市，西部的宜春市、吉安市，均是年产超过 200 万吨的水稻生产大市。湖北省、安徽省稻谷产量均超过 1000 万吨，2016 年稻谷产量分别为 1693.52 万吨、1401.80 万吨，湖北省南部的荆州市、东部的黄冈市，安徽省中部的合肥市、滁州市、六安市，均是年产超过 200 万吨的水稻生产大市。河南省、山西省稻谷产量较少，2016 年河南省稻谷产量为 542.15 万吨，主要集中于河南省南部的信阳市，而山西省稻谷产量仅为 0.49 万吨（见表 6-3）。

表 6-3　中部地区稻谷产量及其占全国比重

地区	2005 年		2010 年		2015 年		2016 年	
	产量 （万吨）	占全国比重 （%）	产量 （万吨）	占全国比重 （%）	产量 （万吨）	占全国比重 （%）	产量 （万吨）	占全国比重 （%）
山西省	0.90	0.01	0.46	0.00	0.47	0.00	0.49	0.00
安徽省	1250.80	6.95	1383.42	7.07	1459.34	7.01	1401.80	6.77
江西省	1667.20	9.26	1858.30	9.49	2027.20	9.74	2012.60	9.72
河南省	359.77	2.00	471.19	2.41	531.52	2.55	542.15	2.62
湖北省	1535.32	8.53	1557.81	7.96	1810.72	8.70	1693.52	8.18
湖南省	2296.20	12.76	2506.00	12.80	2644.81	12.70	2602.30	12.57
总计	7110.19	39.51	7777.18	39.73	8474.06	40.70	8252.86	39.85

（二）小麦

小麦是我国的基本口粮作物，在粮食安全、生态环境保护中的作用突出。近年来，中部地区小麦生产能力大幅提高，小麦生产基地地位逐渐巩固提升。2005～2016 年中部地区小麦产量总体呈上升趋势，占全国比重保持在 42% 左右，2016 年中部地区小麦产量为 5562.03 万吨，较 2005 年增加 1748.98 万吨。

中部地区小麦优势区主要位于山西省、安徽省、河南省、湖北省的部分县市，其中河南中北部、安徽北部、山西中南部重点发展优质强筋、中强筋和中筋小麦，而安徽省淮河以南、湖北北部、河南南部等地区重点发展优质弱筋和中筋小麦。河南省是我国小麦产量最高的省份，2016 年小麦产量达 3466 万吨，占全国比重接近 27%，河南省大部分地级市小麦年产均超过 100 万吨，其中河南省东部的周口市、商丘市和南部的驻马店市、南阳市，均是年产超过 300 万吨的小麦生产大市。安徽省小麦产量在 2006 年突破 1000 万吨，2016 年小麦产量达 1385.90 万吨，安徽省北部的阜阳市、亳州市、宿州市小麦年产均超过 200 万吨。湖北省、山西省小麦产量均超过 200 万吨，2016 年小麦产量分别为 428.22 万吨、273.41 万吨，湖北省小麦生产主要集中于北部的襄阳市，年产超过 200 万吨，而山西省小麦主要集中于西南部的运城市、临汾市，年产均超过 100 万吨。而湖南省、江西省小麦产量极低，这是由于冬小麦成熟期两地多阴雨天气导致湿害严重，从而影响小麦种植（见表6-4）。

表6-4　中部地区小麦产量及其占全国比重

地区	2005 年		2010 年		2015 年		2016 年	
	产量（万吨）	占全国比重（%）	产量（万吨）	占全国比重（%）	产量（万吨）	占全国比重（%）	产量（万吨）	占全国比重（%）
山西省	202.28	2.08	232.24	2.02	271.43	2.08	273.41	2.12
安徽省	808.10	8.29	1206.67	10.48	1411	10.84	1385.90	10.76
江西省	2.73	0.03	2.11	0.02	2.62	0.02	2.6	0.02
河南省	2577.69	26.45	3082.22	26.76	3501	26.89	3466	26.90
湖北省	208.85	2.14	343.07	2.98	420.93	3.23	428.22	3.32
湖南省	13.40	0.14	9.90	0.09	9.36	0.07	5.90	0.05
总计	3813.05	39.13	4876.21	42.34	5616.34	43.14	5562.03	43.17

三、经济作物的空间分布

（一）大豆

我国大豆市场竞争力弱，大豆一直以来都是进口量最大的农产品，2005 年至今我国大豆产量大幅度下降，进口急剧增加，2016 年大豆对外依存度达85%，供需存在巨大缺口。2005~2016 年中部地区大豆产量略有下降，但占全国比重总体呈上升趋势，2016 年中部地区大豆产量为 266.80 万吨，较 2015 年减少 7.37 万吨。

中部地区大豆优势区主要位于安徽沿淮地区及淮河以北、河南东部地区，重点发展高蛋白大豆。相较于 2005 年，2016 年安徽省、江西省大豆产量实现增长，而山西省、河南省、湖北省、湖南省大豆产量均有不同程度的下降。安徽省大豆年均产量居全国第二，仅次于黑龙江省，2016 年大豆产量为 125.30 万吨，占全国比重为 9.69%，安徽省大豆生产主要集中于北部的亳州市、阜阳市和宿州市，年产均超过 20 万吨。河南省也是重要的大豆产地，年均大豆产量居全国第四位，2016 年大豆产量为 50.6 万吨，河南省东部的周口市大豆年产超过 20 万吨，东部的商丘市和南部的南阳市大豆年产也超过 10 万吨。而江西省、山西省、湖南省、湖北省大豆产量较低，2016 年大豆产量均不足 25 万吨（见表6-5）。

表 6-5 中部地区大豆产量及其占全国比重

地区	2005 年		2010 年		2015 年		2016 年	
	产量（万吨）	占全国比重（%）	产量（万吨）	占全国比重（%）	产量（万吨）	占全国比重（%）	产量（万吨）	占全国比重（%）
山西省	25.98	1.59	15.45	1.02	20.20	1.71	23.90	1.85
安徽省	88.80	5.43	119.84	7.95	126.80	10.76	125.30	9.69
江西省	17.89	1.09	20.43	1.35	24.30	2.06	24.90	1.92
河南省	58.07	3.55	86.37	5.73	49.90	4.23	50.60	3.91
湖北省	43.43	2.66	25.68	1.70	21.20	1.80	20.90	1.62
湖南省	40.00	2.45	22.10	1.47	20.60	1.75	21.20	1.64
总计	274.17	16.77	289.87	19.22	263.00	22.31	266.80	20.62

（二）棉花

中部六省棉花产量在全国排名稳居前列，中部地区为我国重要的棉花产区。但随着土壤质量下降和植棉成本剧增，我国黄河流域和长江流域棉花种植面积锐减，棉花种植被迫向滨海盐碱地和内陆及西北干旱地区转移，中部地区作为棉花产区的地位逐渐削弱。2005~2016 年中部地区棉花产量大幅下降，2016 年棉花产量为 67.69 万吨，较 2005 年减少 108.73 万吨，占全国比重也大幅降低，从 30.87% 下降至 12.77%。

中部地区棉花优势区主要包括河南东部、河南北部、安徽北部、山西南部等黄河流域棉花优势区，以及江汉平原、洞庭湖平原、鄱阳湖平原、南襄盆地、安徽沿江棉区等长江流域棉花优势区。随着我国棉花生产重心的转移，中部地区棉花产量占全国比重持续下降，其内部生产布局也有所变动。2005 年河南省、湖北省、安徽省是中部地区主要产棉区，河南省棉花产量占全国比重达 11.85%，湖北省和安徽省棉花产量占全国比重也都超过 5%。2016 年湖北省、安徽省、湖南省是中部地区主要产棉区，而河南省棉花产量占全国比重下降至 1.84%，2016 年仅湖北省南部的荆州市、安徽省南部的安庆市、湖南省北部的常德市和岳阳市棉花年产量超过 5 万吨。随着棉花生产进一步向新疆集中，山西省、江西省、湖南省棉花产量及其占全国比重也有所下降（见表 6-6）。

表 6-6 中部地区棉花产量及其占全国比重

地区	2005 年		2010 年		2015 年		2016 年	
	产量（万吨）	占全国比重（%）	产量（万吨）	占全国比重（%）	产量（万吨）	占全国比重（%）	产量（万吨）	占全国比重（%）
山西省	10.29	1.80	6.93	1.16	1.45	0.26	1.03	0.19

地区	2005 年		2010 年		2015 年		2016 年	
	产量（万吨）	占全国比重（%）	产量（万吨）	占全国比重（%）	产量（万吨）	占全国比重（%）	产量（万吨）	占全国比重（%）
安徽省	32.46	5.68	31.60	5.30	23.37	4.17	18.46	3.48
江西省	8.72	1.53	13.08	2.19	11.52	2.06	7.33	1.38
河南省	67.70	11.85	44.72	7.50	12.64	2.26	9.75	1.84
湖北省	37.50	6.56	47.18	7.91	29.76	5.31	18.85	3.56
湖南省	19.75	3.46	22.70	3.81	14.46	2.58	12.27	2.32
总计	176.42	30.87	166.21	27.88	93.20	16.63	67.69	12.77

（三）油菜

油菜是我国最重要的油料作物之一，油菜产油量占国产植物油总量的 55% 左右，在食用油供给安全战略中地位十分重要。中部地区是我国重要的油菜生产基地，近年来油菜生产能力不断增强。2005~2016 年中部地区油菜籽产量总体呈上升趋势，占全国比重保持在 50% 左右，2016 年中部地区油菜籽产量为 723.34 万吨，较 2015 年增加 83.49 万吨。

中部地区油菜优势区主要位于湖北、湖南、江西、安徽四省及河南省南部地区，重点发展早熟、多抗、高含油量的"双低"优质油菜。湖北省是我国油菜籽产量最高的省份，年产量基本超过 200 万吨，2016 年油菜籽产量为 241.63 万吨，占全国比重达 16.61%，湖北省油菜生产主要集中于中部、东部地区，荆州市为年产超过 50 万吨的油菜生产大市，黄冈市、荆门市年产均超过 20 万吨，宜昌市、孝感市、仙桃市、武汉市、襄阳市年产均超过 10 万吨。湖南省油菜籽产量持续快速上升，年均产量居全国第三，于 2014 年产量突破 200 万吨，2016 年产量为 210.57 万吨，湖南省油菜生产主要集中于北部、西部和南部地区，常德市为年产超过 50 万吨的油菜生产大市，衡阳市、益阳市年产超过 20 万吨，岳阳市、怀化市、邵阳市、永州市年产均超过 10 万吨。安徽省油菜籽产量呈下降趋势，但仍保持在 100 万吨以上，年均产量位居全国第四，安徽省油菜生产主要位于中部、西南和东部地区，安庆市、合肥市油菜籽年产均超过 20 万吨，六安市、芜湖市、滁州市年产超过 10 万吨。江西省、河南省油菜籽产量基本都在 50 万吨以上，2016 年产量分别为 71.81 万吨、81.67 万吨，江西省油菜生产主要集中于九江市、上饶市和吉安市，年产均超过 10 万吨，河南省油菜生产主要集中于南部的信阳市和南阳市，信阳市油菜籽年产超过 30 万吨。山西省油菜籽产量极低，每年都不足 1 万吨（见表 6-7）。

表6-7　中部地区油菜籽产量及其占全国比重

地区	2005 年		2010 年		2015 年		2016 年	
	产量 （万吨）	占全国比重 （%）	产量 （万吨）	占全国比重 （%）	产量 （万吨）	占全国比重 （%）	产量 （万吨）	占全国比重 （%）
山西省	0.77	0.06	0.64	0.05	0.67	0.04	0.83	0.06
安徽省	182.33	13.97	133.73	10.22	126.29	8.46	116.83	8.03
江西省	41.68	3.19	63.84	4.88	73.94	4.95	71.81	4.94
河南省	87.71	6.72	88.87	6.79	86.10	5.77	81.67	5.61
湖北省	219.15	16.79	232.57	17.78	255.19	17.09	241.63	16.61
湖南省	108.21	8.29	166.62	12.74	210.81	14.12	210.57	14.48
总计	639.85	49.02	686.27	52.46	753.00	50.43	723.34	49.73

（四）苹果

我国是世界上最大的苹果生产国和消费国，目前苹果种植面积和产量均占世界总量的50%左右，苹果出口位居世界前列，中国正从苹果生产大国向苹果产业强国迈进。2005~2016年中部地区苹果产量总体呈稳步上升趋势，占全国比重保持在21%左右，2016年苹果产量为905.88万吨，较2005年增加411.37万吨。

中部地区苹果优势区主要位于山西南部、河南西部和东部地区的部分县市，重点发展鲜食品种。河南省、山西省苹果年均产量分别位居全国第三和第四，是我国苹果生产大省，2016年河南省苹果产量为438.58万吨，山西省苹果产量为428.62万吨，占全国比重都接近10%。河南省苹果生产主要集中于东部、西部地区，西部的三门峡市是年产近200万吨的苹果生产大市，同处西部的洛阳市苹果年产近59万吨，东部的商丘市苹果年产近100万吨。山西省苹果生产主要集中于南部，南部的运城市是年产超过300万吨的苹果生产大市，西南的临汾市苹果年产也超过了60万吨。而湖北省苹果产量仅在1万吨左右（见表6-8）。

表6-8　中部地区苹果产量及其占全国比重

地区	2005 年		2010 年		2015 年		2016 年	
	产量 （万吨）	占全国比重 （%）	产量 （万吨）	占全国比重 （%）	产量 （万吨）	占全国比重 （%）	产量 （万吨）	占全国比重 （%）
山西省	164.84	6.87	256.65	7.72	431.21	10.12	428.62	9.77
安徽省	27.81	1.16	40.69	1.22	37.51	0.88	37.4	0.85
江西省	0.00	0.00	0.00	0.00	0.00	0.00	0.00	0.00

续表

地区	2005 年		2010 年		2015 年		2016 年	
	产量（万吨）	占全国比重（%）	产量（万吨）	占全国比重（%）	产量（万吨）	占全国比重（%）	产量（万吨）	占全国比重（%）
河南省	300.62	12.52	408.96	12.29	449.65	10.55	438.58	9.99
湖北省	1.24	0.05	0.97	0.03	1.31	0.03	1.28	0.03
湖南省	0.00	0.00	0.00	0.00	0.00	0.00	0.00	0.00
总计	494.51	20.60	707.27	21.26	919.68	21.58	905.88	20.64

（五）柑橘

柑橘是世界第一大类水果，也是我国仅次于苹果的第二大类水果，是具有较强竞争力的果品。中部地区是我国重要的柑橘产区，2005~2016 年中部地区柑橘产量持续快速上升，占全国比重 35% 左右，2016 年中部地区柑橘产量为 1321.43 万吨，较 2005 年增加 848.5 万吨。

中部地区柑橘优势区主要位于江西省、湖北省、湖南省的部分县市。湖南省柑橘年均产量居全国第一，2016 年柑橘产量近 500 万吨，占全国比重为 13.20%，湖南省西部的怀化市、湘西土家族苗族自治州，北部的常德市和南部的永州市，柑橘年产均超过 50 万吨，其中怀化市是年产超过 100 万吨的柑橘生产大市。湖北省柑橘年均产量居全国第四，2016 年柑橘产量为 457.39 万吨，占全国比重为 12.15%，湖北省柑橘生产主要集中于西南部的宜昌市，宜昌市是年产超过 300 万吨的柑橘生产大市，是我国市州最大的宽皮柑橘生产基地。江西省柑橘年均产量居全国第六，2016 年柑橘产量为 360.10 万吨，占全国比重为 9.56%，江西省柑橘生产主要集中于东部和南部，东部的抚州市和南部的赣州市均为年产超过 100 万吨的柑橘生产大市。而山西省、安徽省、河南省由于温度较低不适合种植柑橘，因此柑橘产量极低（见表 6-9）。

表 6-9　中部地区柑橘产量及其占全国比重

地区	2005 年		2010 年		2015 年		2016 年	
	产量（万吨）	占全国比重（%）	产量（万吨）	占全国比重（%）	产量（万吨）	占全国比重（%）	产量（万吨）	占全国比重（%）
山西省	0.00	0.00	0.00	0.00	0.00	0.00	0.00	0.00
安徽省	1.24	0.08	2.78	0.11	3.79	0.10	2.20	0.06
江西省	109.82	6.90	268.60	10.15	410.12	11.21	360.10	9.56
河南省	3.59	0.23	4.17	0.16	4.94	0.13	4.79	0.13

地区	2005 年		2010 年		2015 年		2016 年	
	产量 （万吨）	占全国比重 （%）	产量 （万吨）	占全国比重 （%）	产量 （万吨）	占全国比重 （%）	产量 （万吨）	占全国比重 （%）
湖北省	146.26	9.19	301.04	11.38	426.66	11.66	457.39	12.15
湖南省	212.02	13.32	388.92	14.70	457.13	12.49	496.95	13.20
总计	472.93	29.71	965.51	36.50	1302.64	35.59	1321.43	35.10

四、畜产品的空间分布

（一）生猪

猪肉是我国城乡居民最重要的肉食品来源，占全国肉类总消费量超过60%，在饮食结构中具有不可替代的地位。中部地区猪肉生产能力不断提高，生猪优势区地位愈加巩固。2006~2016 年中部地区猪肉产量总体呈上升趋势，占全国比重保持在32%左右，2016 年中部地区猪肉产量为1752.89 万吨，较2006 年增加339.09 万吨。

中部地区生猪优势区主要位于安徽、江西、河南、湖北、湖南的部分县市，重点发展健康养殖，稳定提高调出能力。河南省、湖南省是我国重要的猪肉生产大省，年均猪肉产量分别居全国第二、第三位，2016 年河南省、湖南省猪肉产量分别为450.65 万吨、434.80 万吨，占全国比重均超过8%，河南省南部的驻马店市，湖南省中部的衡阳市、邵阳市、长沙市，均为年产超过50 万吨的猪肉生产大市。湖北省年均猪肉产量居全国第五，于2012 年突破300 万吨，2016 年猪肉产量为322.17 万吨，湖北省西南部的宜昌市和北部的襄阳市猪肉年产均接近50 万吨。安徽省、江西省猪肉产量基本超过了200 万吨，2016 年猪肉产量分别为244.86 万吨、242.89 万吨，安徽省北部的阜阳市猪肉年产近50 万吨，江西省南部的赣州市和西部的宜春市均为年产超过50 万吨的猪肉生产大市。而山西省猪肉产量相对较低，2016 年仅有57.52 万吨（见表6-10）。

表6-10　中部地区猪肉产量及其占全国比重

地区	2005 年		2010 年		2015 年		2016 年	
	产量 （万吨）	占全国比重 （%）	产量 （万吨）	占全国比重 （%）	产量 （万吨）	占全国比重 （%）	产量 （万吨）	占全国比重 （%）
山西省	41.22	0.89	53.09	1.05	60.25	1.10	57.52	1.09
安徽省	200.14	4.30	238.76	4.71	259.11	4.72	244.86	4.62

续表

地区	2005 年		2010 年		2015 年		2016 年	
	产量(万吨)	占全国比重(%)	产量(万吨)	占全国比重(%)	产量(万吨)	占全国比重(%)	产量(万吨)	占全国比重(%)
江西省	181.73	3.91	221.11	4.36	253.53	4.62	242.89	4.58
河南省	391.32	8.41	408.29	8.05	467.96	8.53	450.65	8.50
湖北省	233.59	5.02	286.95	5.66	331.45	6.04	322.17	6.08
湖南省	365.80	7.87	412.41	8.13	448.02	8.17	434.80	8.21
总计	1413.80	30.40	1620.61	31.96	1820.32	33.18	1752.89	33.08

注：因2005年分地区畜牧数据与农业普查数据未作衔接，分省份合计数与全国数据差距大，因此不采用2005年数据。下表同。

（二）肉牛

随着肉类消费结构发生变化，牛肉需求不断增加，发展空间巨大。中部地区为满足我国不断增长的牛肉需求做出了巨大贡献，2006～2016年中部地区牛肉产量持续增加，年均牛肉产量超过150万吨，占全国比重超过20%，2016年牛肉产量达163.40万吨，较2006年增加24.64万吨。

中部地区肉牛优势区主要位于河南，主要满足京津冀都市圈、环渤海经济圈和长三角地区优质牛肉需求。河南省是我国牛肉生产第一大省，牛肉产量超过80万吨，占全国比重12%左右，河南省南部的南阳市牛肉年产超过10万吨，驻马店市牛肉年产也近10万吨。2016年湖北省、湖南省牛肉产量均超过20万吨，其中湖北省牛肉生产主要集中于北部，襄阳市牛肉年产超过10万吨。2016年安徽省、江西省牛肉产量分别为16.49万吨、14.41万吨，而山西省仅为5.92万吨（见表6-11）。

表6-11 中部地区牛肉产量及其占全国比重

地区	2005 年		2010 年		2015 年		2016 年	
	产量(万吨)	占全国比重(%)	产量(万吨)	占全国比重(%)	产量(万吨)	占全国比重(%)	产量(万吨)	占全国比重(%)
山西省	3.73	0.65	4.92	0.75	5.88	0.84	5.92	0.83
安徽省	17.27	2.99	18.32	2.81	16.19	2.31	16.49	2.30
江西省	7.11	1.23	11.16	1.71	13.61	1.94	14.41	2.01
河南省	82.05	14.23	83.05	12.72	82.60	11.80	83.01	11.58
湖北省	14.85	2.58	17.69	2.71	22.99	3.28	23.17	3.23

续表

地区	2005 年		2010 年		2015 年		2016 年	
	产量（万吨）	占全国比重（%）	产量（万吨）	占全国比重（%）	产量（万吨）	占全国比重（%）	产量（万吨）	占全国比重（%）
湖南省	13.75	2.38	16.27	2.49	19.88	2.84	20.40	2.85
总计	138.76	24.06	151.41	23.18	161.15	23.02	163.40	22.80

五、水产品的空间分布

　　水产品是优质动物蛋白的重要来源，伴随人民生活水平逐步提高，对水产品的需求日益增加，水产品消费占食品消费的比重逐年加大。中部地区水产品生产能力快速提高，水产品生产在全国的地位也越发重要。2005～2016 年中部地区水产品总产量呈快速上升趋势，2016 年水产品产量达 1381.4 万吨，较 2005 年增加 482.31 万吨，占全国比重超过 20%。

　　中部地区水产品优势区主要位于长江流域，即安徽省、江西省、湖北省、湖南省的部分县市。湖北省年均水产品总产量居全国第七，水产品总产量快速增加，于 2013 年突破 400 万吨，2016 年水产品总产量达 470.84 万吨，占全国比重为 6.84%，湖北省南部的荆州市是年产超过 100 万吨的水产品生产大市，中部的荆门市和东部的黄冈市、武汉市水产品年产也都超过了 50 万吨。2016 年江西省、湖南省、安徽省水产品总产量均超过 200 万吨，年均水产品总产量分别位居全国第 9、第 10、第 11，2016 年水产品总产量分别为 271.61 万吨、269.57 万吨、235.8 万吨，江西省东北部的上饶市以及湖南省北部的岳阳市、常德市水产品年产均超过 50 万吨。河南省水产品总产量快速增长，于 2015 年突破 100 万吨，2016 年水产品总产量达 128.35 万吨。山西省渔业以池塘养殖为主，养殖分散且规模较小，渔业发展基础较差，2016 年水产品总产量仅为 5.23 万吨（见表 6-12）。

表 6-12　中部地区水产品产量及其占全国比重

地区	2005 年		2010 年		2015 年		2016 年	
	产量（万吨）	占全国比重（%）	产量（万吨）	占全国比重（%）	产量（万吨）	占全国比重（%）	产量（万吨）	占全国比重（%）
山西省	3.75	0.07	3.17	0.06	5.24	0.08	5.23	0.08
安徽省	177.57	3.49	193.31	3.61	230.43	3.45	235.80	3.43
江西省	168.66	3.32	215.34	4.02	264.25	3.96	271.61	3.95

续表

地区	2005 年		2010 年		2015 年		2016 年	
	产量 （万吨）	占全国比重 （%）	产量 （万吨）	占全国比重 （%）	产量 （万吨）	占全国比重 （%）	产量 （万吨）	占全国比重 （%）
河南省	51.68	1.02	57.86	1.08	102.37	1.53	128.35	1.87
湖北省	318.21	6.26	353.09	6.60	455.89	6.83	470.84	6.84
湖南省	179.22	3.53	198.00	3.70	259.38	3.89	269.57	3.92
总计	899.09	17.69	1020.77	19.08	1317.56	19.75	1381.40	20.07

第二节　特色农产品

一、特色农产品确定依据

巩固和提升中部地区农业生产基地的战略地位，不仅要推进优势农产品快速发展，也要做大做强特色农产品。为深度挖掘区域特色资源潜力，加快培育一批特色明显、类型多样、竞争力强的知名品牌，打造现代特色农业产业链，逐步形成合理的区域分工和专业化生产格局，《特色农产品区域布局规划（2013—2020 年）》遵循"资源依托、市场导向、产业开发、规模适度、科技支撑、生态文明"六大原则，划定了 144 个特色农产品及其优势区，其中中部地区共有 69 种特色农产品，山西省、安徽省、江西省、河南省、湖北省、湖南省分别有 19 种、27 种、19 种、25 种、43 种、24 种特色农产品。

《特色农产品区域布局规划（2013—2020 年）》将特色农产品划分为 10 类，即特色蔬菜、特色果品、特色粮油、特色饮料、特色花卉、特色纤维、道地中药材、特色草食畜、特色猪禽蜂、特色水产（见表 6-13）。因此，对中部地区这 10 类特色农产品的空间分布特征进行分析。

表 6-13　中部地区特色农产品

省份	特色农产品	数量
山西省	葡萄、特色桃、特色枣、特色核桃、芸豆、绿豆、红小豆、豌豆、荞麦、燕麦、谷子、糜子、高粱、胡麻、向日葵、晋南驴、广灵驴、优质地方鸡、鳟鲆鱼	19
安徽省	竹笋、葡萄、特色梨、特色桃、石榴、枇杷、特色核桃、板栗、绿豆、蚕豆、荞麦、啤酒大麦、芝麻、红茶、蚕茧、天麻、优质地方鸡、特色水禽、特色蜂产品、珍珠、鳜鱼、长吻鮠、青虾、黄颡鱼、黄鳝、乌鳢、鲇鱼	27

续表

省份	特色农产品	数量
江西省	藠头、竹笋、猕猴桃、芝麻、红茶、苎麻、金华猪、优质地方鸡、特色水禽、特色蜂产品、珍珠、鳜鱼、长吻鮠、青虾、黄颡鱼、黄鳝、乌鳢、鲇鱼、龟鳖	19
河南省	黑木耳、辣椒、葡萄、特色梨、猕猴桃、特色枣、板栗、绿豆、谷子、啤酒大麦、芝麻、绿茶、园林花卉、蚕茧、怀药、金银花、白术、桔梗、山茱萸、郑县红牛、泌阳驴、优质地方鸡、特色水禽、特色蜂产品、龟鳖	25
湖北省	莲藕、魔芋、莼菜、藠头、竹笋、荸荠、山药、黑木耳、葡萄、特色梨、特色桃、特色柚、特色核桃、板栗、柿子、绿豆、红小豆、蚕豆、豌豆、高粱、芝麻、木本油料、绿茶、园林花卉、蚕茧、苎麻、天麻、杜仲、丹参、桔梗、优质地方鸡、特色水禽、特色蜂产品、珍珠、鳜鱼、鳟鲟鱼、长吻鮠、青虾、黄颡鱼、黄鳝、乌鳢、鲇鱼、龟鳖	43
湖南省	魔芋、藠头、黄花菜、辣椒、枇杷、特色柚、猕猴桃、木本油料、绿茶、苎麻、天麻、杜仲、湘西黄牛、九嶷山兔、优质地方鸡、特色水禽、特色蜂产品、珍珠、鳜鱼、黄颡鱼、黄鳝、乌鳢、鲇鱼、龟鳖	24

二、特色农产品的空间分布

（一）特色蔬菜

随着人们生活水平的提高和营养保健意识的增强，人们对特色蔬菜的需求逐步增加。特色蔬菜因其特有的品质、营养价值及功效，具有广阔的市场空间。中部地区共有莲藕、魔芋、莼菜、藠头、竹笋、黄花菜、荸荠、山药、黑木耳、辣椒10种特色蔬菜，山西省、安徽省、江西省、河南省、湖北省、湖南省分别有0种、1种、2种、2种、8种、4种特色蔬菜。

安徽省的特色蔬菜为竹笋，优势区主要位于黄山市和宣城市。

江西省的特色蔬菜有藠头和竹笋。藠头优势区位于南昌市；竹笋优势区集中于赣州市，九江市、吉安市、宜春市、抚州市亦有分布。

河南省的特色蔬菜有黑木耳和辣椒。黑木耳优势区位于洛阳市、三门峡市、南阳市、信阳市、周口市、驻马店市；辣椒优势区位于郑州市、开封市、洛阳市、平顶山市、安阳市、濮阳市、许昌市、漯河市、三门峡市、南阳市、商丘市、周口市。

湖北省的特色蔬菜有莲藕、魔芋、莼菜、藠头、竹笋、荸荠、山药、黑木耳。莲藕优势区位于武汉市、鄂州市、孝感市、荆州市、咸宁市、仙桃市、潜江市、天门市；魔芋优势区集中于恩施土家族苗族自治州，十堰市、宜昌市亦有分布；莼菜优势区位于十堰市、恩施土家族苗族自治州；藠头优势区位于武汉市、鄂州市、咸宁市；竹笋优势区集中于咸宁市，黄石市也有分布；荸荠优势区位于荆门市、黄冈市、天门市；山药优势区位于襄阳市、黄冈市；黑木耳优势区集中于荆门市，十堰市、宜昌市、襄阳市、黄冈市、咸宁市、随州市也有分布。

湖南省的特色蔬菜有魔芋、藠头、黄花菜、辣椒。魔芋优势区集中于永州市，长沙市、邵阳市、岳阳市、常德市、张家界市、郴州市、怀化市、娄底市、湘西土家族苗族自治州也有分布；藠头优势区位于岳阳市、常德市；黄花菜优势区位于湘潭市、衡阳市、邵阳市、益阳市；辣椒优势区集中于邵阳市和湘西土家族苗族自治州，长沙市、株洲市、衡阳市、岳阳市、益阳市、郴州市、怀化市、娄底市也有分布（见表6-14）。

表6-14　中部地区特色蔬菜空间分布

省份	特色蔬菜	空间分布
山西省	—	—
安徽省	竹笋	黄山市、宣城市
江西省	藠头	南昌市
	竹笋	九江市、赣州市、吉安市、宜春市、抚州市
河南省	黑木耳	洛阳市、三门峡市、南阳市、信阳市、周口市、驻马店市
	辣椒	郑州市、开封市、洛阳市、平顶山市、安阳市、濮阳市、许昌市、漯河市、三门峡市、南阳市、商丘市、周口市
湖北省	莲藕	武汉市、鄂州市、孝感市、荆州市、咸宁市、仙桃市、潜江市、天门市
	魔芋	十堰市、宜昌市、恩施土家族苗族自治州
	莼菜	十堰市、恩施土家族苗族自治州
	藠头	武汉市、鄂州市、咸宁市
	竹笋	黄石市、咸宁市
	荸荠	荆门市、黄冈市、天门市
	山药	襄阳市、黄冈市
	黑木耳	十堰市、宜昌市、襄阳市、荆门市、黄冈市、咸宁市、随州市
湖南省	魔芋	长沙市、邵阳市、岳阳市、常德市、张家界市、郴州市、永州市、怀化市、娄底市、湘西土家族苗族自治州
	藠头	岳阳市、常德市
	黄花菜	湘潭市、衡阳市、邵阳市、益阳市
	辣椒	长沙市、株洲市、衡阳市、邵阳市、岳阳市、益阳市、郴州市、怀化市、娄底市、湘西土家族苗族自治州

（二）特色果品

特色果品属于劳动和技术密集型农产品，市场竞争优势显著，国内外需求增量大，有着较大的发展空间。中部地区共有葡萄、特色梨、特色桃、石榴、枇杷、特色柚、猕猴桃、特色枣、特色核桃、板栗、柿子11种特色果品，山西省、安徽省、江西省、河南省、湖北省、湖南省分别有4种、7种、1种、5种、7种、3种特色果品。

山西省的特色果品有葡萄、特色桃、特色枣、特色核桃。葡萄优势区位于太原市、晋中市、运城市、临汾市；特色桃优势区位于运城市；特色枣优势区集中于吕梁市，太原市、运城市亦有分布；特色核桃优势区位于阳泉市、长治市、晋中市、运城市、吕梁市。

安徽省的特色果品主要包括葡萄、特色梨、特色桃、石榴、枇杷、特色核桃、板栗。葡萄优势区位于合肥市、芜湖市、黄山市、宿州市；特色梨优势区位于宿州市；特色桃优势区位于宿州市；石榴优势区位于蚌埠市；枇杷优势区位于黄山市；特色核桃优势区位于宣城市；板栗优势区位于安庆市、黄山市、六安市、宣城市。

江西省的特色果品为猕猴桃，优势区主要位于九江市、宜春市。

河南省的特色果品有葡萄、特色梨、猕猴桃、特色枣、板栗。葡萄优势区位于郑州市、洛阳市、新乡市、焦作市、濮阳市、三门峡市、商丘市、周口市；特色梨优势区位于商丘市；猕猴桃优势区位于南阳市；特色枣优势区位于郑州市、安阳市、三门峡市；板栗优势区位于焦作市。

湖北省的特色果品有葡萄、特色梨、特色桃、特色柚、特色核桃、板栗、柿子。葡萄优势区集中于襄阳市，武汉市、荆州市、咸宁市、随州市也有分布；特色梨优势区位于宜昌市、襄阳市、荆门市、咸宁市、恩施土家族苗族自治州；特色桃优势区位于襄阳市、荆门市、孝感市、随州市；特色柚优势区位于恩施土家族苗族自治州；特色核桃优势区位于十堰市、宜昌市、襄阳市；板栗优势区位于十堰市、宜昌市、孝感市、黄冈市、随州市；柿子优势区位于黄冈市。

湖南省的特色果品有枇杷、特色柚、猕猴桃。枇杷优势区位于邵阳市、常德市；特色柚优势区位于永州市；猕猴桃优势区位于长沙市、邵阳市、郴州市、永州市、怀化市、湘西土家族苗族自治州（见表6-15）。

表6-15　中部地区特色果品空间分布

省份	特色果品	空间分布
山西省	葡萄	太原市、晋中市、运城市、临汾市
	特色桃	运城市
	特色枣	太原市、运城市、吕梁市
	特色核桃	阳泉市、长治市、晋中市、运城市、吕梁市

省份	特色果品	空间分布
安徽省	葡萄	合肥市、芜湖市、黄山市、宿州市
	特色梨	宿州市
	特色桃	宿州市
	石榴	蚌埠市
	枇杷	黄山市
	特色核桃	宣城市
	板栗	安庆市、黄山市、六安市、宣城市
江西省	猕猴桃	九江市、宜春市
河南省	葡萄	郑州市、洛阳市、新乡市、焦作市、濮阳市、三门峡市、商丘市、周口市
	特色梨	商丘市
	猕猴桃	南阳市
	特色枣	郑州市、安阳市、三门峡市
	板栗	焦作市
湖北省	葡萄	武汉市、襄阳市、荆州市、咸宁市、随州市
	特色梨	宜昌市、襄阳市、荆门市、咸宁市、恩施土家族苗族自治州
	特色桃	襄阳市、荆门市、孝感市、随州市
	特色柚	恩施土家族苗族自治州
	特色核桃	十堰市、宜昌市、襄阳市
	板栗	十堰市、宜昌市、孝感市、黄冈市、随州市
	柿子	黄冈市
湖南省	枇杷	邵阳市、常德市
	特色柚	永州市
	猕猴桃	长沙市、邵阳市、郴州市、永州市、怀化市、湘西土家族苗族自治州

(三) 特色粮油

特色粮油产品具有很高的营养保健功能和综合利用价值，在国际市场上我国特色粮油产品具有明显的品质优势与价格优势，出口量约占世界出口量的10%左右。中部地区共有芸豆、绿豆、红小豆、蚕豆、豌豆、荞麦、燕麦、谷子、糜子、高粱、啤酒大麦、芝麻、胡麻、向日葵、木本油料 15 种特色粮油产品，山西省、安徽省、江西省、河南省、湖北省、湖南省分别有 11 种、5 种、1 种、4 种、7 种、1 种特色粮油产品。

山西省的特色粮油产品有芸豆、绿豆、红小豆、豌豆、荞麦、燕麦、谷子、糜子、高粱、胡麻、向日葵。芸豆优势区集中于忻州市，大同市、朔州市、晋中市、吕梁市也有分布；绿豆优势区集中于运城市，太原市、大同市、晋城市、吕梁市也有分布；红小豆优势区位于大同市、晋中市、忻州市、临汾市、吕梁市；豌豆优势区位于大同市、朔州市、忻州市；荞麦优势区位于大同市、朔州市、晋中市；燕麦优势区位于大同市、朔州市、忻州市；谷子优势区集中于晋中市，太原市、大同市、阳泉市、长治市、晋城市、运城市、吕梁市也有分布；糜子优势区位于晋中市；高粱优势区位于太原市、长治市、晋中市、忻州市、吕梁市；胡麻优势区集中于大同市、朔州市、忻州市、吕梁市，太原市、长治市、晋中市、临汾市也有分布；向日葵优势区位于太原市、大同市、朔州市、晋中市、运城市、忻州市、临汾市、吕梁市。

安徽省的特色粮油产品有绿豆、蚕豆、荞麦、啤酒大麦、芝麻。绿豆优势区集中于蚌埠市，合肥市、淮北市、铜陵市、安庆市、滁州市、阜阳市、淮南市、六安市、亳州市也有分布；蚕豆优势区集中于淮南市、马鞍山市、安庆市、阜阳市，蚌埠市、亳州市也有分布；荞麦优势区位于铜陵市、安庆市；啤酒大麦优势区集中于合肥市、蚌埠市、马鞍山市、滁州市、阜阳市、宿州市，亳州市也有分布；芝麻优势区位于滁州市、阜阳市、合肥市。

江西省的特色粮油产品为芝麻，优势区位于南昌市、景德镇市、九江市、上饶市。

河南省的特色粮油产品有绿豆、谷子、啤酒大麦、芝麻。绿豆优势区位于南阳市；谷子优势区位于郑州市、洛阳市、安阳市、三门峡市；啤酒大麦优势区集中于焦作市、商丘市、周口市、开封市、安阳市、新乡市、濮阳市也有分布；芝麻优势区位于南阳市、信阳市、周口市、驻马店市。

湖北省的特色粮油产品有绿豆、红小豆、蚕豆、豌豆、高粱、芝麻、木本油料。绿豆优势区位于武汉市、黄石市、十堰市、襄阳市、鄂州市、咸宁市、恩施土家族苗族自治州、仙桃市；红小豆优势区位于十堰市、荆州市、黄冈市、咸宁市、恩施土家族苗族自治州；蚕豆优势区位于武汉市、孝感市、荆州市、黄冈市、咸宁市、随州市；豌豆优势区位于武汉市、黄石市、十堰市、宜昌市、襄阳市、荆门市、孝感市、荆州市、黄冈市、咸宁市、随州市、恩施土家族苗族自治州、仙桃市、天门市；高粱优势区位于黄石市、襄阳市、荆州市、黄冈市；芝麻优势区集中于襄阳市，武汉市、鄂州市、荆门市、黄冈市也有分布；木本油料优势区位于黄石市、十堰市、宜昌市、孝感市、荆州市、咸宁市、随州市。

湖南省的特色粮油产品为木本油料，优势区集中于衡阳市、永州市，长沙市、株洲市、湘潭市、邵阳市、岳阳市、常德市、郴州市、怀化市、娄底市、湘西土家族苗族自治州也有分布（见表6-16）。

表6-16 中部地区特色粮油产品空间分布

省份	特色粮油产品	空间分布
山西省	芸豆	大同市、朔州市、晋中市、忻州市、吕梁市
	绿豆	太原市、大同市、晋城市、运城市、吕梁市
	红小豆	大同市、晋中市、忻州市、临汾市、吕梁市
	豌豆	大同市、朔州市、忻州市
	荞麦	大同市、朔州市、晋中市
	燕麦	大同市、朔州市、朔州市、忻州市
	谷子	太原市、大同市、阳泉市、长治市、晋城市、晋中市、运城市、吕梁市
	糜子	晋中市
	高粱	太原市、长治市、晋中市、忻州市、吕梁市
	胡麻	太原市、大同市、长治市、朔州市、晋中市、忻州市、临汾市、吕梁市
	向日葵	太原市、大同市、朔州市、晋中市、运城市、忻州市、临汾市、吕梁市
安徽省	绿豆	合肥市、蚌埠市、淮北市、铜陵市、安庆市、滁州市、阜阳市、淮南市、六安市、亳州市
	蚕豆	蚌埠市、淮南市、马鞍山市、安庆市、阜阳市、亳州市
	荞麦	铜陵市、安庆市
	啤酒大麦	合肥市、蚌埠市、马鞍山市、滁州市、阜阳市、宿州市、亳州市
	芝麻	滁州市、阜阳市、合肥市
江西省	芝麻	南昌市、景德镇市、九江市、上饶市
河南省	绿豆	南阳市
	谷子	郑州市、洛阳市、安阳市、三门峡市
	啤酒大麦	开封市、安阳市、新乡市、焦作市、濮阳市、商丘市、周口市
	芝麻	南阳市、信阳市、周口市、驻马店市
湖北省	绿豆	武汉市、黄石市、十堰市、襄阳市、鄂州市、咸宁市、恩施土家族苗族自治州、仙桃市
	红小豆	十堰市、荆州市、黄冈市、咸宁市、恩施土家族苗族自治州
	蚕豆	武汉市、孝感市、荆州市、黄冈市、咸宁市、随州市
	豌豆	武汉市、黄石市、十堰市、宜昌市、襄阳市、荆门市、孝感市、荆州市、黄冈市、咸宁市、随州市、恩施土家族苗族自治州、仙桃市、天门市
	高粱	黄石市、襄阳市、荆州市、黄冈市
	芝麻	武汉市、襄阳市、鄂州市、荆门市、黄冈市
	木本油料	黄石市、十堰市、宜昌市、孝感市、荆州市、咸宁市、随州市

续表

省份	特色粮油产品	空间分布
湖南省	木本油料	长沙市、株洲市、湘潭市、衡阳市、邵阳市、岳阳市、常德市、郴州市、永州市、怀化市、娄底市、湘西土家族苗族自治州

（四）特色饮料

我国茶文化历史悠久，茶种资源丰富，有一批地方特色明显的名茶。中部地区有红茶、绿茶两种特色饮料产品，山西省、安徽省、江西省、河南省、湖北省、湖南省分别有0种、1种、1种、1种、1种、1种特色饮料产品。

安徽省的特色饮料产品为红茶，优势区位于黄山市、池州市。江西省的特色饮料产品为红茶，优势区位于景德镇市、九江市、宜春市。河南省的特色饮料产品为绿茶，优势区集中于南阳市、信阳市，焦作市、三门峡市和驻马店市亦有分布。湖北省的特色饮料产品为绿茶，优势区集中于宜昌市、黄冈市、咸宁市、恩施土家族苗族自治州，黄石市、十堰市、襄阳市、孝感市、随州市、神农架林区亦有分布。湖南省的特色饮料产品为绿茶，优势区集中于株洲市、岳阳市、郴州市、永州市、怀化市、湘西土家族苗族自治州，长沙市、湘潭市、衡阳市、邵阳市、常德市、张家界市、益阳市亦有分布（见表6-17）。

表6-17　中部地区特色饮料空间分布

省份	特色饮料	空间分布
山西省	—	—
安徽省	红茶	黄山市、池州市
江西省	红茶	景德镇市、九江市、宜春市
河南省	绿茶	焦作市、三门峡市、南阳市、信阳市、驻马店市
湖北省	绿茶	黄石市、十堰市、宜昌市、襄阳市、孝感市、黄冈市、咸宁市、随州市、恩施土家族苗族自治州、神农架林区
湖南省	绿茶	长沙市、株洲市、湘潭市、衡阳市、邵阳市、岳阳市、常德市、张家界市、益阳市、郴州市、永州市、怀化市、湘西土家族苗族自治州

（五）特色花卉

花卉消费正在由集团消费和节假日消费向家居日常消费发展，市场前景广阔。世界花卉生产格局正在由发达国家向资源较丰富、气候适宜的发展中国家转移，这为我国花卉业的发展提供了良好的机遇。中部地区的特色花卉为园林花卉，主要位于河南省和湖北省，河南省园林花卉优势区位于洛阳市、许昌市和南阳市。湖北省园林花卉优势区位于武汉市、孝感市、咸宁市（见表6-18）。

表 6-18　中部地区特色花卉空间分布

省份	特色花卉	空间分布
山西省	—	—
安徽省	—	—
江西省	—	—
河南省	园林花卉	洛阳市、许昌市、南阳市
湖北省	园林花卉	武汉市、孝感市、咸宁市
湖南省	—	—

（六）特色纤维

我国特色纤维在世界上占有重要的地位，茧丝和麻类两类特色纤维的生产总量居于世界前列。同时，我国特色纤维在国际市场上具有较强的质量和价格竞争优势，是我国极为重要的出口创汇产品。中部地区有蚕茧和苎麻两种特色纤维，山西省、安徽省、江西省、河南省、湖北省、湖南省分别有 0 种、1 种、1 种、1 种、2 种、1 种特色纤维。

安徽省的特色纤维为蚕茧，优势区位于安庆市、黄山市、六安市、宣城市。江西省的特色纤维为苎麻，优势区集中于抚州市，九江市、新余市、宜春市、上饶市亦有分布。河南省的特色纤维为蚕茧，优势区位于平顶山市、南阳市。湖北省的特色纤维主要包括蚕茧和苎麻，蚕茧优势区位于十堰市、宜昌市、黄冈市，苎麻优势区位于咸宁市。湖南省的特色纤维为苎麻，优势区位于岳阳市、常德市、益阳市（见表6-19）。

表 6-19　中部地区特色纤维空间分布

省份	特色纤维	空间分布
山西省	—	—
安徽省	蚕茧	安庆市、黄山市、六安市、宣城市
江西省	苎麻	九江市、新余市、宜春市、抚州市、上饶市
河南省	蚕茧	平顶山市、南阳市
湖北省	蚕茧	十堰市、宜昌市、黄冈市
	苎麻	咸宁市
湖南省	苎麻	岳阳市、常德市、益阳市

（七）道地中药材

随着大众健康意识的快速提升和国际社会对中国传统中药的认同与接受，

中药材产品市场需求不断增长。中部地区共有天麻、怀药、杜仲、丹参、金银花、白术、桔梗、山茱萸 8 种道地中药材，山西省、安徽省、江西省、河南省、湖北省、湖南省分别有 0 种、1 种、0 种、5 种、4 种、2 种道地中药材。

安徽省的道地中药材为天麻，优势区位于安庆市和六安市。

河南省的道地中药材有怀药、金银花、白术、桔梗、山茱萸。怀药优势区位于焦作市；金银花优势区位于新乡市；白术优势区位于周口市；桔梗优势区位于洛阳市、南阳市；山茱萸优势区位于洛阳市、三门峡市、南阳市。

湖北省的道地中药材有天麻、杜仲、丹参、桔梗。天麻优势区集中于十堰市、恩施土家族苗族自治州，神农架林区也有分布；杜仲优势区集中于恩施土家族苗族自治州，十堰市、宜昌市、神农架林区也有分布；丹参优势区位于孝感市、随州市；桔梗优势区位于孝感市、黄冈市。

湖南省的道地中药材有天麻、杜仲。天麻优势区位于邵阳市、怀化市；杜仲优势区位于株洲市、邵阳市、岳阳市、张家界市、郴州市、永州市、娄底市、湘西土家族苗族自治州（见表 6-20）。

表 6-20　中部地区道地中药材空间分布

省份	道地中药材	空间分布
山西省	—	—
安徽省	天麻	安庆市、六安市
江西省	—	—
河南省	怀药	焦作市
	金银花	新乡市
	白术	周口市
	桔梗	洛阳市、南阳市
	山茱萸	洛阳市、三门峡市、南阳市
湖北省	天麻	十堰市、恩施土家族苗族自治州、神农架林区
	杜仲	十堰市、宜昌市、恩施土家族苗族自治州、神农架林区
	丹参	孝感市、随州市
	桔梗	孝感市、黄冈市
湖南省	天麻	邵阳市、怀化市
	杜仲	株洲市、邵阳市、岳阳市、张家界市、郴州市、永州市、娄底市、湘西土家族苗族自治州

（八）特色草食畜

近年来，我国特色畜禽产品消费需求增长迅速，牛、羊和驴等特色草食畜发展前景广阔。中部地区共有郏县红牛、湘西黄牛、晋南驴、广灵驴、泌阳驴、九疑山兔6种特色草食畜，山西省、安徽省、江西省、河南省、湖北省、湖南省分别有2种、0种、0种、2种、0种、2种特色草食畜。

山西省的特色草食畜有晋南驴、广灵驴，晋南驴优势区位于运城市，广灵驴优势区位于大同市。河南省的特色草食畜有郏县红牛、泌阳驴，郏县红牛优势区集中于平顶山市，许昌市也有分布，泌阳驴优势区位于平顶山市、南阳市、驻马店市。湖南省的特色草食畜有湘西黄牛、九疑山兔，湘西黄牛优势区位于张家界市、湘西土家族苗族自治州，九疑山兔优势区位于郴州市、永州市（见表6-21）。

表6-21　中部地区特色草食畜空间分布

省份	特色草食畜	空间分布
山西省	晋南驴	运城市
	广灵驴	大同市
安徽省	—	—
江西省	—	—
河南省	郏县红牛	平顶山市、许昌市
	泌阳驴	平顶山市、南阳市、驻马店市
湖北省	—	—
湖南省	湘西黄牛	张家界市、湘西土家族苗族自治州
	九疑山兔	郴州市、永州市

（九）特色猪禽蜂

我国猪禽肉市场供需基本平衡，但特色肉类需求增长势头强劲，发展潜力大，市场前景广阔。中部地区共有金华猪、优质地方鸡、特色水禽、特色蜂产品4种特色猪禽蜂产品，山西省、安徽省、江西省、河南省、湖北省、湖南省分别有1种、3种、4种、3种、3种、3种特色猪禽蜂产品。

山西省的特色猪禽蜂产品为优质地方鸡，优势区集中于晋城市、晋中市，太原市、临汾市也有分布。

安徽省的特色猪禽蜂产品有优质地方鸡、特色水禽、特色蜂产品。优质地方鸡优势区集中于淮南市、宣城市，铜陵市、安庆市、宿州市、六安市、亳州市亦有分布；特色水禽优势区集中于六安市，合肥市、芜湖市、淮南市、马鞍山市、铜陵市、安庆市、黄山市、滁州市、宿州市、宣城市也有分布；特色蜂产品优势区位于合肥市、黄山市、宣城市。

江西省的特色猪禽蜂产品有金华猪、优质地方鸡、特色水禽、特色蜂产品。金华猪优势区集中于上饶市，景德镇市也有分布；优质地方鸡优势区位于南昌市、九江市、赣州市、吉安市、宜春市、抚州市、上饶市；特色水禽优势区位于南昌市、萍乡市、九江市、新余市、赣州市、吉安市、宜春市、抚州市、上饶市；特色蜂产品优势区位于九江市、吉安市、宜春市、上饶市。

河南省的特色猪禽蜂产品有优质地方鸡、特色水禽、特色蜂产品。优质地方鸡优势区位于郑州市、平顶山市、焦作市、三门峡市、信阳市、驻马店市；特色水禽优势区集中于信阳市，开封市、焦作市、商丘市、驻马店市也有分布；特色蜂产品优势区位于安阳市、许昌市、三门峡市、驻马店市。

湖北省的特色猪禽蜂产品有优质地方鸡、特色水禽、特色蜂产品。优质地方鸡优势区位于武汉市、十堰市、襄阳市、孝感市、黄冈市、随州市、恩施土家族苗族自治州、潜江市、天门市；特色水禽优势区集中于荆州市，武汉市、黄石市、荆门市、孝感市、咸宁市、仙桃市、潜江市、天门市也有分布；特色蜂产品优势区集中于宜昌市、襄阳市，鄂州市、荆门市、孝感市、随州市也有分布。

湖南省的特色猪禽蜂产品有优质地方鸡、特色水禽、特色蜂产品。优质地方鸡优势区集中于怀化市，衡阳市、常德市、郴州市、永州市也有分布；特色水禽优势区集中于益阳市、郴州市、怀化市，株洲市、湘潭市、衡阳市、邵阳市、岳阳市、常德市、张家界市、永州市、娄底市、湘西土家族苗族自治州也有分布；特色蜂产品优势区位于长沙市、常德市、张家界市（见表6-22）。

表6-22　中部地区特色猪禽蜂空间分布

省份	特色猪禽蜂	空间分布
山西省	优质地方鸡	太原市、晋城市、晋中市、临汾市
安徽省	优质地方鸡	淮南市、铜陵市、安庆市、宿州市、六安市、亳州市、宣城市
	特色水禽	合肥市、芜湖市、淮南市、马鞍山市、铜陵市、安庆市、黄山市、滁州市、宿州市、六安市、宣城市
	特色蜂产品	合肥市、黄山市、宣城市
江西省	金华猪	景德镇市、上饶市
	优质地方鸡	南昌市、九江市、赣州市、吉安市、宜春市、抚州市、上饶市
	特色水禽	南昌市、萍乡市、九江市、新余市、赣州市、吉安市、宜春市、抚州市、上饶市
	特色蜂产品	九江市、吉安市、宜春市、上饶市

续表

省份	特色猪禽蜂	空间分布
河南省	优质地方鸡	郑州市、平顶山市、焦作市、三门峡市、信阳市、驻马店市
	特色水禽	开封市、焦作市、商丘市、信阳市、驻马店市
	特色蜂产品	安阳市、许昌市、三门峡市、驻马店市
湖北省	优质地方鸡	武汉市、十堰市、襄阳市、孝感市、黄冈市、随州市、恩施土家族苗族自治州、潜江市、天门市
	特色水禽	武汉市、黄石市、荆门市、孝感市、荆州市、咸宁市、仙桃市、潜江市、天门市
	特色蜂产品	宜昌市、襄阳市、鄂州市、荆门市、孝感市、随州市
湖南省	优质地方鸡	衡阳市、常德市、郴州市、永州市、怀化市
	特色水禽	株洲市、湘潭市、衡阳市、邵阳市、岳阳市、常德市、张家界市、益阳市、郴州市、永州市、怀化市、娄底市、湘西土家族苗族自治州
	特色蜂产品	长沙市、常德市、张家界市

（十）特色水产

随着城乡居民消费水平的提高，国内特色水产的消费呈现大众化之势，其市场需求会逐步增加。中部地区共有珍珠、鳜鱼、鲟鳇鱼、长吻鮠、青虾、黄颡鱼、黄鳝、乌鳢、鲇鱼、龟鳖10种特色水产，山西省、安徽省、江西省、河南省、湖北省、湖南省分别有1种、8种、9种、1种、10种、7种特色水产。

山西省的特色水产为鲟鳇鱼，优势区集中于朔州市，晋城市、吕梁市亦有分布。

安徽省的特色水产有珍珠、鳜鱼、长吻鮠、青虾、黄颡鱼、黄鳝、乌鳢、鲇鱼。珍珠优势区集中于安庆市、宣城市，芜湖市、铜陵市、阜阳市、池州市亦有分布；鳜鱼优势区位于淮南市、铜陵市、安庆市、阜阳市、六安市、池州市、宣城市；长吻鮠优势区位于淮南市；青虾优势区位于芜湖市、蚌埠市、淮南市、马鞍山市、铜陵市、安庆市、阜阳市、六安市、池州市；黄颡鱼优势区位于合肥市、芜湖市、淮南市、马鞍山市、安庆市、铜陵市、滁州市、六安市、池州市、宣城市；黄鳝优势区集中于安庆市，合肥市、芜湖市、马鞍山市、滁州市、六安市、池州市也有分布；乌鳢优势区位于合肥市、芜湖市、蚌埠市、淮南市、马鞍山市、滁州市、阜阳市、宿州市、六安市、亳州市、池州市；鲇鱼优势区集中于安庆市，芜湖市、淮南市、马鞍山市、铜陵市、滁州市、阜阳市、六安市、池州市也有分布。

江西省的特色水产有珍珠、鳜鱼、长吻鮠、青虾、黄颡鱼、黄鳝、乌鳢、鲇鱼、龟鳖。珍珠优势区集中于九江市，南昌市、吉安市、宜春市、抚州市、上饶市也有分布；鳜鱼优势区位于南昌市、九江市、新余市、吉安市、宜春市、抚州市、上饶市；长吻鮠优势区位于九江市、吉安市；青虾优势区集中于九江市，南昌市、宜春市、上饶市也有分布；黄颡鱼优势区位于南昌市、九江市、宜春市、上饶市；黄鳝优势区位于南昌市、宜春市、上饶市；乌鳢优势区位于南昌市、宜春市、上饶市；鲇鱼优势区位于南昌市、九江市、赣州市、吉安市、宜春市、抚州市、上饶市；龟鳖优势区位于九江市、赣州市、吉州区、抚州市、上饶市。

河南省的特色水产为龟鳖，优势区位于郑州市、新乡市、南阳市、信阳市。

湖北省的特色水产有珍珠、鳜鱼、鳟鲟鱼、长吻鮠、青虾、黄颡鱼、黄鳝、乌鳢、鲇鱼、龟鳖。珍珠优势区位于黄石市、鄂州市、荆门市、荆州市、黄冈市；鳜鱼优势区位于武汉市、黄石市、鄂州市、荆门市、孝感市、荆州市、黄冈市、咸宁市、仙桃市、天门市；鳟鲟鱼优势区集中于荆州市，武汉市、宜昌市亦有分布；长吻鮠优势区位于武汉市、黄石市、鄂州市、荆门市、孝感市、荆州市、咸宁市；青虾优势区位于武汉市、黄石市、鄂州市、荆门市、荆州市、黄冈市、咸宁市、仙桃市；黄颡鱼优势区集中于荆州市，武汉市、荆门市、孝感市、黄冈市、潜江市、天门市也有分布；黄鳝优势区位于鄂州市、荆门市、孝感市、荆州市、咸宁市、仙桃市、潜江市、天门市；乌鳢优势区位于武汉市、黄石市、鄂州市、荆门市、孝感市、荆州市、黄冈市、咸宁市；鲇鱼优势区位于黄石市、十堰市、宜昌市、荆州市、黄冈市、随州市、仙桃市、潜江市、天门市；龟鳖优势区位于武汉市、荆门市、孝感市、荆州市、黄冈市、咸宁市、天门市。

湖南省的特色水产有珍珠、鳜鱼、黄颡鱼、黄鳝、乌鳢、鲇鱼、龟鳖。珍珠优势区集中于常德市、益阳市，岳阳市亦有分布；鳜鱼优势区位于常德市；黄颡鱼优势区位于岳阳市、常德市、益阳市；黄鳝优势区位于长沙市、岳阳市、常德市、益阳市；乌鳢优势区位于岳阳市、常德市、益阳市；鲇鱼优势区位于长沙市、邵阳市、岳阳市、常德市、益阳市；龟鳖优势区位于长沙市、衡阳市、岳阳市、常德市、益阳市（见表6-23）。

表6-23　中部地区特色水产空间分布

省份	特色水产	空间分布
山西省	鳟鲟鱼	晋城市、朔州市、吕梁市
安徽省	珍珠	芜湖市、铜陵市、安庆市、阜阳市、池州市、宣城市
	鳜鱼	淮南市、铜陵市、安庆市、阜阳市、六安市、池州市、宣城市

省份	特色水产	空间分布
安徽省	长吻鮠	淮南市
	青虾	芜湖市、蚌埠市、淮南市、马鞍山市、铜陵市、安庆市、阜阳市、六安市、池州市
	黄颡鱼	合肥市、芜湖市、淮南市、马鞍山市、安庆市、铜陵市、滁州市、六安市、池州市、宣城市
	黄鳝	合肥市、芜湖市、马鞍山市、安庆市、滁州市、六安市、池州市
	乌鳢	合肥市、芜湖市、蚌埠市、淮南市、马鞍山市、滁州市、阜阳市、宿州市、六安市、亳州市、池州市
	鲇鱼	芜湖市、淮南市、马鞍山市、铜陵市、安庆市、滁州市、阜阳市、六安市、池州市
江西省	珍珠	南昌市、九江市、吉安市、宜春市、抚州市、上饶市
	鳜鱼	南昌市、九江市、新余市、吉安市、宜春市、抚州市、上饶市
	长吻鮠	九江市、吉安市
	青虾	南昌市、九江市、宜春市、上饶市
	黄颡鱼	南昌市、九江市、宜春市、上饶市
	黄鳝	南昌市、宜春市、上饶市
	乌鳢	南昌市、宜春市、上饶市
	鲇鱼	南昌市、九江市、赣州市、吉安市、宜春市、抚州市、上饶市
	龟鳖	九江市、赣州市、吉州区、抚州市、上饶市
河南省	龟鳖	郑州市、新乡市、南阳市、信阳市
湖北省	珍珠	黄石市、鄂州市、荆门市、荆州市、黄冈市
	鳜鱼	武汉市、黄石市、鄂州市、荆门市、孝感市、荆州市、黄冈市、咸宁市、仙桃市、天门市
	鳟鲟鱼	武汉市、宜昌市、荆州市
	长吻鮠	武汉市、黄石市、鄂州市、荆门市、孝感市、荆州市、咸宁市
	青虾	武汉市、黄石市、鄂州市、荆门市、荆州市、黄冈市、咸宁市、仙桃市
	黄颡鱼	武汉市、荆门市、孝感市、荆州市、黄冈市、潜江市、天门市
	黄鳝	鄂州市、荆门市、孝感市、荆州市、咸宁市、仙桃市、潜江市、天门市
	乌鳢	武汉市、黄石市、鄂州市、荆门市、孝感市、荆州市、黄冈市、咸宁市
	鲇鱼	黄石市、十堰市、宜昌市、荆州市、黄冈市、随州市、仙桃市、潜江市、天门市
	龟鳖	武汉市、荆门市、孝感市、荆州市、黄冈市、咸宁市、天门市

续表

省份	特色水产	空间分布
湖南省	珍珠	岳阳县、常德市、益阳市
	鳜鱼	常德市
	黄颡鱼	岳阳市、常德市、益阳市
	黄鳝	长沙市、岳阳市、常德市、益阳市
	乌鳢	岳阳市、常德市、益阳市
	鲇鱼	长沙市、邵阳市、岳阳市、常德市、益阳市
	龟鳖	长沙市、衡阳市、岳阳市、常德市、益阳市

参考文献

[1] 范恒山. 促进中部地区崛起政策措施的回顾与展望 [M]. 武汉：武汉大学出版社，2012.

[2] 胡浩，应瑞瑶，刘佳. 中国生猪产地移动的经济分析——从自然性布局向经济性布局的转变 [J]. 中国农村经济，2005（12）：46-52，60.

[3] 刘天军，范英. 中国苹果主产区生产布局变迁及影响因素分析 [J]. 农业经济问题，2012，33（10）：36-42，111.

[4] 石慧，王思明. 相对优势地位的转变：中美大豆发展比较研究 [J]. 中国农史，2018，37（5）：56-62.

[5] 向云，祁春节，陆倩. 湖北省柑橘生产的区域比较优势及其影响因素研究 [J]. 经济地理，2014，34（11）：134-139，192.

[6] 杨春，王明利. 考虑空间效应的中国肉牛生产区域集聚及成因 [J]. 技术经济，2013，32（10）：80-86，92.

[7] 杨万江，陈文佳. 中国水稻生产空间布局变迁及影响因素分析 [J]. 经济地理，2011，31（12）：2086-2093.

[8] 张秀生. 农业发展与中部地区崛起 [M]. 武汉：中国地质大学出版社，2009.

[9] 钟甫宁，胡雪梅. 中国棉花生产区域格局及影响因素研究 [J]. 农业技术经济，2008（1）：4-9.

第七章　中部地区城镇体系与新型城镇化

在"新型城镇化"和"中部崛起"等战略指导下，中部地区成为我国重要的人口集聚区，但仍然面临着城镇化体系不够完善，新型城镇化建设较慢等挑战。

第一节　中部地区城镇体系识别

一、识别方法与数据来源

城市的规模可分为人口规模、空间规模和经济规模三部分。一定的经济规模可以吸纳人口，而人口规模扩大到一定程度则须有与之相匹配的空间规模，三者相互作用、相互推动。本章将从人口规模维度来测度中部六省的城市空间结构，首先利用中部六省80个城市年末总人口数及各自位序计算出 Zipf 指数（Zipf 曲线拟合度）并以此来衡量六个省份城市的空间结构的多中心性；其次根据首位城市人口规模与其他城市人口规模比值即城市首位度来衡量最大城市的人口集中程度。

（一）Zipf 指数

位序规模法则，又称 Zipf 法则，是由捷夫（G. K. Zipf）于1949年提出的，其在对发达国家城市规模结构分布的研究过程中发现城市的位序和规模呈现出理想的直角双曲线关系，即

$$P_i = P_1 / R_i$$

其中，P_i 表示第 i 个城市的人口规模；P_1 表示最大城市的人口规模；R_i 表示按城市规模从大到小排序的第 i 城市位序。而在随后的研究过程中，许多学者在各自的研究中不断对其进行普遍化和一般化转变，逐步形成了以下公式：

$$P_i = P_1 / R_i^q$$

对上式取自然对数后，可得：

$$\ln P_i = \ln P_1 - q\ln R_i$$

其中，q 是参数，即指数。当 $q=1$ 时，说明该城市体系的城市按等级规模分布，接近理想状态；当 $q>1$ 时，说明规模分布较为集中，首位城市特征突出，且 q 值越大，单中心性越明显；当 $q<1$ 时，说明城市人口分布较为分散，中间位序城市较为发达，且 q 值越小多，中心性特征越突出。

（二）城市首位度

马克·杰斐逊在 1939 年将一个国家城市规模分布规律概括为城市首位律，而城市首位律理论的核心内容是研究首位城市的相对重要性，即城市首位度。其利用城市体系中最大城市和第二大城市的人口规模比值来衡量最大城市的人口集聚程度，并认为国家的首位城市在人口数量上较其他城市应具有显著优势。首位度数值一般在 2 左右。随后的学者在其二城市指数的基础上陆续提出了四城市指数和十一城市指数。

二城市指数：

$$S = \frac{P_1}{P_2}$$

四城市指数：

$$S = \frac{P_1}{P_2 + P_3 + P_4}$$

十一城市指数：

$$S = \frac{2P_1}{P_2 + P_3 + \cdots + P_{11}}$$

其中，S 表示省域城市首位度，P_1 表示最大城市人口数，P_2、P_3、P_4 分别表示按人口规模排序的第二、第三、第四位城市人口数。

（三）数据来源

由于以户籍人口或非农人口作为指标来测度城市人口规模存在一定偏差，通常采用常住人口来反映城市人口规模。结合数据的可获得性，本书研究主要采用市辖区年末人口作为城市规模的衡量指标，以中部六省 80 个地级市为研究对象，① 具体包括山西省的 11 个、河南省的 17 个、湖北省 12 个、安徽省 16 个、湖南省 13 个和江西省的 11 个地级市，时间跨度为 2005~2019 年，所有原始数据均来自各省统计年鉴和《中国城市统计年鉴》（2006~2019）。

---

① 2011 年之前为 81 个，由于 2011 年的行政区域调整，安徽省巢湖由地级市改设为县级市。

二、中部地区城市空间结构识别结果

(一) 人口规模等级结构分布特征

依据 2014 年国务院颁布的《关于调整城市规模划分标准的通知》，以城区常住人口为统计口径，对城市等级进行划分，2017 年中部地区城市分类如表 7-1 所示。

表 7-1　2019 年中部地区人口规模等级结构分布

等级结构	数量（个）	城市名称
Ⅰ（300 万以上）	4	南昌、郑州、武汉、长沙
Ⅱ（200 万~300 万）	8	太原、合肥、阜阳、南阳、六安、赣州、洛阳、襄阳
Ⅲ（100 万~200 万）	31	大同、长治、芜湖、蚌埠、淮南、淮北、宿州、亳州、九江、宜春、抚州、上饶、开封、平顶山、安阳、新乡、许昌、漯河、商丘、信阳、黄石、十堰、宜昌、鄂州、荆州、株洲、衡阳、岳阳、常德、益阳、永州
Ⅳ（50 万~100 万）	30	阳泉、朔州、晋中、运城、忻州、临汾、马鞍山、铜陵、安庆、滁州、池州、宣城、萍乡、新余、吉安、鹤壁、焦作、濮阳、三门峡、周口、驻马店、荆门、孝感、咸宁、随州、湘潭、邵阳、张家界、郴州、娄底
Ⅴ（20 万~50 万）	7	晋城、吕梁、黄山、景德镇、鹰潭、黄冈、怀化
Ⅵ（20 万以下）	—	—
合计	80	

资料来源：《中国城市统计年鉴（2020）》。

根据中部地区 80 个城市 2019 年的人口资料进行分析，发现：2019 年中部地区主要以中小城市为主，人口在 300 万以下的城市达 76 个，相较于经济发达的东部地区，中部地区经济地理优势尚不显著，各省省会城市经济增长率均低于上海市，常住外来人口的增量不及东部，城市规模扩大动力不足，难以形成超大城市；相较于地广人稀、经济不发达的西部，中部地区以其劳动力、资源等优势承接了更多的来自东部的产业转移，经济快速发展，人口规模扩大迅速，逐步形成了以中等城市为主的城市规模结构。总体而言，中部地区城市数量多，但规模较小，人口较多的城市主要集中分布于安徽北部和河南南部，整体城市结构较不合理。

(二) 人口规模多中心性

根据 2019 年中部六个省份 80 个城市的人口数据，以及按各城市市辖区年末人口总数排序得出的位序，对各个省份的城市位序规模绘制对数图（见图7-1），并根据散点图进行线性拟合，计算出各省的指数（见表7-2）。基于中部地区各省城市市辖区年末总人口数及按该人口数排序的城市位序所计算出的指数可用来衡量省域城市人口规模分布状态。2019年，除湖北外中部地区其他五个省份

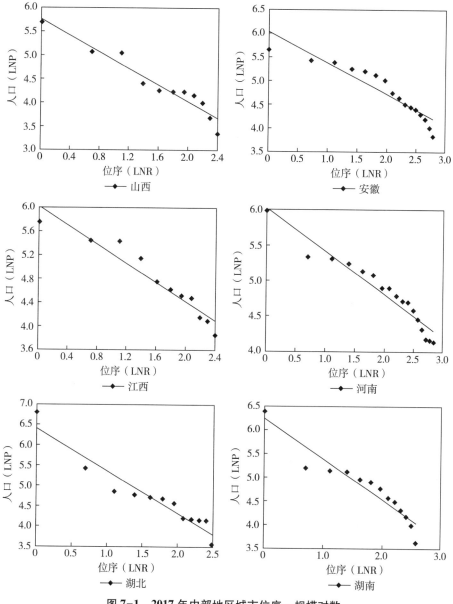

图 7-1　2017 年中部地区城市位序—规模对数

的 Zipf 指数均小于 1，偏离了分布的理想状态，说明各省份人口分布比较分散，具有较为明显的多中心性特征。其中，河南省指数最低（0.608），多中心性最为显著，说明该省城市人口呈现序列式分布，各城市发展较为均衡，中小城市与大城市之间的发展差距较小。湖北省（1.046）指数最高，接近最优分布状态，相较于其他省份，多中心性较不明显，大城市与中小城市之间的发展存在差距。一般而言，一个城市的人口规模与其经济发展程度有着密不可分的关系，对于河南来说，由于省内其他城市大多为资源型城市（如焦作、平顶山），省会城市郑州的经济发展地位并不突出，因此各城市经济规模相差不大。而湖北武汉作为中部地区极其重要的交通枢纽，有其得天独厚的地理位置和人才资源优势，其经济水平在湖北省乃至整个中部地区都处于前列。2019 年武汉市地区生产总值高达 16223.21 亿元，经济总量位列全国第八，吸引了更多其他城市人口向武汉集聚，人口规模较大。

表 7-2　2019 年中部地区城市位序—规模拟合

省份	公式	Zipf 指数	R_2
山西	$\ln P = 5.756 - 0.865 \ln R$	0.865	0.93
安徽	$\ln P = 6.020 - 0.652 \ln R$	0.652	0.87
江西	$\ln P = 6.015 - 0.794 \ln R$	0.794	0.92
河南	$\ln P = 6.017 - 0.608 \ln R$	0.608	0.93
湖北	$\ln P = 6.411 - 1.046 \ln R$	1.046	0.92
湖南	$\ln P = 5.770 - 0.683 \ln R$	0.683	0.90

（三）首位城市人口集聚程度

首位城市作为省域中处于核心地位的城市，其人口集聚程度反映了该城市中心地位的强弱及对其他城市发展的辐射力和影响力。将中部地区各省会作为首位城市，以各城市市辖区年末总人口为标准进行排列，计算出各省的二城市指数、四城市指数和十一城市指数。从表 7-3 中可以看出：①三类指标排在前两位的均是湖北、湖南，其高首位度的关键原因在于这两个省份的省会分别是武汉和长沙这类相较于其他城市而言的大型城市。2019 年，湖南首位城市长沙市市辖区人口规模为 364 万，其他城市人口均不足 200 万；武汉市市辖区人口规模高达 906 万，占全省人口四成以上。郑州之"大"，离不开近年来基础设施建设的快速发展。2017 年长沙临空经济示范区正式成立，长沙临空经济示范区具有区位交通、航空发展、产业基础、科技创新、生态环境五大优势。湖南省、长沙市、长沙县三级协同发力的长沙临空经济示范区，规划面积 140 平方千米，包含国家级长沙经济技术开发区、长沙黄花国际机场航空产业功能区、黄花综合保税区、高铁新城等平台载体，逐渐把长沙打造成全省的经济高地。交通通达度的提高，加速了人口向省会城市郑州的流动和集聚。武汉之"大"，得益于天然的大城市硬件基础和后发的经济软实力。地处中国第一大河流及其第一大支流的交叉口，武汉自古就拥有得天独厚的地理位置优势，伴随武汉逐渐发展成中国内陆最大的水陆空综合交通枢纽，在最大辐射范围里吸引了外来人口的集聚。此外，武汉作为传统计划经济时代的大区中心城市，集聚了整个大区最好的教育、医疗等资源，对周围其他城市具有强大的辐射力和吸附能力。②排在后两位的省份均是安徽和江西。对于安徽省来说，其近年来始终保持净迁出的人口迁移模式。作为安徽省会，合肥的集聚效应和带动作用都不够显著。与武汉、长沙两个中部省会相比，合肥在全国铁路干线中的枢纽地位较弱。周边省会城市在一定程度上对合肥造成了"挤压"。从东西向看，南京、武汉是距离安徽较近的两个大型中心城市，其中南京都市圈将马鞍山、芜湖、滁州纳为成员市；从南北向看，郑州虽距离安徽较远，但将阜阳、亳州等市纳入中原经济区；杭州则对皖南地区的宣城、黄山等市有较强辐射作用，从而使得整个安徽大中小城市发展差异不大，首位城市吸附能力不强。南昌作为地区性的中心城市，其城市辐射能力和影响的空间范围有限，仅局限于南昌市的行政区域范围之内。一方面与省内其他地区相比，产业竞争优势并不明显；另一方面与中部地区其他省会城市相比，总体实力和城市规模差距较大，距离国际性或地区性的中心城市差距甚远。2019 年南昌市辖区 GDP 为 4246 亿元，远低于武汉的16223 亿元、长沙的 7386 亿元和郑州的 7973 亿元。南昌与周边城市无法形成产业梯度，但形成了较为激烈的竞争关系，对周边地区的关联带动作用弱于武汉与长沙。

表 7-3　2019 年中部地区城市首位度

省份	二城市指数	四城市指数	十一城市指数	省份	二城市指数	四城市指数	十一城市指数
山西	1.88	0.75	0.70	河南	1.90	0.66	0.51
安徽	1.25	0.45	0.38	湖北	3.97	1.91	1.73
江西	1.36	0.50	0.52	湖南	2.58	0.89	0.70

三、中部地区城市空间结构演变趋势识别结果

（一）基于 Zip 指数的分析

根据 2005~2017 年中部地区各省年末人口总数，对中部六省进行 OLS 回归，

得到 2005~2017 年中部六省空间结构的 Zipf 指数。为更加直观地显示各省城市空间结构 Zipf 指数变化趋势，将回归结果用图形表示出来。图 7-2 描述了中部地区各省城市空间结构 Zipf 指数及其变化趋势。

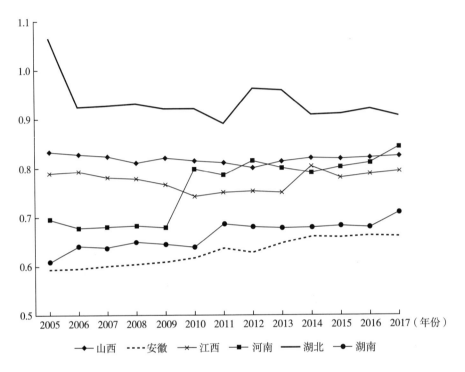

图 7-2　2005~2017 年中部地区 Zipf 指数变化趋势

从总体来看，中部地区各省城市空间结构的 Zipf 指数大多介于 0.6~1，城市规模分布相对集中，且各省之间的差距逐渐缩小，呈收敛趋势。其中，湖北省 Zipf 指数始终处于首位，但在 2005~2011 年逐渐下降，特别是 2006 年跨越均衡值 1~0.93，出现陡降，下降幅度达 12.38%，这是由于 2005 年后武汉市的所有辖区都为市区，市辖区年末总人口规模相对扩大。此后，其 Zipf 指数整体上呈缓慢下降趋势，2017 年较 2005 年下降 14.84%。多中心化特征显现，城市体系呈现扁平化发展。主要原因是：2004 年，为提升区域经济水平和实现一体化发展，湖北省政府出台《武汉"8+1"城市圈规划》，主要包括武汉市、黄石市、鄂州市、孝感市、黄冈市、咸宁市、仙桃市、潜江市和天门市，城市圈的发展一定程度上分散了武汉市人口的集聚程度。以城市圈为发展主体的模式推进了非省会城市（如黄冈、鄂州等城市）的壮大，使湖北省域城市体系渐趋多中心化发展。山西省 2005~2017 年 Zipf 指数变化幅度不大，总体在 0.83 左右，说明城市等级体系相对稳定，大中小城市平行增长。安徽省和湖南省2005～2017年 Zipf 指数逐渐增大，特别是安徽省2010年后的增长态势明显加快，主要原因是：2011年安徽省进行了行政区划调整，撤销地级巢湖市，市辖区人口规模扩大；2011年长沙市新增望城区，市辖区年末人口增加。河南省2005～2017年的 Zipf 指数增幅最大，最高达21.12%，这与近年来河南省集中力量建设发展省会城市密不可分。

从空间结构类型来看，中部六省可分为两类：一是单中心化发展的城市体系，包括山西、安徽、江西、河南以及湖南；二是多中心化发展的城市体系，主要为湖北省。从理论上来说，集聚空间结构的变化与地区经济发展水平存在倒"U"形关系，即在经济发展初期，随着经济集聚水平提高，经济布局往往呈现出中心城市极化特征，但随着经济发展水平的提高，在经济活动趋于分散化的同时，经济集聚的空间结构也会更加趋于向多中心结构的方向演化。中部六省经济发展水平不一，其中湖北作为中部地区的经济大省和强省，2017年 GDP 占整个中部地区的20.10%，中心城市武汉利用得天独厚的自然资源和经济资源优势，在20世纪90年代后得到极大发展，2005年其 Zipf 指数大于1，显示了极强的单中心性；随后，中心城市的功能开始向周围辐射，产业向周围转移，人口流动表现出明显的回波效应，其他城市的人口规模开始扩大，逐渐形成新的集聚中心，多中心化特征显现。而中部其他省份相较于湖北省而言，经济水平尚处于初中级阶段，亟须通过强化中心城市的经济作用来带动整个省份的发展。

（二）基于城市首位度的分析

本书主要选取四城市指数来测算2005～2017年各省空间结构的城市首位度。为了更加直观地显示各省城市空间结构城市首位度变化趋势，将回归结果用图形表示出来。图7-3描述了中部地区各省城市空间结构城市首位度及其变化趋势。

从总体来看，2005～2017年中部地区各省城市首位度基本保持在0.4～1.2左右，除2010年的河南省和2006年的湖北省出现断崖式升降之外，其余省份变化幅度不大。从升降趋势来看，湖北省和江西省在2005～2017年城市首位度大致呈现下降趋势，说明省内中小城市人口增长快于首位城市，呈收敛增长态势；河南、安徽和湖南三个省份的首位度逐渐变大，说明中小城市人口的增长速度慢于首位城市，呈现发散增长态势；而山西省在2005～2017年城市首位度基本保持不变。从变化速度来看，2005～2017年河南省城市首位度增幅最大，在中期阶段出现急剧增长，总体变化幅度为98.15%。近年来，郑州市发展迅猛、人口增长较快，加上行政区域调整，使之逐步超过太原成为中部地区第二大城市。安徽省增速最低，仅增长6.87%，增长幅度较小，无明显波动。从省际差异来看，湖北省首位度始终处于首位，作为内陆地区重点开发的省份之一，其首位

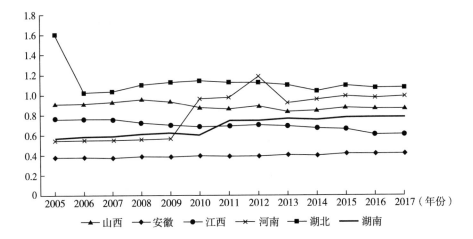

图 7-3　2005~2017 年中部地区城市首位度变化趋势

城市武汉是长江中游城市群的增长极城市，人口规模大于 500 万，但省内二级城市明显发育不完全，最终造成了首位度较高的结果。安徽省城市首位度始终处于末位，合肥处于东中部交界处，人口流动速度快，较之于其他二级城市（如芜湖、马鞍山）没有较大的人口吸引力。

第二节　新型城镇化概况

一、中部地区新型城镇化水平评价

自 2005 年以来，中部地区城镇化进程稳步推进，城镇人口不断增加，城镇规模逐步扩大，城镇设施建设水平不断提升，建设成果惠及广大人民，取得了显著成效。从总体来看，自 2005 年以来，中部地区城镇化进程稳步推进，城镇人口不断增加，城镇规模逐步扩大。相较于全国平均水平中部地区城镇化率较低，但两者差距呈不断缩小态势（见图 7-4）。2005~2009 年缩小为 3.56%，2010 年有所增大，达到 5.16%，此后回归缩小趋势，至 2014 年，两者差距为 4.22%。2005~2010 年，中部各省城镇化率均低于全国平均水平，2011~2014 年，湖北省城镇化进程不断加快，从高于全国平均水平 0.56% 增长至 9.04%。2017 年湖北、山西、湖南、江西、安徽和河南的城镇化率分别居于第 13、第 16、第 20、第 21、第 22和 25 位，与 2010 年相比，总体位次有所上升，且增幅较大。[①]

---

　① 资料来源：历年《中国城市统计年鉴》。

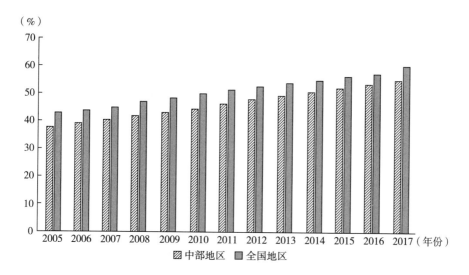

图7-4 2005~2017年中部地区与全国城镇化率情况

资料来源：历年《中国城市统计年鉴》。

从中部六省来看，中部地区城镇化水平之间存在较大空间差异。2005年以来，湖北省城镇化率一直居于首位，与山西省均高于中部地区平均水平，2017年分别达到59.30%和57.34%，比2010年分别增加9.60%、9.30%，分别比2005年增加16.10%、15.22%。河南省一直居于末位，与安徽省的城镇化水平都比较低，均低于中部地区平均水平，2017年分别仅为50.16%和53.49%，但其城镇化率增速位于前列，河南省和安徽省2005~2017年年均增长率分别为1.58%、1.48%，与山西省、湖北省的差距呈不断缩小态势。就湖北与河南相比较而言，2005~2009年两者差距不断缩小，2010~2011年有所扩大，分别达到11.20%和11.25%，此后逐渐缩小。2005~2009年，城镇化率由高到低分别是湖北、山西、湖南、江西、安徽和河南，2009年以后江西反超湖南，其余省份位次保持不变（见图7-5）。

人口在空间上的流动是城市空间结构优化的重要内容。城市内与城市之间的人口有效流动分别表现为城镇化水平的提高和城市空间结构的优化。而城镇化发展作为一个经济中心集聚及扩散力量综合博弈的结果，在其演进过程中要求优化城镇空间结构和调整城镇规模布局。随着中部地区进入新型城镇化发展时期，推进"人"的城镇化尤为重要，原有无序蔓延的发展方式急需改变。因此，在分析中部地区城市人口规模结构基础之上探讨如何推进城市实现内涵式发展，提升城镇化发展质量，是中部地区构建空间新格局的重要议题之一。

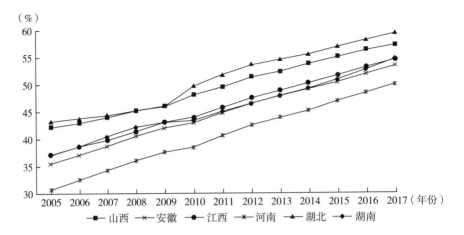

图 7-5 2005~2017 年中部地区各省份城镇化率情况

资料来源：历年《中国城市统计年鉴》。

二、中部地区新型城镇化面临的挑战

从中部地区新型城镇化发展的必要性和紧迫性出发，在分析中部地区城镇化水平的基础上，结合 Zipf 指数和城市首位度对中部地区各省城市空间结构进行分析与比较，可以看出，城市空间格局演变下中部地区发展存在以下三个方面的问题：

（一）中部地区各省城镇化发展速度相近，水平不一

中部地区各省份城镇化率基本按照每年 1% 的速度增长，并在 2009 年后进入了明显的加速期，2005~2017 年中部地区城镇化率增长 10% 左右。从城镇化水平来看，各省份城镇化发展差距较大，湖北省 2005~2017 年城镇化水平始终处于首位，而河南省则位于末位，城镇化率差距较大。

（二）中部地区各省城市人口规模分布特征和演变规律不尽相同

城市人口规模分布与该省份经济发达程度紧密相关。其中，经济发展程度较高的省份如湖北省，2017 年 Zipf 指数接近 1，具有以中小城市增长为主的城市规模分布动向及趋势，城市空间结构呈现"位序—规模型"；进入经济发展加速期的省份如河南、湖南和安徽其 Zipf 指数呈快速增长态势，中心城市的强化发展特征明显，城市人口规模呈现"首位型"；而进入发展桎梏期的江西省和山西省则分别面临着工业化不足和资源枯竭问题，2005~2017 年 Zipf 指数均变化不大，城市规模没有较大变动。

（三）单中心省份和多中心省份的发展态势不一

具有"一城独大"特征的单中心省份湖北省，十多年来 Zipf 指数和城市首位度均呈现下降趋势，中小城市人口增长快于核心大城市，呈发散增长态势，城市空间结构朝多中心化、扁平化方向发展。而多中心省份中，河南、湖南以及安徽的 Zipf 指数和首位度呈上升趋势，核心大城市的人口增长快于其他城市，呈收敛增长态势，城市空间结构朝单中心化方向发展。而山西和江西的 Zipf 指数与首位度则分别呈现稳定和下降趋势，中心城市与其他城市人口增长相近，没有表现出明显的单中心化或多中心化趋势。

（四）中部地区城乡居民收入差距不断缩小，但地区收入差距不断拉大

从城乡收入差距来看，湖北省的收入差距基本保持在末位，山西省的收入差距后来居上，昂居榜首。安徽省的收入差距缩小速度最快。从地区收入差距来看，湖南省城镇居民收入最高，与河南省相差 3000 元左右；湖北省农村居民收入最高且增长最快，与山西省相差近 2000 元。

综合比较可知，城市空间结构的多中心化有利于提高居民收入水平、降低地区城乡收入差距，而单中心化带来的地方经济极化发展则会加剧城乡居民收入差距。

第三节　长江中游城市群

一、空间结构

长江中游城市群是以武汉城市群、环长株潭城市群、环鄱阳湖城市群为主体形成的特大型城市群，辖区面积约为 31.7 万平方千米。① 根据 2015 年发改委公布的《长江中游城市群发展规划》，武汉城市群包括武汉、黄石、鄂州、孝感、黄冈、咸宁、仙桃、潜江、天门、襄阳、宜昌、荆门、荆州 13 个城市；环长株潭城市群包括长沙、株洲、湘潭、衡阳、岳阳、常德、益阳、娄底 8 个城市；环鄱阳湖城市群包括南昌、景德镇、萍乡、九江、新余、鹰潭、吉安、宜春、抚州、上饶 10 个城市。

2006 年，国务院出台《关于促进中部地区崛起的若干意见》，此后位于长江中游的省份开始迅速发展，湖北武汉城市圈、湖南长株潭城市群获批全国"两型社会"建设综合配套改革试验区；江西《鄱阳湖生态经济区规划》获国务院批复，"长江中游城市群"的雏形开始形成，并于 2010 年被列为"国家重点开发区域"。长江中游城市群是继长三角、京津冀、珠三角之后的第四大经济区

---

① 长江中游城市群发展规划的 16 条干货 [EB/OL].［2015-04-16］. 中国政府网, http：//www.gov.cn/xinwen/2015-04/16/content_2848027.htm.

域。2015年4月，国务院批复的《长江中游城市群发展规划》将长江中游城市群定位为中国经济发展新增长极、中西部新型城镇化先行区、内陆开放合作示范区和"两型"社会建设引领区。

在长江中游城市群中，武汉、长沙和南昌呈"品"字形分布，分别为三省的省会和中心城市，是三个都市圈的"首位城市""核心力量"（是为"三核"）；并以"三核"为中心形成武汉都市圈、长沙都市圈、南昌都市圈三大都市圈（是为"三圈"）；三大都市圈在各省的经济总量中所占比重均在60%以上，是带动周边地域经济发展的拉动力量、推动三省经济发展的发动机和促进"中部崛起"的增长极（是为"三极"）。

二、发展状况

（一）经济总量稳步增长，经济增速明显趋缓

从经济总量上看，2017年长江中游城市群实现地区生产总值共计7.86万亿元，是2005年地区生产总值的近6倍。三个城市群的总量均呈上升趋势，但城市群内部的差距也在不断扩大，武汉城市群发展最为迅速，环鄱阳湖城市群发展相对缓慢（见图7-6）。

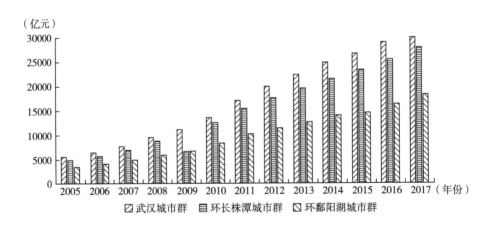

图7-6 长江中游城市群经济总量变化趋势

资料来源：历年《中国城市统计年鉴》。

从经济总量占全国的比重来看，长江中游城市群内的三个城市群均呈上升趋势，其中武汉城市群占全国比重从2005年的2.78%上升到2017年的3.81%，提高了1.03个百分点，增长速度较为缓慢（见表7-4、图7-7）。

表7-4　2005~2017年长江中游城市群地区生产总值占全国比重及其变化趋势

单位：%

年份	武汉城市群	环长株潭城市群	环鄱阳湖城市群
2005	2.78	2.45	1.75
2017	3.81	3.31	2.17
对比	1.03	0.86	0.42

资料来源：历年《中国城市统计年鉴》。

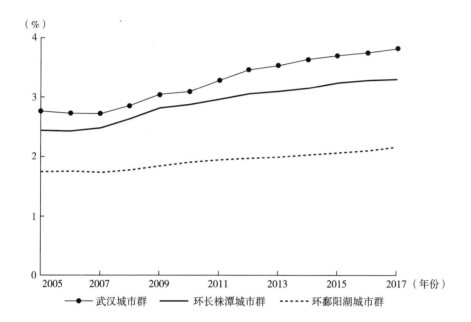

图7-7　长江中游城市群地区生产总值占全国比重及其变化趋势

资料来源：历年《中国城市统计年鉴》。

　　2005~2017年长江中游城市群GDP增速总体呈下降趋势，但武汉城市群、环长株潭城市群及环鄱阳湖城市群的GDP增速均高于全国平均水平。从图7-8中可以看出，2007~2008年长江中游城市群GDP增速迅速下降，并于2009年达到最低点，2009~2010年有较为缓慢的上升，于2010年以后继续下降，但下降幅度缓于2007~2008年。GDP增速下滑幅度最大的城市群为环长株潭城市群，2007年GDP增速为15.13%，远高于全国水平，但在2008年内陡然跌至13.22%，2009年之后的GDP增速与全国水平相当。武汉城市群的GDP增速大体与其他两大城市群相似，但其在2015年以后一直是增速最低的城市群。

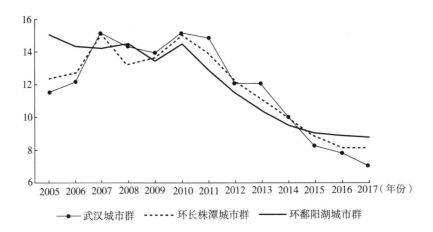

图7-8 2005~2017年长江中游城市群GDP增速变化趋势

资料来源：历年《中国城市统计年鉴》。

（二）人均GDP稳步增长，增速明显放缓

就人均GDP而言，长江中游城市群从2005年以来均呈上升趋势，除环鄱阳湖城市群之外的两个城市群人均GDP均与全国水平相当。2011年之后，武汉城市群及环长株潭城市群的人均GDP略高于全国水平。环鄱阳湖城市群的人均GDP与其他两个城市群逐渐拉大，但也从2005年的11065.7元增长至2017年的52237.1元（见图7-9）。

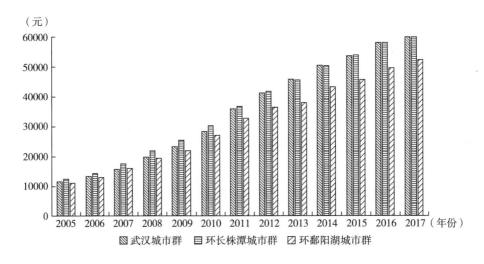

图7-9 长江中游城市群人均GDP变化趋势

资料来源：历年《中国城市统计年鉴》。

2006～2017 年长江中游城市群人均 GDP 的增速波动较大，2008 年之前增速最大的为环长株潭城市群，2010 年之后增速最大的为武汉城市群（见图 7-10）。总体而言，除 2009 年、2012 年处于大幅度下降趋势、2013 年和 2015 年增速处于小幅度下降趋势外，其余各年人均 GDP 增速保持一定程度的增长趋势。

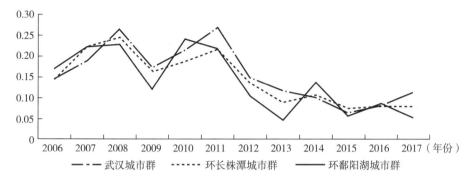

图 7-10　长江中游城市群人均 GDP 增速
资料来源：历年《中国城市统计年鉴》。

（三）固定资产投资总额增长迅速，增速放缓

2005～2016 年，长江中游城市群的固定资产投资呈稳步上升趋势，从 2005 年的不到 5953 亿元上升到 2016 年的超 60000 亿元，其中武汉城市群增长幅度最大，到 2016 年增加了近 10 倍，环长株潭城市群次之，环鄱阳湖城市群固定投资增长最为缓慢，但 2017 年与 2005 年相比依旧翻了 10 倍多（见图 7-11）。

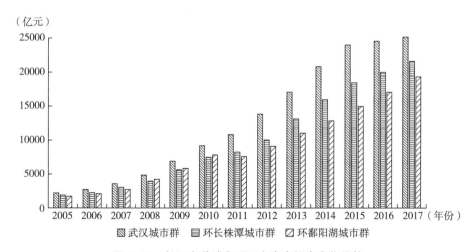

图 7-11　长江中游城市群固定资产投资变化趋势
资料来源：历年《中国城市统计年鉴》。

2005~2017 年，长江中游城市群的固定资产投资增速有较大波动，2006~2008 年增速激增，环鄱阳湖固定资产投资年均增速高达 33.6%。但在 2008 年之后，环鄱阳湖城市群的固定资产投资增速开始逐渐放缓，武汉城市群和环长株潭城市群的增速放缓则是从 2009 年开始的（见图 7-12）。

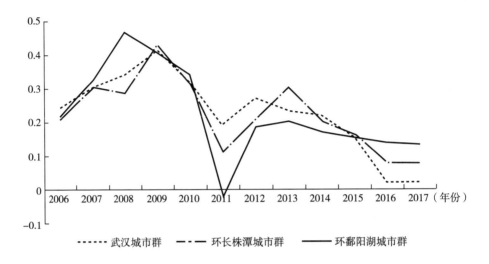

图 7-12　长江中游城市群固定资产投资增速
资料来源：历年《中国城市统计年鉴》。

（四）社会消费品零售总额持续上升，增速下降趋势明显

2005 年以来，长江中游城市群的社会零售总额大体呈直线上升趋势，三个城市群的社会消费品零售总额基本上都翻了四番。但从三个城市群内部来看，差距并没有缩小，城市群的发展依旧呈现不平衡的状况，武汉城市群的消费品零售总额一直为环鄱阳湖市群的 2 倍多（见图 7-13）。

从社会消费品零售总额的增速来看，武汉城市群的社会销售总额增速在 2006~2009 年出现大幅度波动，环长株潭城市群的社会销售总额增速在 2005~2006 年出现大幅度下降。此后各年，长江中游城市群社会销售总额增速基本恒定在 0.2 的水平（见图 7-14）。

（五）一产占比逐渐减小，二、三产业比值缩小

三大产业发展一直是中国十分重视的一个方面，2005 年至今，全国范围内三大产业的产值都有了较大增长，各产业所占比重也在变化。在这一部分，将对长江中游城市群进行对比分析。从三大产业的总值来看，长江中游城市群的三个城市群均有增长，但第一产业的比重呈逐步下降趋势（见图 7-15）。

从第二产业比重来看，环鄱阳湖城市群的比重最高，环长株潭城市群和武汉城市群的位次在 2014 年发生变化，2014 年以后武汉城市群第二产业比重占据了长江中游城市群的第二位。从变化情况来看，环鄱阳湖城市群第二产业比重在 2005~2011 年处于增长趋势，在 2011 年以后不断下降；武汉城市群和环长株潭城市群第二产业比重的下降从 2013 年开始，但在 2017 年武汉城市群第二产业比重有较大幅度增长（见图 7-16）。

（亿元）

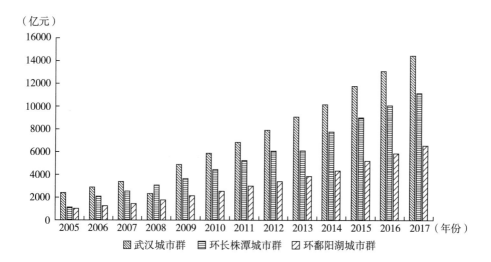

图 7-13　长江中游城市群社会销售总额

资料来源：历年《中国城市统计年鉴》。

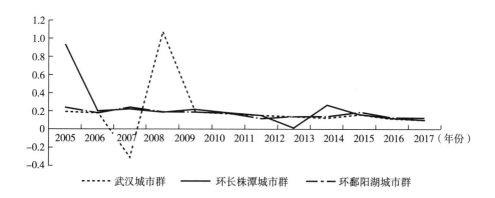

图 7-14　长江中游城市群社会销售总额增速

资料来源：历年《中国城市统计年鉴》。

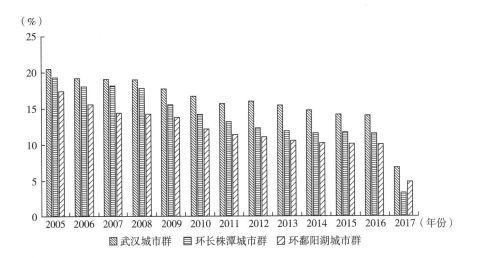

图7-15 长江中游城市群第一产业比重
资料来源：历年《中国城市统计年鉴》。

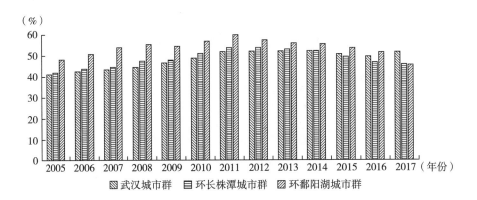

图7-16 长江中游城市群第二产业比重
资料来源：历年《中国城市统计年鉴》。

从第三产业比重来看，各城市群的位次均发生变化。2008年前，武汉城市群第三产业比重居首位，此后环长株潭城市群一直居于首位。同时在2013年，环鄱阳湖城市群第三产业比重超过了武汉城市群。从变化情况来看，各个城市群第三产业比重经历了先下降后上升的总体趋势（见图7-17）。

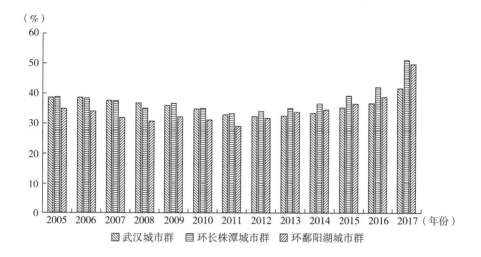

图7-17 长江中游城市群第三产业比重

资料来源：历年《中国城市统计年鉴》。

三、战略定位

（一）经济新增长极

党的十九大报告提出，创新是引领发展的第一动力，是建设现代化经济体系的战略支撑。报告中 10 余次提到科技、50 余次强调创新。科技创新，正是长江中游城市群打造中国新经济增长极的重要关键词。从《武汉共识》到《长沙宣言》，再从《合肥纲要》到《南昌行动》，到朋友圈扩展为八大城市，长江中游城市群下好区域协调发展"一盘棋"，点燃科技创新引擎，不断将共享互通向纵深推进，紧密切合高质量发展时代要求。

未来长江中游城市群亟须构建协同创新机制，推动资源柔性流动。在长江中游城市群中，环鄱阳湖城市群所处的江西省创新效率相对较低，其原因是江西省创新资源缺乏，科技创新潜力不足；而咸宁作为"武汉 1+8 城市圈"的一员，却未能利用武汉地区的政策、资源优势，导致其创新效率难以提升。因此，长江中游城市群创新效率的提升不仅要依靠各城市政策、人员、资金支持，更需要城市间科技合作，大力推进协同创新，以提升低效区城市创新效率。长江中游城市群要按照优势互补、资源共享的原则，推动科技人才共同培养与共同利用，合理配置资源，提高各城市协同创新的意识与能力。湘鄂赣三省可联合组建协同创新平台，合作培养创新团队，共同实施创新项目，打造创新成果转化基地。

（二）"两型"社会建设引领区

国家高度重视长江中游城市群生态保护、绿色发展问题，长江中游城市群绿色发展关系着整个长江经济带的绿色发展进程，对全面落实创新、协调、绿色、开放、共享新发展理念和紧扣"共抓大保护，不搞大开发"总基调有着重要意义。长江中游城市群建设发展并非一个相对独立的国家战略，它服务于长江经济带建设和中部地区崛起，成为实现更高层级国家战略的重要载体和支撑带。以国家全面推进长江经济带战略、进一步深化推动中部崛起战略和深入推进新型城镇化建设为契机，长江中游城市群得以上升为国家战略，进入快速发展的新时期。绿色发展是"五大发展理念"的重要内容，也是新时期长江经济带、中部地区和新型城镇化建设的重要目标，所以大力推进生态文明建设，引领全国"两型"社会建设，实现全面绿色协调可持续发展，成为新时期长江中游城市群深入落实国家重大战略的题中应有之义。

未来，必须从绿色城市、绿色开发区、绿色产业、污染联控、绿色生态政治等方面着手，全面提升长江中游城市群绿色发展绩效。必须加快建立突发环境事件预警、监测和应对机制，加快建立长江中游城市群环境生态保护治理基金，加强区域间环境污染的联防联控。加快建立长江中游城市群生态发展评价指标体系，完善落实环境损害责任追究制度，积极践行绿色生态政策。

第四节 中原城市群

一、空间结构

中原城市群位于我国中东部，是长三角、珠三角、京津冀之间，城市群规模最大、一体化程度最高、人口最密集的城市群，是中部地区承接发达国家及我国东部地区产业转移、西部地区资源输出的枢纽和核心区域，是促进中部崛起、辐射带动中西部地区发展的核心增长极。中原城市群以河南省郑州市、开封市、洛阳市、平顶山市、新乡市、焦作市、许昌市、漯河市、济源市、鹤壁市、商丘市、周口市和山西省晋城市、安徽省亳州市为核心发展区（见表7-5）。联动辐射河南省安阳市、濮阳市、三门峡市、南阳市、信阳市、驻马店市，河北省邯郸市、邢台市，山西省长治市、运城市，安徽省宿州市、阜阳市、淮北市、蚌埠市，山东省聊城市、菏泽市等中原经济区其他城市。2017年，中原城市群生产总值67778.12亿元，总人口16353.17万。2016年12月28日，国务院正式批复《中原城市群发展规划》。提出将中原城市群建设成为中国经济发展新增长极、重要的先进制造业和现代服务业基地、中西部地区创新创业先行区、内陆地区双向开放新高地和绿色生态发展示范区，并提出建设现代化郑州大都市区，推进郑州大都市区国际化发展。

表7-5　中原城市群功能分区

城市层次	城市名单
郑州大都市区	郑州市、开封市、新乡市、焦作市、许昌市
核心发展区	郑州市、开封市、洛阳市、平顶山市、新乡市、焦作市、许昌市、漯河市、济源市、鹤壁市、商丘市、周口市、晋城市、亳州市
北部跨区域协同发展示范区	安阳市、濮阳市、长治市、聊城市、邢台市、邯郸市
东部承接产业转移示范区	菏泽市、宿州市、阜阳市、淮北市、蚌埠市
西部转型创新发展示范区	三门峡市、运城市
南部高效生态经济示范区	南阳市、信阳市、驻马店市

资料来源：《中原城市群发展规划》。

按照《中原城市群发展规划》要求，中原城市群应坚持核心带动、轴带发展、节点提升、对接周边，推动大中小城市和小城镇合理分工、功能互补、协同发展，促进城乡统筹发展，构建布局合理、集约高效的城市群一体化发展格局，构建"一核四轴四区"网络化空间格局。

二、发展条件

整体实力更强。中原城市群产业体系健全，装备制造、智能终端、有色金属、食品等产业集群优势明显，物流和旅游产业具有一定国际影响力。科技创新能力不断提高，国家和省级创新平台数量众多，人才资源丰富，劳动力素质不断提高。合芜蚌、郑洛新自主创新示范区建设全面开展，郑州航空港经济综合实验区建设不断取得突破。

交通位置优越。中原城市群位于沿海开放地区和中西部地区的结合处，是中国经济由东向西逐步发展的中间地带。交通条件便利，高速公路通车里程居全国前列，郑州等城市的机场可与国内外主要机场枢纽建立快速联系，"米"字形高铁网络和现代综合交通平台模式加快形成，立体综合交通网络不断完善。

城市和乡村体系完整。中原地区的城市群拥有特大城市郑州，以及大量具有各自特点的大、中、小城市。常住人口城镇化率接近50%，大中小城市和小城镇协调发展的格局初步形成，正处于工业化和城镇化加速发展阶段。

自然禀赋优越。中原城市群位于南北气候过渡带和二、三阶梯过渡带，自然景观丰富，动植物资源丰富，气候兼具南北优势，人居环境优良。地形以平原为主，工业发展和城市建设受自然条件的制约较小。

文化底蕴深厚。中原城市群人缘相亲、文化相融，人员交流和经济往来密切，是中华民族和华夏文明的重要发祥地，国家历史文化名城和国家级风景名胜区数量众多，地上地下文物及馆藏文物均位居全国前列。

三、战略定位

按照《中原城市群发展规划》要求，中原城市群应着眼国家现代化建设全局，发挥区域比较优势，强化创新驱动、开放带动和人才支撑，提升综合交通枢纽、产业创新中心地位，打造资源配置效率高、经济活力强、具有较强竞争力和影响力的国家级城市群。

经济发展新增长极。深化供给侧结构性改革，加强对都市圈和中心城市的领导，搭建高端发展平台，提升城市群整体实力，打造体制机制更加完善、外延力强的开发区，成为与长江中游城市群南北呼应的中部增长区，共同带动中部地区发展，支撑国民经济发展新空间。

重要的先进制造业和现代服务业基地。坚持高端化、集聚化、集成化、智能化的战略导向，发展壮大先进制造业和战略性新兴产业，加快发展现代服务业，促进一二三产业融合发展，培育一批位居全国行业前列的先进制造业企业和产业集群，建设具有全球影响力的物流中心、国际旅游目的地和全国重要的贸易中心。

中西部地区创新创业先行区。发挥国家自主创新示范区的引领作用，完善区域创新平台，健全区域创新创业生态体系，深度融入全球创新网络。推动各类创新资源的全面整合，大力推进大众创业、万众创新，激发各类创新主体和创业人才的动力和活力，努力走在中国创新创业的前列。

内陆地区双向开放新高地。完善连接国内主要城市群的综合交通走廊，建设贯穿东中西、联结南北方的开放型经济走廊，加强与周边地区和国内其他地区的合作与互动。强化郑州航空港等主要交通枢纽对外开放的门户功能，打造对外开放的平台，创造与国内、国际市场接轨的制度环境，加快形成全方位、多层次、宽领域的双向开放格局。

绿色生态发展示范区。牢固树立和践行生态文明理念，加强生态环境保护，继承和弘扬中原优秀传统文化，推动历史文化、自然景观与现代城镇发展相融合，打造历史文化与时尚创意、地域风情与人文魅力相得益彰的美丽城市，建设生态环境优良的宜居城市群。

第五节　江淮城市群

一、空间结构

2010 年《中国发展报告》提出，中国要走以城市群为主体形态的城市化道路，重点发展 8 大城市群，其中明确提出建设"江淮城市群"。2011 年我国首个全国性国土空间开发规划《全国主体功能区规划》出台，明确提出江淮地区是重点发展区域。至此，"江淮城市群"正式获得官方认可。江淮城市群是东部地区向中西部辐射的"腹地城市群"，也是中西部地区和东部地区相连的"门户城市群"。它的建立具有重要的现实意义：对内产生集聚效应，形成规模经济和范围经济，引领安徽省经济发展、加速中部崛起；对外作为泛长三角的制造业基地，为东部发展提供人力、物力支持，为西部开发提供"桥梁"和"纽带"，是东西部过渡地带的重要城市群。

江淮城市群是一个以合肥为中心的"1+10"城市群，面积约 6.5 万平方千米，包括合肥、芜湖、巢湖、蚌埠、淮南、马鞍山、铜陵、安庆、滁州、六安、池州 11 个城市。江淮城市群 11 座城市之间交通便利，联系渐趋密切，已形成较为紧凑而又合理的蛛网状空间结构。江淮城市群以合肥为核心，以沿江、沿淮城市为两翼，辐射范围可以达到安徽北部和安徽南部，形成了一个真正意义上的省级经济圈。江淮城市群具有三大主体功能，一是安徽省的科教集中区，二是泛长三角的制造业基地，三是我国东中部过渡地带的大城市群。江淮城市群是长三角向西辐射的"腹地城市群"，也是中部地区和东部地区相连的门户，是中部地区东向发展的"门户城市群"。

江淮城市群形成了以合肥为中心的辐射发展模式，2005 年以来江淮城市群各市的地区生产总值保持大幅度上涨，其中合肥市经济发展增速最快，2017 年合肥市地区生产总值是 2005 年的 8 倍多，其他城市的经济增长速度基本稳定在10% 左右。同时由于周边城市增长速度和经济基础与合肥相比均较差，江淮城市群逐渐形成了向合肥不断集中的趋势（见图 7-18）。

二、发展条件

江淮城市群由 11 座城市构建，形成了一个"1+10"的城市群："1"是指省会城市合肥，"10"是指 10 个省辖市，即淮南市、蚌埠市、六安市、滁州市、马鞍山市、芜湖市、铜陵市、池州市、安庆市、宣城市。

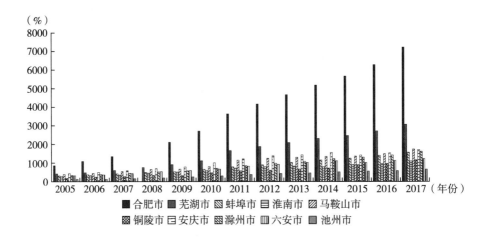

图 7-18　江淮城市群各市地区生产总值

　　江淮城市群的发展还处于初步阶段，区域经济一体化刚开始发展。在区域范围内形成了以合肥为核心，芜湖、马鞍山、安庆为次级中心，蚌埠、铜陵、淮南、六安、巢湖、滁州、池州为基础性城市的安徽省域最大城市群。随着城市的不断发展，安徽省城市与城市之间交通越来越便捷，经济联系越来越密切，合肥市与淮南市、马鞍山市与芜湖市、铜陵市与池州市都出现了不同程度的"同城效应"，江淮城市群的空间结构正趋向紧密。江淮城市群是在统筹协调好省会经济圈、皖江城市带、沿淮城市群发展的基础上逐步构筑的。省会经济圈是安徽省最具活力的经济带，区域内已经初步形成区域经济一体化，六安、巢湖、淮南等市在产业发展上已经开始和合肥市的产业形成互补。省会合肥这几年变化惊人，城市经济发展的增速和基础设施建设的大规模展开，使得合肥在安徽省的经济格局中逐渐成为中心。皖江城市带则位于长三角向中西部产业转移的最佳区域，2009 年 1 月国务院同意关于设立皖江城市带承接产业转移示范区有关问题的请示。产业承接示范区的设立使得皖江城市带的主要城市通过大规模承接长三角产业转移，积极参与长三角的区域发展分工，极大地加速了安徽的工业化进程，为安徽构建现代产业体系，转变经济增长方式，实现跨越式发展提供了新的动力。届时，皖江城市带将成为安徽省乃至全国的先进制造业和现代服务业基地。淮南和蚌埠市将成为江淮城市群的能源基地和交通枢纽，淮南可以其丰富的能源为江淮城市群提供发展所需的能源，而蚌埠将继续发挥其交通枢纽的作用，为江淮城市群提供强大的物流保障，同时两市也在积极调整产业结构，积极与中心城市形成产业互补。江淮城市群集中了安徽各种优势资源，是未来安徽发展的核心区域，也是中部地区重要的经济区域。

三、战略定位

江淮城市群是安徽的黄金板块，也是全国的战略支点，其发展应坚持科学统筹、优化布局，资源共享、集群效应，区域协调、耦合共生，服务均等、以人为本的原则。江淮城市群的发展定位是：

（一）江淮城市群应该是中部地区和东部地区相连的门户，是中部地区东向发展的"门户城市群"

江淮城市群是沿海和内陆地区交汇的重要平台，是长江中游城市群（横轴）的一部分，也是长江三角洲城市群向西的延伸，在中国东部、中部和西部的合作与对接中发挥着重要作用。因此，江淮城市群的定位为"先进制造业和商业服务业的腹地城市群，承载东部，激励西部"。未来，江淮城市群将成为在中国具有较强影响力的先进制造业和商业服务基地，制造业以电子信息、生物技术、新能源、新材料、工程机械、船舶制造、输变电设备、节能环保设备、矿山设备和汽车产业等为特色。服务业要大力发展技术贸易、信息咨询、金融、会展等生产性服务业和商贸、旅游、文化、中介等现代服务业。大力发展技术贸易、信息咨询、金融、会展等生产性服务业和贸易、旅游、文化、中介等现代服务业。同时，江淮城市群是武汉城市群和中原城市群的姊妹群，这两个城市群都属于中部经济区，需要互补合作。鉴于江淮城市群在我国经济发展中的重要作用和现有的创新发展基础，"合芜蚌"综合创新改革试验区和国家技术创新工程试点省先后获批建设。因此，江淮城市群被定位为"连接南北的综合科教研中心""自主创新发展的开发合作门户群"。

（二）江淮城市群应该是长三角向西辐射的"腹地城市群"

城市群之间的合作将是未来区域合作的基本形式。2010年1月12日，国务院批准皖江城市带为国家工业企业基地，承接东部产业转移，为两个城市群的分工合作提供了机会，极大地促进了江淮城市群的发展。《国务院关于依托黄金水道推动长江经济带发展的指导意见》明确指出，安徽将重点参与长江三角洲的一体化发展，合肥将成为长江三角洲城市群的次中心之一。江淮城市群融入长三角城市群，首先要做的是与上海、南京、杭州等地建立战略合作。超越一般的产业转移企业，从过去作为长三角产业转移企业的场所，到长三角研发和创新成果的产业化基地。充分发挥合肥等地科教资源密集、人力资本和土地资源丰富、交通便利等有利条件，走创新驱动的协作之路，走高端跨越式发展之路，注重协同创新。

第六节　山西中部城市群

太原城市群是国家重点建设的 14 个城市群之一，是以山西省省会太原市为中心，以太原盆地城镇密集区为主体构成的城市群，该区域位于山西省中东部，是山西省经济最发达的地区。

一、空间结构

《加快太原城市群和经济圈发展研究》将太原、晋中、吕梁、阳泉、忻州的 24 个市县纳入太原城市群和经济圈中。这 24 个市县包括：太原市 10 个县（市、区）；晋中市榆次区、太谷县、祁县、平遥县、介休市；吕梁市交城县、文水县、汾阳市、孝义市、岚县；忻州市静乐县。

核心：发展以现代服务为重点的服务部门。

内环：将发展成为中心城区的工业生产区、城市农业区和城市功能拓展区。

外圈：作为煤炭和焦炭工业的疏散区，承担着经济圈"国家能源基地"的生产和运输功能。

太原城市群本身就是打破行政区划，实现区域间联合，但这种打破并不是完全意义上的打破，相反，太原作为省会，仍然是依托原有行政区划形成的城市体系，构建自己的防水层和支柱。"太原经济圈"战略是以太原为中心，以产业园区和基地提升城市整体经济实力，强化经济辐射带功能，打造南至榆次、平遥、介休、祁县，西至汾阳、文水、孝义、交城，东至阳泉、盂县，北至忻州、原平、定襄。这座城市将形成一个充满活力的经济圈，提升山西省城市的整体竞争力，带动全省经济发展，使该地区具有承载东部、激励西部的独特优势。

（一）区位条件

太原市位于山西省境中央，太原盆地的北端，于华北地区黄河流域中部，西、北、东三面环山，中、南部为河谷平原，全市整个地形北高南低呈簸箕形。地处南北同蒲和石太铁路线的交汇处。平均海拔约 800 米，地理坐标为东经 111°30′~113°09′，北纬 37°27′~38°25′。区域轮廓呈蝙蝠形，东西横距约 144 千米，南北纵约 107 千米。

（二）功能定位

山西中部城市群的功能定位是：资源型经济转型示范区，全国重要的能源、原材料、煤化工、装备制造业和文化旅游业基地。

（三）文化底蕴

山西中部城市群是一个传统文化和现代文明交汇的地方。太原，古称晋阳，是中国省会城市中建于春秋时期的古城之一。晋阳古城是在公元前497年之前由晋国正卿赵简子的臣子董安于所建。在两千多年的历史进程中，太原逐渐形成了独特的地域文化，特殊的地理位置决定了晋阳文化独特的文化特征，它是北方和中原两大区域的混合体，也决定了太原在历史和现代经济社会发展中的特殊作用。同时，太原经济圈的特殊位置使其成为连接东部和中西部的纽带。

二、发展条件

山西中部城市群是一个承接产业逐步转移的地方。发挥承接东部、促进西部的作用，承接东部产业转移，促进中西部地区经济发展。太原城市群以其雄厚的产业基础、技术基础和人才基础，必将成为东部产业转移企业的聚集地。作为一个古老的国家工业基地，太原市在第一个五年计划期间投资了156个重点项目，其中11个项目位于太原市。在这些项目的基础上，太原经济圈的制造业得到快速发展，制造业的竞争力在黄河地区、中部地区的重点城市，并拥有太原重型机械集团公司等一批大型制造企业。其中包括目前中国最大的大型起重机制造基地、最大的大型挖掘设备制造基地和最大的煤矿机械制造基地，太原钢铁集团公司，已成为世界最大的钢铁制造公司和世界上最大的不锈钢公司。山西杏花村汾酒集团是中国最大的名白酒生产基地。同时，太原城市群的技术实力比较雄厚，特别是在煤炭和能源领域，研发实力最大，有13个能源领域的科技研发机构、2个国家实验室、2个省级实验室，能源相关领域的专业技术人员超过1万人。此外，太原市培养了一支具有丰富经验的产业工人队伍，以及一支熟悉冶金、化工、机械、煤炭开采和加工的工程技术人员队伍，可以为东部地区的制造业发展提供支持。此外，镁工业及其相关产业也是太原都市圈未来发展的一个重要方向，在2008年4月举行的中国（太原）镁合金产业高端论坛上，太原市已经提出打造"世界镁都"的战略目标，酝酿已久的《太原市镁产业发展规划（2008—2020年）》也已通过专家论证。

山西中部城市群是能源、原材料的供给地。太原城市群是全国重要的能源和原材料基地。省内煤炭总储量8710.2亿吨，占全国煤炭资源总储量的8.57%；保有储量2586亿吨，占全国保有储量的25.4%；煤炭生产量连续20多年占全国煤炭产量的25%左右，近两年进一步提高到30%，年出口量占到全国省际间煤炭净调出量的75%。同时，太原经济圈还是全国重要的新型材料生产基地，据初步估算，太原钢铁集团公司不锈钢产量可超过200万吨，太原富士康科技园区正在建设世界级镁铝合金制造中心。

山西中部城市群是中国北方重要的物流枢纽。太原城市群位于山西中部，是中国北方的主要交通枢纽之一。太原火车站是同蒲、石太、晋源等六条铁路干线的枢纽，也是华北地区最大的煤炭集运站。太原南站是山西最大的综合交通中心。它是集高速铁路、普通铁路和公交车、出租车、轨道交通等市政交通设施为一体的立体化区域交通中心，总投资近 100 亿元，主要运营同蒲线、北同蒲线、太焦线、石太线、石太客运线、太中银线，以及太原西南环线和大西客运专线。客运列车在各车站发车、到站和停车。大公路穿城而过，太茂、石太等 8 条主要公路辐射到省内外。公路网的形成为太原与全国各地的对外交通提供了便利。穿越该地区的公路有太旧高速、太长高速、大运高速、夏汾高速、太佳高速、汾邢高速等。随着物流业的快速发展，太原经济圈已成为中国北方物流、信息流和资金流的重要集散地。随着太原煤炭市场的建立和运营，以及晋商银行的成立，太原经济圈汇聚人流、物流、信息流和资金流的能力将大幅增强。2016 年，山西省实现交通建设投资 228.7 亿元，占年度计划的 101.6%。在建公路里程达到 496.5 千米，阳城至蟒河高速公路、文苑高速公路和古城连接线 2 个项目已开工建设，原平至神池、高平至沁水高速公路 2 个项目已基本完工。禹州至平陆、神池至草岚等 7 个公路项目建设进展顺利，禹县五台山、黎城左权、河津蓟县等地 3237 千米的公路已建成通车。全省公路里程达到 5265 千米；国省干线普通公路建设以推进薄弱路段治理和路网改造为重点，完成改造 477.5 千米，二级公路比例达到 86.3%；农村公路建设以创建"四好"农村路为重点，完成通村公路。提高 4419 千米等项目的质量，"由于无法通行的回归"问题正在得到治理。全省新增高速公路 1106 千米，达到 14.21 万千米，高速公路密度达到每百平方千米 90.89 千米，为山西中部城市群的发展提供了坚实保障。

特殊的区位优势、丰富的资源优势、突出的承接能力和深厚的文化底蕴，决定了太原经济圈在黄河中游经济区发展中特殊的地位和重要作用。太原经济圈必须紧紧围绕结构调整，发挥自身优势，使各方面潜力变为现实的影响力。

三、战略定位

作为太原经济圈的中心城市，太原最根本的功能是保证能源和社会经济发展要素在辐射区高效、有序、合理地集聚和扩散，使太原的社会经济活动产生外部经济效应和集聚经济效应。也就是说，太原市要利用行政资源的固有优势，整合圈内的经济优势，实施经济圈战略，自觉融入经济圈，同时完善圈内的资源配置功能。围绕产业集聚规划、经济结构转型、城市功能定位，实施集聚和园区化，对圈内经济发展进行渗透和引领，从而使其真正发挥对经济的支柱性影响力和带动作用。这也意味着，太原本身必须是开放的、以服务为导向的和创新的。要从强化太原市的基本功能入手，使其在基础设施、产业发展、功能管理、土地利用和生态保护等方面实现圈层一体化。同时，形成城市群，完善有利于集聚和分散功能的外部环境和传导机制，加强黄河中游经济区的联系和协调，优化直接体现集聚和分散功能的产业配套，有效促进太原市经济社会发展，从而带动整个经济圈的发展。

通过城市集聚，太原可以享有更广阔的经济腹地，与经济圈内各市县形成统一的一体化区域市场，大大促进黄河中部经济区的快速发展。

充分发挥太原市中心城区的多中心作用，拓展多中心功能，把太原市打造成现代化、开放式、多功能、高影响力、高效率的区域性中心城市。

作为省会，太原不仅是全省的政治中心，也是全省的经济、文化、科教、金融和信息中心。作为中西部地区的中心城市，太原也是一个物流中心、运输中心和新能源的材料供应基地。因此，太原市的城市总体规划还需要重新调整结构和形态，将单中心城市结构变为多中心城市结构，从而使城市的结构、形态、功能、分区和布局更加合理，有利于更好地利用城市空间，丰富城市面貌的层次，拓展城市功能。

当然，这种功能的集聚不同于以往对太原辖区狭窄空间区域的集中考虑，而是以经济圈为空间平台，实施经济圈一体化战略。根据太原市多中心的定位，不符合城市定位的产业将向外转移，产业转移将从梯度转移演变为以改变城市功能为主的产业转移。太原市将主要发展以电子信息、新材料和机械创新为基础的先进制造业、现代金融、信息服务、科技教育、文化会展、旅游、贸易等产业。太原市必须继续创新，通过发明新产品和创造新产业，积极地、逐步地将一些传统产业从能源产业中转移出来。

因此，在产业转移的同时，应加大培育新支柱产业的力度，使经济转移在产业升级过程中实现平稳过渡。转移到圈内各市县的产业，将通过优化升级促进该地区的工业化和城市化进程，在经济圈内形成经济和生态共赢局面，充分释放太原中心城市的功能。

要充分发挥现代互联网作用，建立太原城市网络，放大城市功能，使太原经济圈成为层次分明、功能完善、协调发展的较为发达的经济带。

城市网络由各种不同性质和规模的大、中、小城市组成。它们之间有地理和经济技术方面的联系。太原经济发展的空间结构是太原与周边市县的联系，形成以太原为核心的经济圈。因此，在太原城市网络的基础上，基本原则是通过完善圈内不同层次和类型的中小城市功能，加快经济圈的发展。

太原市的功能不仅体现在政治、经济、社会、文化等方面的地位和作用，还体现在经济圈成员的有机结合。它们共同构成了各具优势、互为补充的城市体系，形成了各具特色的城市体系和多层次、环环相扣的经济圈网络体系。

参考文献

［1］G K. Zipf. Human behavior and the principle of least effort［M］. Cambridge：Addison-Wesley，1949.

［2］Jefferson M. The law of the primate city［J］. Geographical Review，1939（29）：226-232.

［3］程开明，庄燕杰. 中国中部地区城市体系规模分布及演进机制探析［J］. 地理科学，2013，33（12）：1421-1427.

［4］胡森林，滕堂伟. 江淮城市群产业结构特征及其优化路径研究［J］. 华东经济管理，2016，30（6）：25-31，143.

［5］李梦琦，胡树华，王利军. 基于 DEA 模型的长江中游城市群创新效率研究［J］. 软科学，2016，30（4）：17-21，45.

［6］梁琦，陈强远，王如玉. 户籍改革、劳动力流动与城市层级体系优化［J］. 中国社会科学，2013（12）：36-59.

［7］孟国丽，韩芸. 太原市工业经济实力与发展变化分析研究——以中部省会城市工业比较优势分析为视角［J］. 中共山西省直机关党校学报，2009，4（1）：19-20.

［8］任保平，杜宇翔. 黄河中游地区生态保护和高质量发展战略研究［J］. 人民黄河，2021，43（2）：1-5.

［9］芮祖平. 城市流视角下江淮城市群发展中的问题与对策研究［D］. 安徽大学，2010.

［10］山西省交通运输厅. 山西省交通运输厅 2016 年工作总结［R］. 2017-08-03.

［11］山西省人民政府. 国家重点建设 14 个城市群太原占一席［R］. 2014-05-28.

［12］陕西省地质矿产局第二水文地质队. 黄河中游区域工程地质［M］. 地质出版社，1986.

［13］孙铁山. 中国三大城市群集聚空间结构演化与地区经济增长［J］. 经济地理，2016，36（5）：63-70.

［14］王茂林. 发挥优势，承东启西　依托城市，发展农村——对山西经济发展战略的探讨［J］. 经济问题，1985，4（3）：2-7.

［15］吴传清，黄磊. 演进轨迹、绩效评估与长江中游城市群的绿色发展［J］. 改革，2017（3）：65-77.

［16］徐兴兵. 黄河中游地区物流能力及效率对比分析［J］. 物流技术，2015，34（15）：177-179，182.

［17］杨晶晶.“大太原经济圈”发展战略研究［D］. 山西财经大学，2008.

［18］尹威，周璇. 人口资源对外商直接投资流入的影响——基于中国城市面板数据的研究［C］//中国人口学家前沿论坛. 中国人口学会［D］. 北京大学，2009.

［19］袁维海，吴波，陶方林. 着力构建江淮城市群的对策建议［J］. 江淮论坛，2013（6）：50-54.

［20］袁晓玲.区域协调背景下呼和浩特城市空间布局研究［D］.内蒙古工业大学，2015.

［21］赵小飞.加快改革发展，增强综合实力——浅论南京在长江经济带中的地位与作用［J］.江苏经济探讨，1994，4（10）：18.

［22］郑伯红，钟延芬.基于复杂网络的长江中游城市群人口迁徙网络空间结构［J］.经济地理，2020，40（5）：118-128.

［23］周正荣.江淮城市群空间经济结构特征及优化研究［D］.安徽工业大学，2012.

第八章　中部欠发达地区发展

中部欠发达地区主要包括秦巴山片区、武陵山片区、燕山—太行山片区、吕梁山片区、大别山片区、罗霄山片区。

第一节　秦巴山片区

秦巴山片区跨河南、湖北、重庆、四川、陕西、甘肃六省市，包括 80 个县（市、区），国土总面积为 22.5 万平方千米，集革命老区、大型水库库区和自然灾害易发多发区于一体。

一、地区范围

秦巴山片区中的河南省、湖北省位于中部地区，具体包括河南省洛阳市嵩县、汝阳县、洛宁县、栾川县，平顶山市鲁山县，三门峡市卢氏县，南阳市南召县、内乡县、镇平县、淅川县、西峡县；湖北省十堰市丹江口市、郧县、郧西县、房县、竹山县、竹溪县、张湾区、茅箭区，襄阳市保康县（见表8-1）。

表 8-1　秦巴山片区行政区域范围

省（直辖市）	市	县（市、区）
河南省	洛阳市	嵩县、汝阳县、洛宁县、栾川县
	平顶山市	鲁山县
	三门峡市	卢氏县
	南阳市	南召县、内乡县、镇平县、淅川县、西峡县
湖北省	十堰市	丹江口市、郧县、郧西县、房县、竹山县、竹溪县、张湾区、茅箭区
	襄阳市	保康县
重庆市		城口县、云阳县、奉节县、巫山县、巫溪县

续表

省（直辖市）	市	县（市、区）
四川省	绵阳市	北川羌族自治县、平武县
	广元市	朝天区、元坝区、剑阁县、旺苍县、青川县、苍溪县、利州区
	南充市	仪陇县
	达州市	宣汉县、万源市
	巴中市	巴州区、通江县、平昌县、南江县
陕西省	西安市	周至县
	宝鸡市	太白县
	汉中市	南郑县、城固县、洋县、西乡县、勉县、宁强县、略阳县、镇巴县、留坝县、佛坪县、汉台区
	安康市	汉滨区、汉阴县、石泉县、宁陕县、紫阳县、岚皋县、平利县、镇坪县、旬阳县、白河县
	商洛市	商州区、洛南县、丹凤县、商南县、山阳县、镇安县、柞水县
甘肃省	陇南市	武都区、文县、康县、宏昌县、礼县、西和县、成县、徽县、两当县

资料来源：《秦巴山片区区域发展与扶贫攻坚规划（2011—2020 年）》。

二、重点发展城镇

秦巴山片区依托铁路、高速公路等综合运输通道，加快中心城市、重点城市建设，提升辐射带动功能，同时按照统筹城乡发展要求，完善农村基础设施，加快小城镇与村庄建设，夯实农业生产基础，改善人居环境。

（1）重点建设中心城市。重点建设十堰、汉中、巴中三大中心城市，拓展城市空间，优化城市形态，完善提升城市功能，促进人口与产业集聚，壮大特色优势产业，发挥辐射带动作用（见表 8-2）。

表 8-2　秦巴山片区中心城市建设

中心城市	建设任务
十堰市	重点发展汽车制造业、旅游业、特色农产品加工业、现代服务业等产业，建成全国重要的汽车制造业基地、区域性交通枢纽、国际知名旅游目的地、生态文明示范市和科技创新中心
汉中市	重点发展航空和大型数控机床等装备制造业、生物产业、现代物流业等产业，建成重要的装备制造业基地、商贸物流中心和山水宜居旅游城市

中心城市	建设任务
巴中市	重点发展天然气精细化工业、旅游业、食品加工业等产业，建成重要能源开发服务基地、区域性交通枢纽和商贸物流中心

资料来源：《秦巴山片区区域发展与扶贫攻坚规划（2011—2020 年）》。

（2）加快建设重点城市和城镇。加快建设广元、安康、商洛、陇南等重点城市（见表 8-3），拓展发展空间，完善服务功能。按照集约开发、集中建设的原则，重点规划和建设资源环境承载能力相对较强的县城和中心镇。引导生态脆弱、生产生活条件较差地区的人口向城镇集聚。

表 8-3　秦巴山片区重点城市建设

城市	建设任务
广元市	重点发展天然气化工、机械电子、食品加工业、特色农业、现代物流业等产业，建成区域性交通枢纽、商贸物流中心和生态旅游城市
安康市	重点发展现代物流、特色农产品加工、新型建材等产业，建成区域性交通枢纽和富硒农产品基地
商洛市	重点发展新材料产业、汽车配件制造、生物制药等产业，建成秦巴中药材生产基地和生态宜居城市
陇南市	重点发展有色冶金业、生物制药产业、食品加工业等产业，建成区域性交通枢纽和商贸物流中心

资料来源：《秦巴山片区区域发展与扶贫攻坚规划（2011—2020 年）》。

（3）推动小城镇建设。完善小城镇道路、供水、污水处理、教育、卫生等公共设施，鼓励发展特色农产品加工、生态旅游、商贸流通等产业，提高城镇人口集聚能力，推动城镇化进程。支持一批交通区位优、产业基础好、发展潜力大的城镇发展成为中心镇。鼓励有条件的地方建设形成城镇带，探索城乡一体化新模式。

（4）科学指导村庄建设。科学编制村庄规划，适度集中建设居民住房，免费为村民提供经济安全适用、节地节能节材的住宅设计图样，并提供建设指导。统筹建设村庄生产生活基础设施、公共服务设施，完善村庄功能。以乡镇所在地、交通沿线、川坝河谷区等人口聚集区为重点，建设一批中心村。

（5）促进落后村整村推进。以落后村整村推进规划为平台，整合资源，着力培育主导产业，完善基础设施，改善村容村貌。

三、重点发展产业

《秦巴山片区区域发展与扶贫攻坚规划（2011—2020 年）》指出，秦巴山片区要"坚持市场导向，开发利用特色资源，积极承接产业转移，延伸拓展产业链条，构建特色产业体系，提高片区经济发展质量"。重点发展特色农业、工业、旅游与文化业、现代服务业，加快产业结构调整与产业协作发展，推进产业扶持在秦巴山片区实施。

（一）特色农业

重点发展高效特色农业、农林产品加工业，完善农业市场体系。

1. 发展高效特色农业

大力推进农业产业结构调整，结合生态特点，稳定发展粮食生产，扩大经济作物和林果种植面积，积极开展人工种草建设，大力发展草食畜牧业等特色畜牧水产业，按照规模化、标准化、品牌化的要求，建设地域特色农业基地，发展设施农业，推进农业机械化。促进粮食优良品种的更新换代及配套农机、农艺技术应用，依靠科技提高产出和保障能力。做大做优油橄榄、核桃、油茶、板栗、猕猴桃、脐橙、食用菌、蚕桑、茶叶、魔芋、杜仲、天麻、贝母、木瓜、蔬菜、苗木花卉等优势产业，开发富硒农产品。推动绿色和有机产品认证及国家地理保护标志的申请和认证。培育特色山珍、道地中药材、山地杂粮、经济林果等特色产业，扩大规模，创建市场品牌。大力发展生态畜牧业，健康水产养殖业，重点发展地方优良品种和特种养殖业，逐步形成规模，培育高端市场。

2. 发展农林产品加工业

建设一批农产品加工园区，重点发展木本油料、茶叶、干鲜果品、中药材、畜禽五大农产品加工业。以龙头企业带动农林产品基地建设，完善生产加工链条，提高产业核心竞争力。

3. 加强农林业服务

完善产前、产中、产后服务，健全农林业科研、农技推广、农产品质量标准、农产品检测认证、农业环境检测、信息技术、农业执法、农机安全监理等服务体系。健全和完善基层农业技术服务网络，改进农技推广手段，提高社会化服务水平。

4. 完善市场体系

大力发展生产资料市场、农产品批发市场。推广农资连锁经营，规范农资市场秩序。建设一批农产品集散中心、专业交易市场和跨区域加工配送中心，开展多种形式的产销对接，推进农产品网上推介、洽谈和交易，开辟农产品流通的绿色通道。完善市场中介服务，支持农业社会化服务组织、农村营销大户和农民经纪人积极参与市场建设。

（二）工业

重点发展汽车和装备制造业，生物产业，冶金、化工与新材料产业。

1. 汽车和装备制造业

依托十堰汽车产业基础，发展商用车整车制造、微型车、新能源汽车、专用汽车制造和关键汽车零部件生产，建设国内重要的商用车产业基地。依托汉中装备制造业产业基础，以飞机制造和大型数控机床为重点，全力打造具有较强竞争力的航空等装备制造产业基地。

2. 生物产业

引进高新技术和现代制药企业，加工转化杜仲、天麻、连翘、丹参、绞股蓝、当归、黄姜、山茱萸、金银花、西洋参、秦艽等中药材，打造"秦巴药乡"品牌。利用现代生物提取技术，建设中药饮片和医药中间产品提取生产线。充分发挥生物资源优势，积极发展食品、保健品、化妆品、化工原料、肥料、饲料等相关产业。

3. 冶金、化工与新材料产业

重点推动有色金属产业的改造升级，加快淘汰落后产能，全面推进清洁生产，提升技术含量，合理布局铝材、钒、钼、镍、钛等冶炼加工产业，构建新材料循环产业链条。按照资源综合利用、清洁生产要求，建设国家尾矿资源综合利用产业基地、精细磷化工产业基地。发展天然气精细化工业，提高资源开发和就地转化水平，建设国家天然气综合开发利用示范区。利用区域性市场资源，加大技术研发和投入力度，发展生态环保节能新型建材产业。

（三）旅游与文化产业

旅游与文化产业发展过程中，培育重点景区和线路，改善旅游交通条件，加强旅游接待能力和旅游设施建设，加快文化产业发展。

1. 培育重点景区和线路

以世界文化遗产、国家风景名胜区、国家级森林公园、重要历史文化古迹等为依托，以武当山、大小三峡、古蜀道等为重点，大力发展绿色生态、历史文化、红色旅游、乡村旅游，构建七大特色旅游圈。统筹兼顾区域开发与旅游发展，加强片区内省际旅游热线的连接和旅游区域合作，增强旅游产业的整体活力和综合实力。

2. 改善旅游交通条件

以高等级公路、铁路和机场为依托，加强重点旅游景区对内对外的交通连接，积极推进精品旅游线路交通建设，构建安全、快捷、舒适的核心旅游线路。

3. 加强旅游接待能力和旅游设施建设

提升中心城市和重点城市旅游服务功能，增强景区城镇旅游接待能力。建设和完善景区基础设施、安全防护设施。规划一批旅游汽车营地。加强旅游宣传、旅游接洽、导游服务体系、标识系统建设。

4. 加快文化产业发展

依托丰富的文化资源，大力挖掘先秦两汉三国等历史文化、红色文化、河洛文化、根亲文化、民俗文化的内涵，扶持"大戏、大片、大剧、大作"的策划与创作生产，加快发展文化创意、影视制作、演艺娱乐、新闻出版、会展产业。规范发展大秦岭、楼观台道等文化园区。鼓励文化产业龙头企业以资本为纽带，跨区域、跨行业兼并重组，发展一批有特色、有实力的骨干企业，培育多元化的文化市场主体。

（四）现代服务业

加快发展现代物流业、商贸服务业、金融业、家庭服务业等现代服务业。

1. 现代物流业

按照统筹规划、布局集中、用地集约、产业集聚、功能集成、经营集约的原则，加快区域性物流园区和物流中心建设。推进与物流相配套的运输场站、仓储、配送、信息平台等设施建设。积极发展第三方物流，培育和壮大一批骨干物流企业，推动物流业与制造业等产业联动发展。积极发展农村物流和专业物流。

2. 商贸服务业

引进现代商贸服务企业，提升改造传统商贸服务业。重点建设综合性批发市场、特色街区和专业市场，推进县城超市和配送中心、乡村连锁农家店流通网络建设，实施"万村千乡市场工程"。积极发展电子商务。引导住宿餐饮业规范化发展。

3. 金融业

提升城市金融综合服务能力，扶持地方性金融机构发展。增加农村金融网点。开展农村金融创新试点，培育多元化农村金融机构，加快推进小额贷款公司和村镇银行建设，探索发展新型农村资金互助组织。积极开展农业保险、小额保险和贷款担保业务。

4. 家庭服务业

大力发展家政服务、社区照料服务、养老服务和病患陪护服务等业态。鼓励各种资本投资创办家庭服务企业，推进家庭服务业市场化、产业化、社会化，规范市场秩序。

（五）产业结构调整与产业协作

在产业结构调整与产业协作过程中，推进绿色低碳发展、承接产业转移、促进产业园区集约发展、建立健全产业协作发展机制。

1. 推进绿色低碳发展

坚持开发与节约并举、节约优先的原则，加强资源节约和管理，实施节能减排科技示范工程，推广低碳技术。加快建设循环经济重点聚集区。强化资源综合利用，推进资源再生利用产业化。全面推进清洁生产，严格控制高耗能、高耗地、高排放行业，坚决淘汰落后产能，采取环境综合治理、生态建设保护等措施，最大限度地降低能源消耗，促进经济转型和产业结构优化升级。在具备条件的地方开展碳汇交易与扶贫开发试点。

2. 承接产业转移

利用当地的产业基础、人力资源和技术优势，积极承接东部地区和省会城市产业转移，采取多种形式合作共建产业园区，探索承接产业转移新模式。按照产业准入环境标准，合理确定承接发展重点，把承接产业转移与调整自身产业结构、建立现代产业体系结合起来，促进产业转型升级，提升市场竞争能力。

3. 促进产业园区集约发展

统筹规划产业园区，合理确定产业定位和发展方向，因地制宜发展特色产业园区，大力推进园区整合发展，形成布局优化、产业集聚、用地集约、配套完善、特色突出的产业园区体系。积极引进优秀管理人才和先进管理经验，提升园区基础设施建设水平，引导产业向园区集中。支持有条件的产业园区适当扩区调位，支持符合条件的省级开发区申请升级为国家级开发区。

4. 建立健全产业协作发展机制

促进产业优化布局，重点建设十堰、汉中、巴中与广元、安康、商洛、陇南等地的特色产业集聚区，引导企业集聚发展，形成资源共用、园区共建、利益共享的产业协作发展格局。支持异地兴办工业园区，建立资源互补、基础共建、产业共有、利益共享、环保共担的机制。

（六）产业化扶持

在产业化扶持过程中培育农民专业合作组织、建立健全企业与农户的利益联结机制。

1. 培育农民专业合作组织

鼓励和扶持农民专业合作社、专业技术协会发展，加强辅导服务和技术资金支持，提高生产组织能力、管理能力和抗风险能力。发挥各种合作组织在带动贫困户和协调企业方面的纽带聚合作用，逐步形成"企业+农民专业合作组织+农户""农民专业合作组织+农户"等模式，促进农村分散生产向组织化、规模化、现代化生产方式转变。

2. 建立健全企业与农户的利益联结机制

加大对扶持龙头企业的贴息贷款支持力度，鼓励企业在落后村建立产业基地，优先吸纳安置落后地区富余劳动力就地就近转移就业，为他们提供技术、市场、信息等服务，帮助扶持对象参与特色产业开发。积极推行订单农业，促进企业和农户形成利益共同体，实现共同发展。

第二节　武陵山片区

武陵山片区地处湘鄂渝贵4省份交界的武陵山脉，包括湖北、湖南、重庆、贵州四省市交界地区的71个县（市、区），国土总面积为17.18万平方千米，集革命老区、民族地区等于一体，是跨省交界面大、少数民族聚集多的片区，也是重要的经济协作区。

一、地区范围

武陵山片区中湖北省、湖南省位于中部地区，具体包括湖北省恩施土家族苗族自治州的恩施市、利川市、建始县、巴东县、宣恩县、咸丰县、来凤县、鹤峰县，宜昌市的秭归县、长阳土家族自治县、五峰土家族自治县，共11个县市区；湖南省湘西土家族苗族自治州的泸溪县、凤凰县、保靖县、古丈县、永顺县、龙山县、花垣县、吉首市，怀化市的中方县、沅陵县、辰溪县、溆浦县、会同县、麻阳苗族自治县、新晃侗族自治县、芷江侗族自治县、靖州苗族侗族自治县、通道侗族自治县、鹤城区、洪江市，张家界市的慈利县、桑植县、武陵源区、永定区，邵阳市的新邵县、邵阳县、隆回县、洞口县、绥宁县、新宁县、城步苗族自治县、武冈市，常德市的石门县，益阳市的安化县，娄底市的新化县、涟源市、冷水江市，共37个县市区（见表8-4）。

表8-4　武陵山片区行政区域范围

省份	地（市、州）	县（市、区）
湖北省 （11个）	宜昌市	秭归县、长阳土家族自治县、五峰土家族自治县
	恩施土家族苗族自治州	恩施市、利川市、建始县、巴东县、宣恩县、咸丰县、来凤县、鹤峰县
湖南省 （37个）	邵阳市	新邵县、邵阳县、隆回县、洞口县、绥宁县、新宁县、城步苗族自治县、武冈市
	常德市	石门县
	张家界市	慈利县、桑植县、武陵源区、永定区
	益阳市	安化县

续表

省份	地（市、州）	县（市、区）
湖南省 （37个）	怀化市	中方县、沅陵县、辰溪县、溆浦县、会同县、麻阳苗族自治县、新晃侗族自治县、芷江侗族自治县、靖州苗族侗族自治县、通道侗族自治县、鹤城区、洪江市
	娄底市	新化县、涟源市、冷水江市
	湘西土家族苗族自治州	泸溪县、凤凰县、保靖县、古丈县、永顺县、龙山县、花垣县、吉首市
重庆市 （7个）		丰都县、石柱土家族自治县、秀山土家族苗族自治县、酉阳土家族苗族自治县、彭水苗族土家族自治县、黔江区、武隆县
贵州省 （16个）	遵义市	正安县、道真仡佬族苗族自治县、务川仡佬族苗族自治县、凤冈县、湄潭县、余庆县
	铜仁地区	铜仁市、江口县、玉屏侗族自治县、石阡县、思南县、印江土家族苗族自治县、德江县、沿河土家族自治县、松桃苗族自治县、万山特区

资料来源：《武陵山片区区域发展与扶贫攻坚规划（2011—2020年）》。

二、重点发展城镇

武陵山片区加快中心城市发展，同时以县城和周边中心镇为重点，加快小城镇建设步伐，以小城镇为依托，加快新农村建设，加强农村生产生活服务设施建设。

（1）加快中心城市发展。加快黔江、恩施、张家界、吉首、怀化、铜仁六个中心城市发展，优化城市形态，完善提升城市功能，促进人口与产业集聚，发展特色优势产业，发挥辐射带动作用（见表8-5）。

表8-5　武陵山片区中心城市建设

中心城市	建设任务
黔江区	承担成渝经济圈及整个西南地区的辐射和对接功能，建成生态宜居城市、区域性交通枢纽、产业集聚中心和公共服务中心，重点发展绿色食品、新材料、轻纺、化工、生物制药、现代服务、公共服务等产业，到2020年城区人口规模达到50万
恩施市	承担武汉经济圈和长江中上游城市的辐射和对接功能，建成园林城市、优秀旅游城市，重点发展富硒食品和生态文化旅游，到2020年城区人口规模达到50万
张家界市	承担武汉经济圈、长株潭经济圈及长江中游城市的辐射和对接功能，建成旅游产业高效发展、旅游设施完备、环境优美、生态良好、社会和谐的国际风景旅游城市，到2020年城区人口规模达到38万

续表

中心城市	建设任务
吉首市	是与长株潭经济圈、湖南各城市对外联络通道上的节点城市，建成商品贸易集散地和以民族风情旅游为主导的生态园林城市，重点发展绿色食品、烟酒、医药、旅游等支柱产业，到2020年城区人口规模达到35万
怀化市	承担珠江三角洲经济圈、北部湾经济圈的辐射和对接功能，建成重要的综合交通运输枢纽和现代物流中心，重点发展林产、医药、食品、建材、旅游、现代物流等产业，到2020年城区人口规模达到90万
铜仁市	是连接贵州、云南通道上的节点城市，建成商贸、旅游核心城市和山水园林城市，重点发展现代制造业、现代物流业、特色食品加工业、旅游服务业等相关产业，到2020年城区人口规模达到50万

资料来源：《武陵山片区区域发展与扶贫攻坚规划（2011—2020年）》。

（2）促进重点城镇发展。加强县城基础设施建设，完善城镇功能，提高人口集聚能力。推进城乡统筹发展和基本公共服务均等化，扩大就业渠道，带动当地群众增加收入，改善生活条件。

（3）加快小城镇建设。支持一批特色民族文化、旅游度假、商贸流通、加工制造等小城镇加快发展，加强道路、电力、供水、供气、污水和垃圾处理等市政基础设施建设，完善建制镇功能，提高人口集聚能力，引导农村人口向小城镇适度集中，努力营造和谐平安的人居环境，形成具有浓郁区域特色的小城镇。

（4）统筹中心村规划建设。编制中心村建设规划，科学布局农村村落。鼓励农民向中心村集聚，引导农民建设富有地方特色、民族特色、传统风貌的住房。整合各类资金，统筹规划建设中心村公共基础设施。

（5）整合移民搬迁。按照自愿原则，积极推进易地扶贫搬迁，整合生态移民、地质灾害搬迁等项目，对居住在生存环境恶劣、基础设施极差、自然灾害频发地区的贫困人口和村落实施移民搬迁。通过对口培训、定向定点招工等形式引导向中小城镇、工业园区移民。把发展特色产业与移民搬迁相结合，切实解决好搬迁户的后续发展问题。

（6）加快贫困村整村推进。县级政府应以规划为平台，统筹整合资源，加强贫困村基础设施建设，改善村容村貌，发展特色优势产业。

三、重点发展产业

武陵山片区应加快发展旅游业、特色农业、加工制造业、现代服务业、民族文化产业，加快产业结构调整与产业协作发展，充分发挥产业发展在脱贫攻坚中的重要作用。

（一）旅游业

以中心城市为依托，构建重点景区和线路，建设旅游设施，加快旅游产品多元化开发。

1. 重点景区和线路

以中心城市为依托，构建渝东南山水生态旅游组团、渝东鄂西山水风情旅游组团、张家界湘西风情旅游组团、湘西南山水文化旅游组团、梵净山生态休闲文化旅游组团五大特色旅游组团。以交通通道为纽带，以世界自然遗产旅游区和国家历史文化名城、国家级风景名胜区、国家级森林公园等重点旅游景区为依托，着力打造精品旅游线路。加强与区外旅游热线的链接和旅游区域合作，开展联合营销，建立区域合作机制，构建跨区域旅游协作网。

2. 旅游设施建设

改善旅游交通条件。加强五大旅游组团之间的交通联结，形成片区大容量、高安全、快速度、无障碍核心旅游环线。加快改善旅游组团内交通条件，建设一批组团内便捷旅游环线。积极推进十二条精品旅游线路交通建设，形成以高等级公路为主体的快速旅游通道，加强道路的旅游标识系统建设，规划一批汽车营地。

加快景区设施建设。建设和完善景区道路、通信、供水供电等基础设施和垃圾、污水收集处理设施。加强安全防护设施，提高应急救援能力。加强游客接待中心建设，完善配套交通、信息服务、餐饮等游客服务设施和功能，提升整体服务能力和水平，提升景区的信息化技术应用，完善景区标识系统建设。

提升城镇旅游服务功能。加强张家界、黔江、恩施、吉首、怀化、铜仁等中心城市旅游接待和服务功能建设，把张家界建设成为片区旅游综合服务中心和对外形象窗口。完善和提升利川、咸丰、巴东、长阳、秭归、五峰、凤凰、慈利、洪江、芷江、通道、新宁、隆回、松桃、武隆、酉阳、彭水、石柱、石阡、印江、江口、湄潭、余庆、务川等城镇旅游服务功能，形成一批全国旅游强县。支持具有地方民族文化特色的中小旅游企业发展，繁荣旅游市场。

3. 旅游产品多元化开发

发展民族文化旅游，实施特色民族村镇和古村镇保护与发展工程，形成一批文化内涵丰富的特色旅游村镇和跨区域旅游网络。进一步开发少数民族特殊医疗的康体健身旅游、科普旅游和红色旅游，大力支持休闲度假养生、农业生态及会展等旅游项目，形成有效带动群众就业和增收的支柱产业。

（二）特色农业

在武陵山片区大力发展特色高效农业、完善农业技术支撑体系、加强农业市场体系建设。

1. 大力发展特色高效农业

加快推进区域性特色农林产品基地建设，实施一批重大特色农林业项目，建设一批特色农林产品标准化良种繁育基地。抓好"节粮型"特色畜产品养殖基地建设。大力发展中药材种植，建设一批符合中药材生产质量管理规范（GAP）的生产基地（见表8-6）。

表8-6　武陵山片区特色农业基地

类型	农业基地
油茶基地	黔江、彭水、石柱、西阳、秀山、丰都、来凤、咸丰、鹤峰、恩施、宣恩、长阳、五峰、慈利、永顺、绥宁、邵阳、溆浦、沅陵、辰溪、中方、涟源、安化、会同、洪江市、麻阳、泸溪、江口、石阡、松桃、铜仁、万山、玉屏、湄潭、凤冈、余庆、正安、道真、务川等油茶基地
茶叶基地	武隆、西阳、秀山、印江、江口、松桃、道真、务川、古丈、沅陵、安化等地的高山茶基地；保靖、利川、宣恩、鹤峰、巴东、恩施、利川、建始、秭归、五峰、长阳、凤冈、沿河、新化、洞口、桑植、慈利、会同、溆浦等地的富硒茶基地；石阡苔茶、江口藤茶、湄潭绿茶、正安白茶、余庆苦丁茶等特色茶叶基地
蚕茧基地	黔江、武隆、丰都、石柱、巴东、来凤、长阳、龙山、沅陵、溆浦、正安、务川等优质蚕茧基地
烤烟基地	黔江、西阳、武隆、丰都、彭水、建始、利川、鹤峰、巴东、咸丰、恩施、宣恩、秭归、五峰、来凤、龙山、中方、会同、新宁、思南、石阡、印江、德江、沿河、务川、正安、道真、湄潭、凤冈、余庆、慈利、桑植、隆回、邵阳、新晃、靖州、芷江等优质烤烟基地
高山蔬菜基地	黔江、武隆、石柱、丰都、彭水、秀山、恩施、鹤峰、利川、宣恩、建始、巴东、咸丰、长阳、五峰、龙山、凤凰、保靖、城步、隆回、绥宁、通道、永定、桑植、辰溪、溆浦、洞口、务川、正安、道真、湄潭、凤冈、余庆、铜仁、德江、江口、印江、思南等高山蔬菜基地
魔芋基地	印江、松桃、巴东、鹤峰、恩施、咸丰、建始、长阳、五峰、古丈、隆回、麻阳、桑植、彭水、石柱等魔芋基地
柑橘基地	乌江、清江、沅水、澧水、资水流域柑橘产业带
中药材基地	铜仁、江口、玉屏、石阡、思南、印江、德江、沿河、松桃、万山、务川、正安、道真、湄潭、凤冈、余庆、石柱、秀山、西阳、彭水、武隆、利川、恩施、建始、鹤峰、咸丰、巴东、宣恩、长阳、五峰、隆回、桑植、慈利、龙山、黔江、沅陵、通道、靖州、溆浦、中方、会同、辰溪、新邵、安化、永定区、古丈等特色中药材基地
干果基地	黔江、彭水、武隆、丰都、西阳、秀山、恩施、利川、建始、巴东、宣恩、咸丰、来凤、秭归、五峰、长阳、正安、靖州、会同、保靖、凤岗、湄潭、沅陵、通道、石门、铜仁、江口、玉屏、石阡、思南、印江、德江、沿河、松桃、万山、务川、正安、道真、湄潭、凤冈、余庆等核桃、板栗基地

续表

类型	农业基地
肉类基地	石柱、酉阳、秀山、武隆、彭水、黔江、恩施、来凤、利川、咸丰、建始、巴东、鹤峰、秭归、永顺、龙山、慈利、洪江、辰溪、芷江、溆浦、新晃、邵阳、余庆、新化、通道、洞口、永定、桑植、铜仁、江口、玉屏、石阡、思南、印江、德江、沿河、松桃、万山、务川、正安、道真、湄潭、凤冈、宣恩、长阳、五峰、新宁、城步、安化、石门、涟源、吉首、泸溪、凤凰、古丈、花垣、保靖、沅陵、靖州、会同、麻阳、鹤城、中方、丰都等绿色环保生态型牛羊、生猪、禽畜等基地。丰都节粮型肉牛养殖基地
优质楠竹基地	江口、思南、印江、德江、沿河、松桃、万山、正安、道真、湄潭、凤冈、余庆等楠竹基地

资料来源：《武陵山片区区域发展与扶贫攻坚规划（2011—2020年）》。

2. 完善农业技术支撑体系

加强各级农业科研院所力量，提高科研研究成果运用水平。充分利用片区生物物种丰富优势，促进农业生物育种创新和推广应用。支持特色农产品产地认证，培育绿色名、优、特农产品品牌。推进农业技术集成化，扶持农机合作组织，促进农机农艺融合。加强公益性推广、社会化创业及多元化科技服务"三位一体"农村科技服务体系建设，完善产前、产中、产后服务。

3. 加强市场体系建设

完善农产品市场、生产资料市场和农村消费品市场建设。大力扶持发展各类农民专业合作社、农产品批发市场、行业协会、流通企业、农村流通大户和农民经纪人。积极推进物流配送，建设一批农产品加工配送中心，积极开展多种形式的"农超对接"，鼓励农民专业合作社在城市社区设立直销店、连锁店，积极推进农产品网上推介、洽谈和交易，加大对特色农产品的营销力度。深入推进"万村千乡市场工程"建设，提高农村商品流通连锁率、配送率。

（三）加工制造业

推进武陵山片区加工制造业发展，重点发展农林产品加工业、生物医药产业、矿产资源加工业和机械工业。

1. 农林产品加工业

重点发展油茶、茶叶、烟叶、蚕茧、蔬菜、水果、竹木和畜禽产品加工。依托丰富的人工林、次生林等森林资源及资源再生能力，统筹林浆纸区域规划，搞好跨地区森林采伐和纸浆生产的供求衔接，建设完善怀化等林浆纸一体化生产加工基地。

2. 生物医药产业

发展德江天麻，酉阳青蒿素，松桃、思南、隆回金（山）银花，松桃和龙山百合，张家界、五峰五倍子，慈利杜仲，石柱和恩施鸡爪黄连，恩施紫油厚朴，利川香莲，宣恩竹节参，咸丰鸡腿白术，巴东独活、玄参，长阳资丘木瓜等以区域优势药材资源为基础的医药化工产业。利用现代生物提取技术，建设中药饮片和医药中间体提取生产线，积极推进新药研制开发。大力推进医药保健品综合开发。支持特色民族药品生产。

3. 矿产资源加工业

在安全环保等配套基础设施完善达标及运行管理水平有保障的前提下，统筹规划，适度发展锰、铁、铝、汞、磷、石膏等地方矿产资源，延长产业链条。提高资源综合加工能力，严格保护生态环境，发展循环经济，淘汰落后产能。

4. 机械工业

依托黔江、恩施、张家界、吉首、怀化、铜仁等地的产业基础和劳动力资源优势，积极承接产业转移，发展农用机械、通用机械，培育一批主业突出、技术领先、管理先进的龙头企业。

（四）现代服务业

重点发展现代物流业，商贸服务业，家庭服务业，金融、科技和信息服务业。

1. 现代物流业

充分发挥怀化、铜仁、黔江、恩施等地的交通优势和集散能力，建设区域综合性物流中心，完善与物流相配套的运输场站、仓储、商品配送、信息网络服务等综合服务平台，积极发展第三方物流。支持大型龙头企业在重点城镇建设物流节点。

2. 商贸服务业

加强城乡商业网点和农产品批发市场建设，形成以专业批发为主、特色零售为辅，辐射功能强、业态完整、服务配套、规范有序、活跃繁荣的商贸服务格局。

3. 家庭服务业

发展家政服务、社区服务、养老服务和病患陪护。鼓励各种资本投资创办家庭服务企业，规范市场秩序。

4. 金融、科技和信息服务业

完善城乡金融服务体系，提升中心城市金融综合服务能力，扩大农村金融服务覆盖面。加强科技信息服务的区域合作，提升科技服务水平。积极推进电子政务、电子商务、远程教育和医疗等信息综合应用和资源共享。

（五）民族文化产业

在武陵山片区推进特色民族文化品牌传承与保护、大力扶持民族文化精品工程、加强民族文化设施建设和民族文化及自然遗产保护、发展民族工艺品，以推进武陵山片区民族文化产业。

1. 推进特色民族文化品牌传承与保护

加强对片区少数民族文化遗产的挖掘和保护，抢救、整理和展示少数民族非物质文化遗产，弘扬民族传统文化。

2. 大力扶持民族文化精品工程

扶持体现民族特色和国家水准的重大民族文化产业项目，建设具有浓郁民族特色的少数民族文化产业园区和民族传统体育基地。

3. 加强民族文化设施建设和民族文化及自然遗产保护

规划建设武陵山综合图书馆、武陵山大剧院、武陵山博物馆等文化基础设施。

4. 发展民族工艺品

大力支持具有浓郁民族风情和地方民俗文化特色的手工艺品、特色旅游纪念品发展，重点支持具有非物质文化遗产认证的手工艺品发展，推进民族手工艺传承与创新，对非物质文化遗产传承人发展工艺品业给予优惠政策和优先支持。鼓励扶贫对象参与民族传统手工艺品生产。

（六）产业结构调整与产业协作发展

推进节能减排和发展循环经济，因地制宜承接产业转移，促进产业园区集约发展，建立产业协作发展机制，以促进武陵山片区产业结构调整和产业协作发展。

1. 推进节能减排和发展循环经济

加强资源节约和管理，强化矿产资源综合利用，推进资源再生利用产业化。实施节能减排科技示范工程，积极推广低碳技术，大力发展循环经济。严格控制高耗能、高排放行业低水平重复建设，坚决淘汰落后产能，促进产业结构优化升级。

2. 因地制宜承接产业转移

利用当地的产业基础和资源优势，以市场为导向，积极承接东部地区和省会城市产业转移，合理确定承接重点，把承接产业转移与调整自身产业结构结合起来，促进产业转型升级，提升市场竞争能力。

3. 促进产业园区集约发展

统筹规划产业园区建设，合理确定产业定位和发展方向，提高产业集聚效益。支持承接产业转移示范区建设，鼓励协作区与东部地区共建产业园区，积极引进优秀管理人才和先进管理经验。支持有条件的产业园区适当扩区调位，支持符合条件的省级开发区申请升级为国家级开发区。

4. 建立产业协作发展机制

积极探索产业协作发展利益共享机制，促进产业优化布局，重点建设黔江、恩施、怀化和铜仁等地的特色产业集聚区，引导企业集聚发展，形成优势资源共同开发、产业园区共同建设、发展利益共同共享有的产业协作发展格局。支持异地兴办工业园区，实现基础共建、产业共育、利益共享、环保共担的机制。

（七）产业化扶持

产业化扶持要建立健全增收的利益联结、分享机制。大力发展落后地区农村合作经济组织和专业技术协会，对落后村建立和贫困农户加入农村合作组织给予特殊扶持。发挥各种合作组织、农村致富带头人、经纪人等的纽带聚合作用，促进企业和农户结成利益共同体，实现共同发展。加大扶持贴息贷款的投放力度，创新扶持项目贷款贴息管理机制，完善小额信贷扶持到户形式，进一步完善落后村互助资金试点，帮助参与特色产业开发。鼓励企业在落后村建立产业基地，为人们提供技术、市场、信息等服务，优先吸纳安置劳动力就业，优先收购农户农副产品。积极推行订单农业，促进农超对接。

第三节 燕山—太行山片区

燕山—太行山片区地处燕山和太行山腹地，属于内蒙古高原和黄土高原向华北平原过渡地带，面积为 9.3 万平方千米，包括河北省、山西省、内蒙古自治区三省区的 33 个县。

一、地区范围

燕山—太行山片区中山西省位于中部地区，具体县市区包括山西省大同市的阳高县、天镇县、广灵县、灵丘县、浑源县、大同县，忻州市的五台县、繁峙县，共 2 市 8 县（见表 8-7）。《燕山—太行山片区区域发展与扶贫攻坚规划（2011—2020）》将燕山—太行山片区定位为京津地区重要生态安全屏障和水源保护区、文化旅游胜地与京津地区休闲度假目的地、国家战略运输通道与重要物流基地、绿色农副产品生产加工基地、京津地区产业转移重要承接地。

表 8-7 燕山—太行山片区行政区域范围

省（区）	市	县
河北省	承德市	承德县、平泉县、隆化县、丰宁满族自治县、围场满族蒙古族自治县
	张家口市	宣化县、张北县、康保县、沽源县、尚义县、蔚县、阳原县、怀安县、万全县
	保定市	涞水县、阜平县、唐县、涞源县、望都县、易县、曲阳县、顺平县

续表

省（区）	市	县
山西省	大同市	阳高县、天镇县、广灵县、灵丘县、浑源县、大同县
	忻州市	五台县、繁峙县
内蒙古自治区	乌兰察布市	化德县、商都县、兴和县

资料来源：《燕山—太行山片区区域发展与扶贫攻坚规划（2011—2020）》。

二、重点发展城镇

燕山—太行山片区按照统筹城乡发展的要求，科学规划城镇布局，加快县城、中心镇、小城镇与村庄建设，完善农业基础设施，夯实农业发展基础，改善人居生活环境和发展条件。

（1）将县城发展成区域经济中心。加强基础设施建设，提高公共服务能力，完善县城功能，拓展发展空间，增强人口和产业聚集能力，发展壮大特色优势产业，支持涞源、蔚县、大同、兴和等县城提高综合承载能力，有条件的逐步发展为区域经济中心，发挥辐射带动作用，促进县域经济发展。

（2）支持建设一批中心镇。完善城镇体系，强化产业支撑，扩大就业渠道，提高人口集聚能力，加快建设一批中心镇。统筹城乡发展，推动城镇道路、供水、生活污水和生活垃圾处理等基础设施向农村延伸，推进公共服务向农村拓展。

（3）依托小城镇建设，推动新型城镇化进程。加强小城镇建设规划，完善小城镇道路、供水、污水垃圾处理、园林绿化等基础设施，加强教育、卫生等公共服务体系和设施建设，建设一批生态旅游、商贸流通、加工制造、民俗文化等特色城镇（见表8-8），提高人口集聚能力，推动城镇化进程。支持一批交通区位优、产业基础好、发展潜力大的城镇发展成为中心镇，探索城乡一体化新模式，引导农村人口向小城镇适度集中。

表8-8 燕山—太行山片区中的重点小城镇

城镇类型	重点小城镇
生态旅游	石亭、宋各庄、赵各庄、三坡、九龙、南屯、白石山、狼牙山、紫荆关、塘湖、天生桥、龙泉关、高昌、神南、腰山、化稍营、东城、红土梁、满井、屯垦、二台、左卫、崞村、深井、棋盘山、大滩、黑山咀、天桥、鱼儿山、七家、张三营、七沟、暖泉、罗文皂、友宰、新平、逯家湾、大磁窑、台怀、小海子、店子镇

续表

城镇类型	重点小城镇
商贸流通	平阳、王京、军城、白合、川里、北罗、灵山、固店、贾村、东井集、东城、郭磊庄、小蒜沟、大囫囵、代王城、白乐、西合营、阳眷、南留庄、左卫、洋河南、贾家营、赵川、大仓盖、顾家营、凤山、土城、张纪、李家地、波罗诺、黄旗、四合永、克勒沟、半截塔、朝阳地、朝阳湾、唐三营、步古沟、郭家屯、汤头沟、蓝旗、榆树林子、杨树岭、南五十家子、北五十家子、党坝、小寺沟、黄土梁子、甲山、头沟、三沟、六沟、东小村、大白登、古城、玉泉、谷前堡、南村、上寨、王庄堡、西坊城、沙坨圪、蔡村、倍家造、东冶、大营、七号、朝阳、长顺、大黑沙土、西井子、团结、鄂尔栋
加工制造	永阳、杨家庄、王安、水堡、走马驿、银坊、良岗、塘湖、砂窝、恒州、文德、赵庄、黑堡、大青沟、小厂、邓油坊、张纪、李家地、土城子、吉家庄、北水泉、沙岭子、军城、高于铺、固店、贾村、高寺台、韩麻营、中关、卧龙、王官屯、东河南、周士庄、豆村、耿镇、白家庄、砂河、十八顷、屯垦队、赛乌素
民俗文化	揣骨疃、洗马林、九连城、黄盖淖、照阳河、公会、宋家庄、张皋、桃花、米薪关

资料来源：《燕山—太行山片区区域发展与扶贫攻坚规划（2011—2020）》。

（4）科学指导村庄建设，推进片区乡村振兴。结合新农村建设，科学编制村庄规划，统筹引导村庄土地利用，在坚持村民自愿的原则下，引导农民适度集中居住并免费为村民提供经济安全适用、节地节能节材的住宅设计图样，并提供建设指导。统筹建设村庄生产生活基础设施、公共服务设施，完善村庄功能。以乡镇所在地、交通沿线人口聚集区为重点，建设一批中心村。

三、重点发展产业

《燕山—太行山片区区域发展与扶贫攻坚规划（2011—2020）》指出，燕山—太行山片区要"坚持市场导向，发掘优势资源，优化产业布局，延伸拓展产业链条，加强产业协作，壮大产业规模，加快形成新的经济增长点，构建具有区域特色的现代产业体系，增强片区经济发展的内生动力"。重点发展农业、工业、旅游业、文化产业、服务业，加快产业结构调整与产业协作发展，推进产业化扶贫。

（一）农业

在燕山—太行山片区农业发展中重点发展农牧业、林果业，完善农业服务体系和农业市场体系。

1. 农牧业

实施农业品牌战略，瞄准京津等周边城市市场，打造绿色和有机食品基地（见表8-9）。综合运用农业科技成果、信息手段及现代农业装备，提升农业生产水平。推动规模化、标准化生产，促进优势产品集聚发展。重点打造错季蔬菜、马铃薯、杂粮、食用菌、中药材、肉蛋奶等优势产业，大力发展黄花菜、万寿菊、黄芪等地方特色优势农产品，推动绿色和有机产品认证及农产品地理标志登记保护。

表8-9 燕山—太行山片区特色农牧业基地

基地类型	特色农牧业基地
无公害蔬菜基地	围场、丰宁、承德、望都、张北、康保、隆化、平泉、怀安、尚义、易县、涞水、天镇、阳高、大同、五台、广灵、灵丘、繁峙、商都、兴和等
马铃薯基地	围场、尚义、丰宁、张北、沽源、康保、隆化、浑源、灵丘、五台、天镇、广灵、化德、商都、兴和等
杂粮杂豆基地	尚义、丰宁、万全、蔚县、阳原、围场、阜平、唐县、顺平、涞源、易县、曲阳、宣化、平泉、天镇、大同、广灵、阳高、浑源、繁峙、兴和、商都等
畜禽养殖基地	承德、平泉、丰宁、围场、唐县、蔚县、康保、宣化、易县、怀安、万全、尚义、大同、阳高、天镇、灵丘、五台、繁峙、化德、商都、兴和等
奶牛基地	张北、万全、怀安、沽源、康保、丰宁、宣化、曲阳、望都、围场、大同、浑源、阳高、天镇、灵丘、繁峙、商都、兴和等
獭兔、黄芪羊等特色养殖基地	阳原、隆化、涞水、曲阳、涞源、易县、灵丘、浑源、繁峙、广灵、兴和、商都等
干鲜果经济林基地	宣化、承德、平泉、隆化、围场、涞水、蔚县、阳原、顺平、曲阳、唐县、易县、阜平、浑源、阳高、五台、广灵、大同、灵丘、兴和、商都等
食用菌基地	平泉、承德、康保、围场、隆化、丰宁、唐县、易县、涞水、阳原、张北、沽源、尚义、蔚县、广灵、五台、大同、灵丘、商都、兴和等
中药材基地	隆化、蔚县、阳原、沽源、尚义、涞源、易县、围场、浑源、广灵、繁峙、五台、大同、化德、兴和等
黄花基地	大同、广灵、围场、沽源、张北、兴和等
油料作物基地	沽源、张北、康保、尚义、丰宁、围场、繁峙、天镇、大同、浑源、灵丘、化德、兴和等

资料来源：《燕山—太行山片区区域发展与扶贫攻坚规划（2011—2020）》。

2. 林果业

大力发展兼具生态、经济功能的林果业，优先发展苹果、梨、桃、葡萄、仁用杏、大枣、核桃、板栗等，推进标准化生产，积极推进农业观光、采摘基地和名优果品基地建设。发展林木种苗生产，保障城市建设绿化苗木和林果基地对种苗的需求。大力发展林间种植、养殖及森林食品采集等林下经济。

3. 农业服务体系

完善农业产前、产中、产后服务，健全农业科研、农技推广、动植物疫病防控、农业环境监测、信息技术、农业执法、农产品质量安全、农机安全监理等服务体系。健全完善服务网络，改进服务手段，提高服务水平。

4. 农业市场体系

健全农业生产资料和农产品市场体系，完善市场设施，规范市场秩序。依托已有基础，重点打造一批具有区域影响力的农产品交易市场和跨区域加工配送中心。支持农业社会化服务组织、经销大户和经纪人参与市场建设。强化与京津等周边城市批发市场或超市的产销直供，推进农产品网上推介、洽谈和交易，减少农产品流通环节。

（二）工业

在燕山—太行山片区工业发展过程中重点发展农产品加工、矿产资源深加工与新材料、装备制造、生物医药、服装加工等工业产业。

1. 农产品加工

以特色农产品为重点，在生产集中区大力发展精深加工，推进加工技术集成示范，提高加工转化率。积极引进大型农产品加工企业，培育壮大本地龙头企业，促进企业技术改造、资源重组和品牌整合。积极发展马铃薯精制淀粉、变性淀粉及其衍生物，胡麻提取α-亚麻酸等精深加工产业。

2. 矿产资源深加工与新材料

有序利用钒钛、银、镁等矿产资源，加大技术研发力度，推广低碳技术应用，做大做强碳素、纳米银、合金、钒钛制品等加工业，延长产业链条，扩展应用领域，推进产业聚集。围绕低质煤高效清洁利用，有序推进煤化工产业发展。

3. 装备制造

依托周边地区产业基础，大力发展汽车、风电设备、重型机械零部件和矿山机械等制造业。积极承接京津装备制造业产业转移和高端产品配套产业，开拓环保设备制造等新领域，促进装备制造业优化升级。

4. 生物医药

依托片区丰富的中药材资源及中药材加工基础，利用现代生物技术，大力发展中成药、中药饮片加工和成药制剂加工，积极发展保健品、化妆品等相关产业。

5. 服装加工

稳定獭兔绒加工、羊绒絮片加工等特色产业，积极引进服装加工等重点企业，延长产业链条，就地转移劳动力。

（三）旅游业

在燕山—太行山片区旅游业发展中重点发掘旅游资源、打造精品旅游景区和路线、开发旅游商品、提高旅游接待能力。

1. 发掘旅游资源

加强旅游资源整合和开发，在现有历史文化、红色文化和自然风光等主要旅游资源的基础上，进一步开发适合周边城市消费者休闲度假的旅游产品。重点发掘山水休闲游、农事民俗体验、自然探险游、康体健身游、科普游、节庆游等，培育个性化、差异化的旅游产品，形成点面结合的旅游产品体系。加强旅游资源区域合作和资源共享，构建跨区域旅游协作网。

2. 打造精品旅游景区和线路

以现有的国家级自然保护区、世界文化自然遗产、国家级风景名胜区、国家森林公园、国家级湿地公园和国家地质公园等为依托，重点打造一批高品质旅游景区和旅游目的地。以交通为纽带，结合周边城市消费趋势，重点开发适合自驾、休闲游的短期旅游线路。

3. 开发旅游商品

加快旅游商品的开发和生产步伐，增加旅游商品的品种和范围，逐步提高旅游商品的档次和质量，大力吸引旅游购物消费。重点扶持个性旅游工艺品、纪念品、文化制品、土特产品等特色旅游商品设计和生产。

4. 提高旅游接待能力

加强重点景区与高速公路、高等级公路连接线建设，形成以铁路、公路和航空相结合的旅游立体交通系统。完善景区道路、供水供电、垃圾污水收集处理、通信、景区标识、安全防护等基础设施和公共服务设施。规划建设一批旅游汽车营地。优化旅游服务环境，提高旅游服务质量，提升"食、住、行、游、购、娱"等环节整体服务水平和应急救援能力。加强旅游宣传、接洽和导游服务体系建设。

（四）文化产业

在燕山—太行山片区文化产业发展过程中一方面需要传承传统文化，另一方面需要壮大文化产业。

1. 传承传统文化

抢救、整理、展示非物质文化遗产，加强文物保护力度，积极开展非物质文化遗产保护工作。加大晋剧、二人台、晋北鼓吹和民间剪纸、雕刻、编织等特色民间文化艺术的传承保护。

2. 壮大文化产业

大力挖掘历史文化、红色文化等文化内涵，开展多种形式的历史、民族、民俗文化活动，发掘市场潜力，塑造区域文化产业品牌形象。推进蔚县剪纸、广灵剪纸和平泉契丹文化等特色文化产业集聚区建设。做大做强张北草原音乐节等文化活动，推动文化创意、影视制作、演艺娱乐、新闻出版、会展产业快速发展，建设一批重大文化产业项目（见表8-10）。重点扶持曲阳石雕、五台山砚、易水砚等品牌建设。

表8-10　燕山—太行山片区文化产业发展重点

文化产业类型	文化产业发展重点
旅游文化活动	五台山国际旅游文化节、恒山旅游文化节、印象五台山大型实景演出、野三坡开山节、丰宁草原狂欢季、阳原泥河湾文化节、曲阳石雕文化节、木兰围场森林草原节、桑洋葡萄文化节、蔚县国际剪纸艺术节、阿斯尔宫廷音乐剧、蒙古风情剧等
民间工艺美术开发	曲阳石雕，定瓷和泥塑，五台山砚，易水砚，顺平桃木剑，蔚县、丰宁和广灵等民间剪纸、布糊画，繁峙晋绣，阳高桂香布艺，贺氏土陶，察哈尔毛绒绣等
民俗艺术精品	包括二人台、晋剧、晋北鼓吹、二贵摔跤、秧歌、蔚县打树花、鳌石赛戏、恒山道乐、灵丘罗罗腔、大涧道情戏、小寨耍孩儿、史庄小曲儿、子母绵掌、赵北蹬锤拳、八音会、莲花落、舞龙灯等

资料来源：《燕山—太行山片区区域发展与扶贫攻坚规划（2011—2020）》。

（五）服务业

在燕山—太行山片区服务业发展过程中重点发展现代物流业、商贸服务业、金融服务业、高技术服务业。

1. 现代物流业

大力推进现代物流业发展，构建连接西北、东北等地区，通往北京、天津等大城市和秦皇岛等港口的综合性物流运输体系。加快大型综合物流园区、区域性煤炭储配调运基地、农产品等专业物流中心建设，打通物流通道，完善运输场站、仓储、商品配送、信息网络服务等物流配套设施，加强对首都经济圈和周边重点城市的物流配送能力。积极发展专业物流和第三方物流，培育一批服务水平高、竞争力强的大中型物流企业。

2. 商贸服务业

优化城乡商贸服务网点布局，提升改造传统商贸服务业水平。加强商贸服务基础设施建设，完善批发、零售贸易市场，打造特色商业街区。实施"万村千乡市场工程"，支持流通企业延伸连锁经营网点到农村，满足农村居民消费需求。引导住宿餐饮业规范发展。

3. 金融服务业

提高企业金融服务能力，扩大服务范围，完善城乡金融服务体系。积极培养发展地方金融机构，增强农村金融网点。培育多元化农村金融机构，加快推进小额贷款公司和村镇银行建设，探索发展新型农村资金互助组织，完善小额贷款信贷扶持到户形式，拓展扶持开发渠道。开展农村保险和贷款担保业务。

4. 高技术服务业

围绕现代农业、信息技术、生物医药、装备制造、矿产资源加工等重点领域关键技术需求，改善科研条件，加大研发力度，完善推广体系，做大做强科技产业。按照科技信息进社区、进村庄要求，提升科技服务水平。积极推进电子政务、电子商务、远程教育和医疗等信息综合运用与资源共享，大力推进信息服务业发展。

（六）产业结构调整与产业协作发展

在燕山—太行山片区产业结构调整与产业协作发展过程中需要重点关注承接产业转移、促进产业园区集约发展，建立健全产业协作发展机制。

1. 承接产业转移

以资源环境承载力为前提，发挥比较优势，重点围绕文化创意、信息技术、现代物流、装备制造、生物制药、节能环保、金融服务等领域，承接京津地区和周边城市产业转移。积极吸引就业容量大、技术含量高的企业，促进片区产业快速转型升级，提升市场竞争力。

2. 促进产业园区集约发展

统筹规划产业园区，科学确定产业定位和发展方向。大力推进园区整合发展，积极引进优秀管理人才和先进管理经验，加强园区配套基础设施建设，形成布局优化、产业集聚、用地节约、配套完善、特色突出的产业园区体系。

3. 建立健全产业协作发展机制

优化产业布局，引导企业集聚发展，推进资源跨区域配置、整合，探索产业协作发展利益共享机制。支持京津等地区与片区县合作共建产业园区，建立健全资源互补、利益共享的协作机制。充分发挥行业协会等行业组织和中介机构作用，搭建产业合作平台。

（七）产业化扶持

在燕山—太行山片区产业化扶持过程中需重点扶持特色优势产业、创新产业组织形式、完善利益联结机制。

1. 扶持扶贫特色优势产业

立足资源特点、市场和劳动力条件，重点支持蔬菜、马铃薯、干鲜果、中药材种植、畜禽养殖和旅游等覆盖面大、带动性强、比较优势突出、扶持效益明显的产业。加大政策支持和资金投入力度，强化基地建设，促进加工转化。加强对农户的技术指导和资金扶持。

2. 创新产业组织形式

按照产业化扶持要求，重点支持农民专业合作社、专业技术协会和扶持龙头企业、小微型企业等能够直接带动农户增收的产业发展，鼓励社会企业等新型产业组织发展。

3. 完善利益联结机制

建立健全扶持龙头企业、农民专业合作社等产业组织与农户的利益联结机制。支持农户积极参与产业化全过程并分享收益，促进企业和农户形成稳定利益关系，实现共同发展。扶持龙头企业与农民专业合作社组织有效对接。鼓励企业在本区域建立产业基地，带动农户增收。支持企业优先吸纳安置落后地区富余劳动力就地就近转移就业。积极探索增加农民财产性收入的新形式。

第四节 吕梁山片区

吕梁山片区国土总面积为 3.6 万平方千米，地处黄土高原中东部，西接毛乌素沙地，东跨吕梁山主脉，黄河干流从北到南纵贯而过。地貌类型以塬、峁为主，沟壑纵横，属典型的黄土丘陵沟壑区。吕梁山片区包括山西、陕西两省20 个县。

一、地区范围

吕梁山片区中的山西省位于中部地区，具体包括忻州市的静乐县、神池县、五寨县、岢岚县，临汾市的吉县、大宁县、隰县、永和县、汾西县，吕梁市的兴县、临县、石楼县、岚县（见表8-11）。《吕梁山片区区域发展与扶贫攻坚规划（2011—2020 年）》将吕梁山片区定位为革命老区发展振兴区、旱作农业与特色农产品基地、黄河中游水土保持重点区。

表8-11 吕梁山片区行政区域范围

省	市	县
山西省	忻州市	静乐县、神池县、五寨县、岢岚县
	临汾市	吉县、大宁县、隰县、永和县、汾西县
	吕梁市	兴县、临县、石楼县、岚县
陕西省	榆林市	横山县、绥德县、米脂县、佳县、吴堡县、清涧县、子洲县

资料来源：《吕梁山片区区域发展与扶贫攻坚规划（2011—2020 年）》。

二、重点发展城镇

依托铁路、高速公路等综合运输通道，加快重点城镇和产业集聚区建设，推进片区与太原城市群、呼包银榆经济区的融合发展，增强与太原、临汾、忻州、吕梁、朔州、榆林、延安等周边大中城市的经济联系，充分发挥其辐射带动作用。加强县城建设，推进小城镇建设，加快村庄建设，提高中心村凝聚力。

（1）促进县城快速发展。加强基础设施建设，提高公共服务能力，完善县城功能，拓展发展空间，增强人口和产业聚集能力，发展壮大特色优势产业，支持绥德、隰县、岚县等县城提高综合承载能力，有条件的逐步发展为区域经济中心，发挥辐射带动作用，促进县域经济发展。

（2）推进中心镇建设。完善城镇体系，强化产业支撑，扩大就业渠道，提高人口集聚能力，加快建设一批中心镇。统筹城乡发展，推动城镇道路、供水、生活污水和垃圾处理等基础设施向农村延伸，推进公共服务向农村拓展。

（3）加快小城镇建设。完善小城镇布局，加强道路、电力、供水、污水垃圾处理、园林绿化等基础设施建设，提高教育、卫生等公共服务能力，增强小城镇人口集聚能力和产业带动能力。重点建设一批生态旅游、商贸流通、加工制造、民俗文化等特色城镇（见表8-12），支持一批交通区位优、产业基础好、发展潜力大的城镇发展成为中心镇，推进特色小城镇示范工程建设。

表8-12 吕梁山片区重点小镇建设

类型	重点小城镇
生态旅游	碛口、丛罗峪、曲峪、罗峪口、高家村、界河口、僧念、勍香、壶口、波罗、殿市、岔上、沙家店、满堂川、石沟、高杰村、印斗
商贸流通	林家坪、兔坂、刘家会、白文、城庄、义牒、普明、魏家滩、康宁、三井、义井、三岔、曲峨、和平、午城、桑壁、杜家村、四十里铺、龙镇、王家砭、辛家沟、折家坪、老君殿、吉镇、义合、崔家湾、郭家沟、通镇、马蹄沟、周家硷、石咀驿、解家沟、坑镇、魏家楼、郭兴庄
加工制造	三交、招贤、湍水头、罗村、瓦塘、八角、小河头、屯里、黄土、丰润、田庄、乌镇、寇家塬、李家塔、殿市、高镇、苗家坪、淮宁湾
民俗文化	克虎、岚城、蔡家会、小蒜、对竹、康家会、响水、定仙墕、杨家沟、张家山、老舍古、三川口、店则沟、桃镇

资料来源：《吕梁山片区区域发展与扶贫攻坚规划（2011—2020年）》。

（4）科学指导村庄建设。结合新农村建设，科学编制村庄规划。因地制宜建设居民住房，免费为村民提供经济安全适用、节地节能节材、凸显地域特色的住宅设计图样，并提供指导。在交通沿线等人口聚集区建设一批中心村，优先建设中心村道路、供水、垃圾污水处理等基础设施，以及学校、幼儿园、卫生室、文化室等公共服务设施，完善中心村功能，提高中心村集聚能力。

三、重点发展产业

《吕梁山片区区域发展与扶贫攻坚规划（2011—2020 年）》指出，要"加快结构调整，培育支柱产业，构建特色鲜明、竞争力较强、生态友好的产业体系和多元化的产业发展格局"，大力发展农业、工业、服务业，促进产业结构调整，推动区域经济发展。

（一）农业

吕梁山片区积极发展特色农业，完善农业服务体系，完善农产品流通体系。

1. 特色农业

依据自然资源和农业生产条件，积极优化农业内部结构，大力发展旱作农业、设施农业和高效节水农业，建设沿黄特色农业产业带。按照标准化、品牌化要求，做大做强红枣、核桃、杂粮、苹果、马铃薯、黄芪等地方特色优势产业。积极发展生态畜牧业。支持畜禽标准化规模养殖场（小区）建设。着力推进区域性农产品生产基地建设（见表8-13）。

表8-13　吕梁山片区特色农业基地

类型	特色农业基地
有机红枣基地	永和、临县、石楼、兴县、汾西、大宁、吉县、清涧、佳县、吴堡、绥德、米脂等
核桃基地	兴县、临县、汾西、石楼、大宁、永和、静乐、隰县、岢岚、吉县、绥德、子洲、清涧、米脂、佳县、吴堡等
苹果基地	吉县、隰县、大宁、永和、汾西、子洲、绥德、米脂、清涧等
沙棘基地	岢岚、岚县、兴县、五寨、静乐、横山、佳县等
马铃薯基地	岚县、临县、兴县、五寨、岢岚、神池、静乐、横山、绥德、米脂、佳县、子洲、清涧等
杂粮基地	岢岚、临县、吉县、岚县、石楼、五寨、大宁、永和、兴县、汾西、横山、米脂、佳县、子洲、绥德、清涧、吴堡等
畜禽养殖及牧草种植基地	石楼、大宁、汾西、五寨、岚县、临县、静乐、神池、岢岚、吉县、隰县、横山、米脂、佳县、绥德、清涧、子洲、吴堡等
葡萄基地	隰县、横山、米脂、绥德等

续表

类型	特色农业基地
草本油料基地	临县、神池、岢岚、石楼、岚县、子洲、横山等

资料来源：《吕梁山片区区域发展与扶贫攻坚规划（2011—2020年）》。

2. 农业服务体系

健全农业科研、农技推广、动植物疫病防控、农业环境监测、信息技术、农业执法、农产品质量安全、农机安全监理等服务体系。完善县、乡、村三级农业科技服务网络，促进农业科技创新与推广应用。加快农业机械推广应用，促进农机与农艺结合，提高农业生产率。积极推动绿色和有机产品以及国家农产品地理保护标志认证。

3. 农产品流通体系

大力加强农产品批发市场、集贸市场和农业生产资料市场建设。重点建设吉县苹果、岚县马铃薯、岢岚畜产品等区域性集散中心和专业交易市场。发展农批对接、农超对接等多种形式的产销衔接，鼓励农民专业合作组织在城市社区设立直销店、连锁店。

（二）工业

吕梁山片区重点发展煤炭及煤化工业、盐化工和建筑业、农产品加工业、轻纺和特色手工业。

1. 煤炭及煤化工业

推进煤炭资源综合开发利用，淘汰落后产能，严格控制废气、废水和固体废弃物排放，大力发展循环经济。继续推进煤炭资源整合，有序开发现有煤田，加强安全生产和现代化管理。以水资源条件为前提，有序发展煤化工产业，提高合成材料生产能力。大力发展煤炭热解基础上的热、电、气、焦油联产。加快煤层气勘探和开发。

2. 盐化工和建材业

加大岩盐资源勘探和开发。高效利用岩盐资源，构建聚氯乙烯、有机氯产品、纯碱深加工、氯酸盐和金属钠五大产业链，重点发展氯碱、乙烯法聚氯乙烯、金属钠、氯化聚氯乙烯、纯碱及其深加工产品和绿色制冷剂等，打造产业链长、技术密集、产品附加值高、带动能力强的盐化工产业集群。推进石膏、粉煤灰等建材业发展，因地制宜发展水泥工业。

3. 农产品加工业

依托农业生产基地和工业园区，培育壮大农产品加工企业，不断提升技术水平和生产规模，打造品牌。大力发展干鲜果品、优质杂粮、禽畜产品、脱水蔬菜等加工，进一步延伸红枣、沙棘、核桃等加工深度，提升产品附加值。

4. 轻纺和特色手工业

依托横山、米脂等地轻纺产业基础，进一步扩大羊毛防寒服等生产规模，形成有较强竞争力的区域轻工产业群。促进绥德石雕、兴县根雕、清涧石板画、岢岚手工地毯和砂岩雕刻等工艺美术产业集聚发展。

（三）服务业

在吕梁山片区服务业发展中重点发展文化和旅游业、物流与商贸服务业、金融业、高技术服务业。

1. 文化和旅游业

加强伞头秧歌、二人台、信天游、民乐鼓吹、三弦书等民间非物质文化遗产的保护与传承。挖掘黄河文化、红色文化、陕北民俗文化内涵，打造特色文化产业与旅游产业。大力引进和培育文化产业龙头企业，推动民俗产品开发等文化产业发展。在保护生态环境的前提下，进一步开发旅游资源，培育优质旅游景区，打造精品旅游线路，促进片区内外景区连接互通，加强旅游资源整合和旅游产业区域合作，构建旅游开发协作网络，做强旅游产业。支持黄河壶口瀑布申报世界地质公园。

2. 物流与商贸服务业

完善绥德、五寨等物流节点基础设施建设，提高物流服务与配送能力。积极发展煤炭等专业物流和第三方物流，培育和壮大一批骨干物流企业。优化城乡商贸网点布局，建设一批功能完善的特色商业街、商贸聚集区，大力发展连锁经营和电子商务。建设多功能的农村综合商贸中心。规范和引导餐饮业健康发展，培育一批具有地方特色的名牌餐饮。完善农村家电、农机、汽车等维修服务网络。

3. 金融业

完善城乡金融服务体系，鼓励股份制银行在片区内设立分支机构，积极培育地方金融机构，加快推进小额贷款公司和村镇银行建设，提高金融服务能力。探索发展新型农村资金互助组织，完善小额信贷扶持到户形式，加大扶持贴息贷款的投放力度，拓展扶持开发融资渠道。进一步健全农业保险体系，推动农村金融保险创新试点。

4. 高技术服务业

加快能源与矿产资源开采加工、农产品加工等重点领域的关键技术研发，提高科技成果转化率。推进现代农业生产技术和新品种的开发和利用。按照科技信息进社区、进村庄要求，提升科技服务水平。积极推进信息综合运用和资源共享，大力推进信息服务业发展。

（四）产业结构调整

依据资源环境承载力，根据产业结构优化升级需要，积极承接东部地区和周边大城市的产业转移，努力与片区外企业开展产业合作，促进片区经济发展。大力推进产业结构调整，积极发展二、三产业，促进现有资源型产品深加工和综合利用。积极推广节能减排技术，大力发展低碳经济和循环经济。

（五）产业化扶贫

重点扶持特色优势产业、发展农民专业合作组织、健全利益联结机制，以推进产业化扶贫工作。

1. 扶持特色优势产业

立足资源特点、市场和劳动力条件，重点支持果品、杂粮、畜禽、蔬菜和旅游等带动能力强、比较优势突出、扶持效益明显的产业发展。加大政策支持和资金投入力度，强化基地建设，促进加工转化。加强对农户的技术指导和资金扶持。

2. 发展农民专业合作组织

加大政策、技术和资金支持力度，积极推进农民专业合作社、农村专业技术协会和农村中介组织发展，培育农村专业户和经纪人。充分发挥中介组织、协会、能人在发展产业、带动贫困户脱贫等方面的纽带聚合作用，提高农民组织化程度和抵御市场风险能力。鼓励社会企业等新型产业组织发展。

3. 健全利益联结机制

建立健全扶贫龙头企业、农民专业合作社等产业组织与贫困农户的利益联结机制。支持农户积极参与产业化全过程并分享收益，促进企业和贫困农户形成稳定利益关系，实现共同发展。支持扶贫龙头企业与农民专业合作社组织有效对接。鼓励企业在片区建立产业基地，带动贫困农户增收。支持企业优先吸纳安置贫困地区富余劳动力就地就近转移就业。积极探索增加农民财产性收入的新形式。

第五节　大别山片区

大别山片区跨安徽、河南、湖北三省，北抵黄河，南临长江，面积6.7万平方千米，我国南北重要地理分界线淮河横穿其中，集革命老区、粮食主产区和沿淮低洼易涝区于一体，包括安徽、河南、湖北三省的36个县（市）。

一、地区范围

大别山片区中安徽、河南、湖北均位于中部地区，具体包括安徽省亳州市的利辛县，阜阳市的临泉县、阜南县和颍上县，六安市的金寨县、寿县和霍邱县，安庆市的太湖县、宿松县、潜山县、岳西县和望江县；河南省开封市的兰考县，商丘市的民权县、宁陵县和柘城县，信阳市的潢川县、固始县、淮滨县、光山县、新县和商城县，周口市的商水县、沈丘县、郸城县、淮阳县和太康县，驻马店市的新蔡县；湖北省黄冈市的团风县、红安县、麻城市、罗田县、英山县和蕲春县，孝感市的大悟县和孝昌县（见表8-14）。《大别山片区区域发展与扶贫攻坚规划（2011—2020年）》将大别山片区定位为革命老区加快发展示范区、国家重要粮食和特色农产品生产加工基地、承接产业转移重点区、红色旅游胜地和文化休闲旅游目的地、华中和长江三角洲地区重要生态安全屏障。

表8-14　大别山片区行政区域范围

省	市	县（市）
安徽省	亳州市	利辛县
	阜阳市	临泉县、阜南县、颍上县
	六安市	金寨县、寿县、霍邱县
	安庆市	太湖县、宿松县、潜山县、岳西县、望江县
河南省	开封市	兰考县
	商丘市	民权县、宁陵县、柘城县
	信阳市	潢川县、固始县、淮滨县、光山县、新县、商城县
	周口市	商水县、沈丘县、郸城县、淮阳县、太康县
	驻马店市	新蔡县
湖北省	黄冈市	团风县、红安县、麻城市、罗田县、英山县、蕲春县
	孝感市	大悟县、孝昌县

资料来源：《大别山片区区域发展与扶贫攻坚规划（2011—2020年）》。

二、重点发展城镇

大别山片区依托铁路、高速公路等综合运输通道，加强产业集聚区建设，积极融入武汉城市圈、中原经济区和皖江城市带，密切与周边城市的联系，积极承接长江三角洲、珠江三角洲等地区的产业转移，推进新型工业化、城镇化与农业现代化协调发展。按照统筹城乡发展要求，完善农村基础设施，加快小城镇建设和村庄建设进程，夯实农业生产基础，不断改善农村基本生产生活条件。

（1）完善县城功能。加强基础设施建设，提高公共服务能力，完善县城功能，拓展发展空间，增强人口和产业聚集能力，发展壮大特色优势产业，支持麻城与金寨、潜山、潢川、淮阳、柘城、大悟、蕲春等县城提高综合承载能力，有条件的逐步发展成为区域经济中心，发挥辐射带动作用，促进县域经济发展。

（2）加快建设中心镇。完善城镇体系，强化产业支撑，扩大就业渠道，提高集聚人口和服务"三农"能力，加快建设一批中心镇。统筹城乡发展，推动城镇道路、供水、生活垃圾处理等基础设施向农村延伸，推进公共服务向农村拓展。

（3）加快小城镇建设。完善城镇体系，重点建设一批商贸流通、加工制造、旅游度假等特色小城镇（见表8-15），有条件的逐步发展成为中心镇。加大小城镇道路、电力、供水、供气、污水和垃圾处理等基础设施建设力度，加强教育、卫生等公共服务设施建设，完善城镇服务功能。充分发挥小城镇人口集聚能力，引导农村人口向小城镇集中。

表8-15　大别山区特色小城镇建设

类型	特色小城镇
商贸流通	叶集、张村、源潭、徐桥、阙疃、长集、麻埠、南溪、梅城、二郎、弥陀、张君墓、胡襄、岗王、十里、寨河、新集、桃林、沙窝、双椿铺、往流、付店、马集、汲冢、南丰、吴台、钱店、临蔡、刘湾、魏集、固墙、白寺、常营、老冢、符草楼、逊母口、张集、龙口、孙召、砖店、宋埠、河口、檀林、淋山河、张榜、邹岗、觅儿寺、八里湾、管窑、三里畈、高店、石头咀、总路咀
加工制造	小池、长岭、黄铺、双河、固阳、龙塘、张弓、柳河、起台、马畈、苏河、上石桥、陈淋子、双柳、防胡、四通、鲁台、付井、李桥、刘河、横车、大新、匡河、南河、小河、但店、白果、福田河、胜利
旅游休闲	天柱、天堂寨、燕子河、晋熙、临淮岗、安丰塘、迪沟、八里河、温泉、复兴、滑集、斑竹园、水吼、官庄、杨桥、菖蒲、黄尾、包家、瓦埠、古碑、马店、马店孜、石桥、泼河、吴成河、余集、武庙、胡族铺、卜集、栏杆、淮阳城关、老城、邓城、练村、白云寺、佛阁寺、蕲州、宣化店、夏店、三里城、九资河、龟山、新城、七里坪、高桥、杨柳、花园、周巷、木子店、红山、贾庙、杜皮、小悟、回龙山
民俗文化	寿春、正阳关、佐坝、王河、王家坝、隐贤、响肠、店前、姜寨、鸦滩、铜城、黄岗、炎刘、小甸、北关、王庄寨、远襄、砖桥、八里畈、达权店、陈集、方集、仁和、赵集、白楼、槐店、草庙地、岐亭

资料来源：《大别山片区区域发展与扶贫攻坚规划（2011—2020年）》。

（4）探索村庄建设。结合新农村建设，完善村庄规划。加大中心村建设力度，引导农村人口、产业和公共服务向中心村集聚，因地制宜培育和建设新型农村社区。因地制宜探索新型农村社区建设的具体模式，合理引导农民住宅和居民点建设，免费为村民提供经济安全适用、节地节能节材的住宅设计图样，并提供建设指导。

三、重点发展产业

《大别山片区区域发展与扶贫攻坚规划（2011—2020 年）》指出，要"着力加强粮棉油和特色农产品生产，积极推进农业现代化建设；积极承接产业转移，促进产业集聚发展，提高产业核心竞争力。坚持市场导向，发掘特色资源，培育壮大优势主导产业"，大力发展农业、旅游和文化产业、加工制造业、服务业，积极承接产业转移扶贫。

（一）农业

在大别山片区重点发展粮棉油生产、壮大生态特色农业、完善农业服务体系、健全农产品流通体系。

1. 发展粮棉油生产

大力加强平原地区农业生产大县粮、棉、油料生产基地建设。稳定播种面积，着力提高单产，积极推进优质专用小麦、专用玉米、优质水稻、优质棉花、优质花生、双低油菜产业带建设。加快水利工程建设及中低产田改造，努力提高旱涝保收的高产稳产田比例。不断提高农机装备水平和科技支撑能力。积极推进生产集约化、规模化、专业化发展，促进现代农业发展。

2. 壮大生态特色农业

积极推进山区生态特色农业发展，稳步调整平原地区农业产业结构。大力发展林下经济，推进山区茶叶、油茶、板栗、核桃、中药材等特色林产品规模化发展（见表8-16），培育市场品牌。鼓励平原地区扩大蔬菜瓜果、花卉苗木等种植规模，提升产品档次。加快发展现代畜牧业，重点支持畜禽标准化规模养殖小区建设，积极促进皖西白鹅、江淮黑猪、樱桃谷鸭、固始鸡、大别山黑山羊、鸿翔肉鸭等地方特色畜禽品种产业化发展。发展生态水产养殖，支持以鲟鱼和鳜鱼为主的大别山名贵鱼养殖基地的产业化发展。推动绿色（有机）农产品认证及国家农产品地理标志登记保护。

表8-16　大别山片区特色农业基地

类型	特色农业基地
茶叶基地	金寨、岳西、太湖、潜山、光山、新县、商城、固始、潢川、英山、大悟、蕲春、孝昌等
油茶基地	金寨、太湖、望江、岳西、光山、新县、商城、固始、潢川、麻城、罗田、蕲春、英山、团风、孝昌、大悟等
中药材基地	金寨、岳西、寿县、利辛、太湖、临泉、新县、光山、商城、柘城、郸城、沈丘、淮阳、太康、固始、新蔡、兰考、蕲春、英山、罗田、大悟、红安、孝昌等

续表

类型	特色农业基地
蔬菜基地	临泉、阜南、金寨、岳西、颍上、寿县、潜山、柘城、固始、兰考、民权、淮阳、沈丘、太康、新蔡、淮滨、新县、商城、团风、孝昌、麻城、大悟、红安等
林果基地	金寨、岳西、宿松、寿县、潜山、太湖、兰考、民权、宁陵、光山、新县、商城、淮阳、固始、郸城、商水、罗田、孝昌、红安、大悟、麻城等
蚕桑基地	金寨、潜山、岳西、太湖、颍上、商城、光山、固始、兰考、郸城、淮滨、新蔡、英山、罗田等
花卉苗木基地	金寨、潜山、岳西、颍上、太湖、潢川、固始、光山、新蔡、淮阳、商城、兰考、民权、宁陵、郸城、太康、新县、孝昌、罗田、英山、大悟、红安、麻城、蕲春等
畜禽基地	利辛、阜南、临泉、颍上、霍邱、寿县、潢川、固始、淮滨、兰考、民权、柘城、宁陵、郸城、淮阳、商水、沈丘、太康、光山、新县、商城、新蔡、孝昌、罗田、麻城、大悟、红安、团风、英山等
水产基地	望江、宿松、太湖、寿县、霍邱、金寨、颍上、潢川、新蔡、淮阳、商城、淮滨、民权、兰考、柘城、郸城、商水、太康、固始、光山、新县、蕲春、团风、麻城、孝昌等

资料来源:《大别山片区区域发展与扶贫攻坚规划（2011—2020 年）》。

3. 完善农业服务体系

健全农技推广、动植物疫病防控、农产品检测认证、农机安全监理等农业公共服务机构，完善服务网络，提高人员素质，改进服务手段，完善农业生产产前、产中、产后服务，提高农业生产服务保障能力。发展农业机械化，提升农机装备水平和服务能力。

4. 健全农产品流通体系

健全农产品交易市场体系和农业生产资料市场体系。围绕生产基地，重点建设一批农产品集散中心、专业交易市场和跨区域加工配送中心，完善农产品加工、冷藏、配送、信息和标准化等设施，支持岳西茶叶、柘城辣椒、蕲春中药材、大悟农林种苗等专业交易市场提高综合服务能力。开展农批对接、农超对接等多种形式的产销对接，推进农产品网上推介、洽谈和交易，加强农产品流通绿色通道建设。完善市场中介服务，支持农业社会化服务组织、农村营销大户和农民经纪人参与市场流通和市场建设。

（二）旅游和文化产业

在大别山片区旅游和文化产业发展过程中打造重点景区和线路、加强旅游设施建设、开发多元化旅游产品、加快文化产业发展。

1. 打造重点景区和线路

深度发掘整合红色文化、历史文化及生态旅游资源，以革命纪念场馆、革命旧址、历史文化遗产和国家级自然保护区、国家级风景名胜区、世界地质公园、森林公园等为依托,以交通主通道为纽带,着力打造重点景区和精品旅游线路。加强片区内外旅游热线的连接和旅游区域合作,增强旅游产业综合实力。深入挖掘景区旅游亮点,强化旅游宣传推介,积极拓展旅游市场。

2. 加强旅游设施建设

以高速公路、铁路和机场为依托,加强重点旅游景区对外交通连接,改善区内交通条件,逐步形成快速旅游通道网络。提升景区服务能力,强化景区周边城镇服务功能,完善住宿餐饮、休闲娱乐、观光购物等相关配套设施建设,促进旅游产业整体协调发展。

3. 开发多元化旅游产品

丰富旅游产品类型,积极发展文化体验游、休闲度假游、保健康复游、户外运动探险游和农事体验游等。开发具有地方特色的旅游纪念品,重点扶持土特产品、手工艺品等特色旅游商品的生产和加工,有效带动农户就业和增收。

4. 加快文化产业发展

保护历史文化名城名镇名村和传统村落,建设特色民俗街村。依托地方戏曲、根亲文化、姓氏文化等文化资源,打造文化产业。办好李时珍中医药节、茶文化节、豆腐文化节、大别山杜鹃花节、孝文化节、板栗节等文化节庆活动,扩大文化影响力,促进经济发展。支持民俗工艺品开发。

（三）加工制造业

在大别山片区加工制造业发展中重点发展农林产品加工业、纺织服装产业、生物医药产业、机械制造与建材等产业。

1. 农林产品加工业

积极促进农产品加工转化,发展粮食精深加工,扩大面制品、肉制品、果蔬饮料等产业优势,进一步提高产品附加值。积极培育茶油加工、干鲜果品加工、茶叶功能成分提取利用等特色资源加工业。加强资源整合,开发新产品,延伸生产加工链条,培育壮大龙头企业,增强产业竞争力。

2. 纺织服装产业

利用羽绒、棉、蚕茧、麻、竹、皮革等特色资源,大力发展丝绸、棉麻、竹纤维等纺织面料生产,壮大服装加工业和蚕丝、羽绒等制品加工业。加强产品研发及设计,促进纺织技术更新换代,培育产品品牌。

3. 生物医药产业

积极开发片区内丰富的中药材资源,鼓励利用现代生物制药技术,加工转化银杏、茯苓、厚朴、桔梗、板蓝根等优势中药材。重点发展中药饮片、中间体提取、成药制剂加工等,推进新药研制开发,延伸产业链条,大力发展中成药、中药保健品、养生功能食品、化妆品等系列产品，打造医药产业集群。支持当地重点医药企业加快发展。

4. 机械制造与建材等产业

结合产业集聚区建设，重点发展汽车配件、人造金刚石及其制品、钢结构、制冷设备等产业，发展管材、石材等建筑材料产业，提高技术含量，延伸产业链条。

（四）服务业

在大别山片区服务业发展中重点发展现代物流业、商贸服务业、金融和高技术制造业。

1. 现代物流业

利用区位优势，大力发展物流园区、综合物流中心和专业物流中心。推进与物流配套的运输场站、仓储、配送、信息平台等设施建设。积极发展第三方物流、冷链物流、粮食物流等专业物流，加快发展农村物流，培育壮大一批现代物流企业。加强粮食生产核心区重点县粮食物流集纳库、中转库建设。支持金寨、潢川、麻城、大悟等逐步发展为区域性物流中心。

2. 商贸服务业

优化城乡商贸服务网点布局，加快建设特色商业街区，完善批发、零售贸易市场。鼓励和支持连锁经营、物流配送等现代流通方式向农村延伸。积极发展电子商务。继续实施"万村千乡市场工程"。建设多功能的农村综合商贸中心。引导餐饮业健康规范发展。完善农村家电、农机、汽车等维修服务网络。

3. 金融和高技术服务业

完善城乡金融服务体系，提高金融服务能力，扩大服务范围。培育多元化农村金融机构，加快推进小额贷款公司和村镇银行建设，探索发展新型农村资金互助组织。积极开展农村保险和贷款担保业务。支持建设与产业发展相适应的科技研发服务中心和基地，促进科技成果转化和产业化。积极推进电子政务、电子商务、远程教育和医疗等信息综合应用和资源共享。

（五）承接产业转移

大别山片区产业发展过程中，一方面需要积极承接产业转移，另一方面需要促进产业园区集约发展。

1. 积极承接产业转移

立足区位优势，积极承接长江三角洲、珠江三角洲等地区和周边城市产业转移。以资源环境承载能力为前提，以市场为导向，合理确定产业承接重点。大力承接纺织服装等劳动密集型产业，积极承接汽车配件、生物医药、电子产品等产业，促进产业结构升级，提升市场竞争能力。坚持节能环保，严格产业准入制度。完善基础设施保障，加强公共服务平台建设，优化承接产业转移环境。加强区域互动合作，建立省际间产业转移统筹协调机制。加快建设承接产业转移示范园区，鼓励与东部地区共建产业园区。

2. 促进产业园区集约发展

围绕承接产业转移和推动产业结构优化升级需要，统筹规划产业园区建设，明确产业定位和发展方向，着力推进主导产业与企业集聚，突出园区特色，形成园区品牌。创新园区管理模式和运行机制，加强土地节约集约利用，严格落实土地投资强度标准。支持潢川等省级开发区在具备条件的情况下升级为国家级开发区。

（六）产业化扶贫

大别山片区产业化扶贫过程中，一方面需要创新产业组织形式，另一方面需要完善利益联结机制。

1. 创新产业组织形式

鼓励和扶持农民专业合作社、专业技术协会发展，提高农业生产组织能力、管理能力和抗风险能力。发挥各种合作组织在带动农户和联结企业方面的纽带聚合作用，促进农村分散生产向组织化、规模化、现代化生产方式转变。鼓励社会企业等新型产业组织发展。

2. 完善利益联结机制

加大对扶持龙头企业的支持力度，充分利用国家扶持贷款贴息政策，鼓励企业在落后村建立产业基地，优先吸纳落后地区富余劳动力就地就近转移就业，为扶持对象提供技术、市场、信息等服务，帮助农户参与特色产业开发。支持龙头企业和农民专业合作组织采取订单农业、入股分红、利润返还等方式，建立自愿平等、利益共享、风险共担的利益联结机制，通过订单联结、服务联结、用工联结等多种形式，促进企业和农户形成利益共同体，实现共同发展。

第六节 罗霄山片区

罗霄山片区地处罗霄山脉中南段及其与南岭、武夷山连接地区，国土总面积为5.3万平方千米，跨江西、湖南两省，是著名的革命老区，大部分县属于原井冈山革命根据地和原中央苏区范围，包括江西、湖南两省24个县（市、区）。

一、地区范围

罗霄山片区中江西省、湖南省均位于中部地区，具体包括江西省赣州市的赣县、上犹县、安远县、宁都县、于都县、兴国县、会昌县、寻乌县、石城县、瑞金市、南康市和章贡区，吉安市的遂川县、万安县、永新县和井冈山市，萍乡市的莲花县，抚州市的乐安县；湖南省株洲市的茶陵县和炎陵县，郴州市的宜章县、汝城县、桂东县和安仁县（见表8-17）。《罗霄山片区区域发展与扶贫攻坚规划（2011—2020年）》将罗霄山片区定位为我国南方地区重要交通通道、承接产业转移示范区、特色农业和全国稀有金属产业及先进制造业基地、红色旅游胜地与生态文化旅游重要目的地、我国南方地区重要生态安全屏障。

表8-17　罗霄山片区行政区域范围

省	市	县（市、区）
江西省	赣州市	赣县、上犹县、安远县、宁都县、于都县、兴国县、会昌县、寻乌县、石城县、瑞金市、南康市、章贡区
	吉安市	遂川县、万安县、永新县、井冈山市
	萍乡市	莲花县
	抚州市	乐安县
湖南省	株洲市	茶陵县、炎陵县
	郴州市	宜章县、汝城县、桂东县、安仁县

资料来源：《罗霄山片区区域发展与扶贫攻坚规划（2011—2020年）》。

二、重点发展城镇

在罗霄山片区城镇建设过程中，要依托铁路、高速公路等综合运输通道，加强中心城市和产业集聚区建设，增强辐射带动功能，加强与珠江三角洲、长江三角洲等地区的经济联系，积极融入鄱阳湖生态经济区、环长株潭城市群及海峡西岸经济区发展，充分发挥南昌、长沙及萍乡、吉安、抚州、株洲、郴州等周边城市的带动作用。按照统筹城乡发展的要求，科学规划城镇布局，完善农村基础设施，加快小城镇与村庄建设，夯实农业发展基础，不断改善生活环境和发展条件。

（1）推动中心城市发展。以赣州市为区域中心城市，推动赣州中心城区与赣县、南康、上犹同城化发展，拓展城市空间，完善提升城市功能，促进人口集中和产业聚集发展。推进稀有金属产业和先进制造业基地建设，壮大钨和稀土产业、新能源汽车及汽车配件、铜铝有色金属加工等特色优势产业。大力推进赣州市区域性综合交通运输枢纽、商贸物流中心和生态宜居城市建设。支持井冈山市、瑞金市和宜章、茶陵等县城加强基础设施建设，提高公共服务水平，培育壮大特色优势产业，增强综合承载能力和辐射带动功能，逐步发展为区域性经济中心。

（2）加强重点城镇建设。加强基础设施建设，拓展城镇空间，完善城镇功能，强化产业支撑，提高人口和发展要素集聚能力，带动县域经济加快发展，扩大就业渠道，促进当地群众增收。统筹城乡发展规划，推动城镇道路、供水、生活垃圾处理等基础设施向乡村延伸，推进公共交通、公共服务向乡村拓展。

（3）引导重点小城镇建设。加强小城镇建设规划，完善小城镇道路、供水、污水垃圾处理、园林绿化等基础设施，加强教育、卫生等公共服务体系和设施建设，建设一批民俗文化、加工制造、商贸流通、生态旅游等特色城镇（见表8-18），提高人口集聚能力，推动城镇化进程。支持一批交通区位优、产业基础好、发展潜力大的城镇发展为中心镇，引导农村人口向小城镇适度集中。

表8-18　罗霄山片区重点小城镇建设

类型	重点小城镇
红色及民俗文化	沙洲坝、叶坪、梅窖、小布、白鹭、赤土、镇岗、营前、西江、留车、岭背、横江、水东、里田、牛田、坊楼、路口、龙渣、水口、秩堂、桃坑、岭秀、盈洞、十都、沔渡、湖口、潞水、寨前、延寿、玉溪、五岭
旅游度假	三百山、田埠、陂水、壬田、日东、水西、湖江、靖石、高兴、筠门岭、浮石、南桥、琴江、茅坪、汤湖、三湾、龙源口、莲江、金竹、莽山、三江口、热水、鹿原、豪山、关王、龙海、桃坑、八团、清泉、沤江、舟舫、浣溪、马江、十都、策源、羊脑、四都、暖水、流源、一六
商贸流通	唐江、罗坳、黄陂、文武坝、古龙岗、黄柏、江口、九堡、沙地、东山、澄江、孔田、小松、蟠龙、文竹、于田、高陂、芙蓉、山砀、路口、白石渡、三江口、桥头、关王、沔渡、严塘、高陇、安平、界首、虎踞、土桥、文明、岩泉、宁官、东风
加工制造	茅店、沙河、长胜、黄埠、壬田、云石山、九堡、麻州、江背、版石、屏山、沙河、潭口、镜坝、长宁、龙市、草林、阜前、公溪、沙田、梅田、下东、腰陂、永乐江、霞阳、平水、大坪、泉水、大塘、普乐

资料来源：《罗霄山片区区域发展与扶贫攻坚规划（2011—2020年）》。

（4）科学指导村庄建设。结合新农村建设，科学编制村庄规划，统筹引导村庄土地利用。在坚持村民自愿的原则下，引导农民适度集中居住，免费为村民提供经济安全适用、节地节能节材的住宅设计图样，并提供建设指导。统筹建设村庄生产生活设施、公共服务设施，完善村庄功能。以乡镇所在地、交通沿线人口聚集区为重点，建设一批中心村。

三、重点发展产业

《罗霄山片区区域发展与扶贫攻坚规划（2011—2020年）》指出要"坚持

市场导向，依托优势资源，加快结构调整，大力承接产业转移，培育壮大特色鲜明、竞争力强、生态友好的支柱产业，完善现代产业体系"，重点发展农业、工业、旅游与文化产业、服务业，积极承接产业转移，发挥产业化扶持的作用。

（一）农业

在罗霄山片区农业发展中重点关注粮食与特色农产品生产、完善农业服务体系、建立健全农产品流通体系。

1. 粮食与特色农产品生产

优化农业区域布局，推进农业结构调整，大力发展特色农业（见表8-19）。严格基本农田保护，稳定粮食播种面积，加强生产能力建设，提高粮食生产水平。做强脐橙产业，加快品种选育和改良，推进标准化、有机果园建设，加强果品采后商品化处理。积极发展蜜橘、茶叶、白莲、甜叶菊、蔬菜、中药材等特色农产品生产。大力发展油茶、毛竹、苗木花卉以及林下经济等特色林业产业，支持油茶示范基地县建设。支持发展生猪、肉牛、水产养殖，推进畜禽标准化规模养殖场（小区）建设。推动绿色和有机产品认证及国家农产品地理标志登记保护。

表8-19　罗霄山片区特色农业基地

类型	特色农业基地
脐橙等水果基地	安远、寻乌、兴国、瑞金、会昌、于都、宁都、赣县、石城、上犹、章贡、万安、南康、井冈山、永新、遂川、莲花、宜章、安仁、茶陵、炎陵、汝城、桂东
茶叶基地	上犹、宁都、于都、兴国、瑞金、会昌、石城、遂川、井冈山、永新、乐安、莲花、桂东、宜章、汝城、炎陵、茶陵、安仁
油茶基地	兴国、瑞金、会昌、于都、宁都、赣县、安远、南康、上犹、石城、寻乌、遂川、永新、井冈山、乐安、莲花、汝城、宜章、桂东、炎陵、安仁、茶陵
优质蔬菜基地	瑞金、赣县、于都、安远、南康、上犹、章贡、会昌、兴国、石城、遂川、万安、莲花、汝城、宜章、桂东、炎陵、安仁、茶陵
中药材基地	安远、瑞金、石城、南康、遂川、乐安、莲花、汝城、桂东、安仁、炎陵、茶陵
白莲基地	石城、宁都、瑞金、莲花
竹荪基地	井冈山、万安、会昌、炎陵
食用菌基地	宁都、于都、安远、章贡、井冈山、遂川、莲花、乐安、桂东、汝城、宜章、安仁、茶陵
烤烟基地	石城、瑞金、宁都、兴国、会昌、安远、赣县、寻乌、万安、乐安、莲花、茶陵、宜章、安仁

续表

类型	特色农业基地
优质竹木基地	上犹、会昌、瑞金、兴国、于都、宁都、赣县、安远、遂川、井冈山、永新、乐安、汝城、桂东、炎陵、茶陵、宜章
苗木花卉基地	兴国、章贡、上犹、于都、石城、赣县、宁都、永新、遂川、万安、乐安、莲花、桂东、茶陵
生猪养殖基地	兴国、安远、南康、赣县、上犹、宁都、于都、会昌、寻乌、瑞金、石城、永新、遂川、井冈山、万安、莲花、乐安、宜章、桂东、汝城、安仁、炎陵、茶陵
肉牛基地	瑞金、于都、上犹、永新、遂川、万安、宜章、桂东、汝城、安仁、炎陵、茶陵
家禽养殖基地	宁都、兴国、遂川、井冈山、莲花、宜章、炎陵
水产基地	赣县、上犹、万安、茶陵、兴国、瑞金、石城、南康、宜章
杂交水稻制种基地	宁都、会昌、瑞金、于都、兴国、万安、遂川、永新、莲花、汝城、宜章、安仁、茶陵

资料来源：《罗霄山片区区域发展与扶贫攻坚规划（2011—2020年）》。

2. 农业服务体系

完善农业产前、产中、产后服务。健全农业科研、农技推广、动植物疫病防控、农机安全监理、农产品质量安全检验检测、农业环境监测、信息技术、农业执法等服务体系。健全完善服务网络，改进服务手段，提高服务水平。

3. 农产品流通体系

健全农产品交易市场体系和农业生产资料市场体系，完善交易、加工、冷藏、配送、信息和标准化等设施，规范市场秩序。依托已有基础，重点建设一批具有区域影响力的柑橘、茶叶、蔬菜、中药材专业交易市场和区域性加工配送中心。对脐橙流通实行"西果东送"政策，支持建立特色农产品跨区域产销链条。积极发展农批对接、农超对接等多种形式的产销衔接，强化与粤港澳、厦漳泉等地区以及周边城市批发市场或超市的产销直供，推进农产品网上推介、洽谈和交易，减少农产品流通环节。推动柑橘产业品牌建设、市场销售和仓储物流等方面的跨省协作。充分发挥农民专业合作组织、农业社会化服务组织、农村营销大户和农村经纪人在市场体系建设中的作用。

（二）工业

在罗霄山片区工业发展过程中重点发展农林产品加工、矿产资源加工、生物医药产业、制造业。

1. 农林产品加工

依托特色基地，大力发展农林产品加工业。培育壮大本地龙头企业，积极引进科技水平高、综合实力强的加工企业，推进资源整合和企业技术改造升级。实施品牌战略，提升发展茶产业，积极推进油茶、果蔬、食用菌和畜禽水产品加工。大力促进竹林产品深加工和精细加工，积极发展竹纤维制品、竹制地板、集装箱底板等加工业。

2. 矿产资源加工

加强矿产资源勘查，按照清洁生产、集聚发展的要求，有序推进钨、稀土、钽铌等稀有金属开发利用，因地制宜发展锡、铜、铝等有色金属产业和萤石、高岭土、石灰石、石英石、花岗岩等非金属矿产加工，有序推进宜章煤电一体化。支持井冈山陶瓷、茶陵建筑陶瓷、会昌氟盐化工、宜章氟化工等产业基地建设。大力发展循环经济，提高矿产资源利用效率。

3. 生物医药产业

发挥茯苓、杜仲、厚朴、丹参等中药材资源优势，积极引进制药企业，利用现代生物技术大力发展中药材饮片、中药有效成分提取和成药制剂加工。支持药品、食品等企业直接参与中药材生产基地建设，培育壮大种植、加工及销售一体化的现代医药产业。

4. 制造业

大力发展电子信息、纺织服装、机械制造等产业，积极培育新能源汽车、新材料、节能环保、高端装备制造等战略性新兴产业，支持军工企业在赣州等地发展高技术产业，支持赣州新型电子、瑞金线束线缆、南康家具、万安电子电路板、茶陵电工电器、安仁工程机械等产业基地建设。

（三）旅游与文化产业

在罗霄山片区旅游与文化产业发展中重点壮大文化产业、开发旅游资源、提升旅游服务能力、开发旅游商品。

1. 壮大文化产业

提升井冈山精神、苏区精神影响力，推动红色文化发展创新，创作一批红色题材的优秀作品，做大做强以《井冈山》实景演出为代表的歌舞、影视、戏剧文化品牌，支持红色影视基地建设。推进客家文化、庐陵文化的挖掘、整理、保护和传播，加强炎帝陵等文化遗迹的保护和利用，加强少数民族文化的挖掘与保护，积极开展非物质文化遗产保护和申报工作，支持文化产品出版发行。培育和引进文化龙头企业，打造文化精品工程，推动文化产业集聚发展。

2. 开发旅游资源

依托红色教育基地、古村古镇和风景名胜区、森林公园、湿地公园、自然保护区等旅游资源，重点发展红色旅游、生态旅游、乡村旅游、历史文化游。加强旅游资源整合和旅游产业区域合作，构建旅游开发协作网络。以瑞金为中心，构建原中央苏区旅游圈；以井冈山为中心，推进井冈山市和遂川、万安、永新、莲花、茶陵、炎陵、桂东、安仁等县旅游产业统筹规划与协同发展，构建大井冈山红色与生态文化旅游协作区。开发建设精品旅游线路，加强旅游宣传推介，增强旅游产业整体活力和综合实力。

3. 提升旅游服务能力

加强旅游景区与高等级公路、铁路及机场连接线建设，形成便捷的旅游交通网络。加强旅游景点间交通联系，构建安全、便捷的旅游线路。完善景区通讯、供水、供电、垃圾、污水收集处理等基础设施，建设一批旅游汽车营地。完善景区标识系统及安全防护设施，加强餐饮、住宿、购物、娱乐等配套设施建设，提升旅游服务能力。

4. 开发旅游商品

加快多元化旅游商品的开发，不断提高旅游商品的质量和档次。扶持特色工艺品、纪念品、文化制品、土特产品等旅游商品的设计和生产。

（四）服务业

在罗霄山片区服务业发展中重点发展现代物流业、商贸服务业、金融业、高技术服务业。

1. 现代物流业

以中心城市、重点产业园区为核心，大力促进现代物流发展。支持赣州建设区域性物流中心，完善井冈山、瑞金、宜章、茶陵等重要物流节点的服务功能，构建区域性物流信息平台，加强运输、仓储、加工等配套服务设施建设。大力发展第三方物流和专业物流，推动传统物流企业向现代物流企业转型升级。

2. 商贸服务业

完善商贸网点布局，加强城乡商业网点、农村集贸市场和建材等专业批发市场体系建设，打造特色商业街区。大力发展电子商务，推进连锁经营。实施"万村千乡市场工程""农产品现代流通示范创建"。建设多功能的农村综合商贸服务中心，完善农村家电、农机、汽车等维修服务网络。引导住宿餐饮企业规范发展。

3. 金融业

完善城乡金融服务体系，提升中心城市金融综合服务能力，扩大农村金融服务覆盖面。提升金融服务农村能力，支持和鼓励各类银行业金融机构发起设立新型农村金融机构，积极推进小额贷款公司建设。推进农村保险和贷款担保业务。

4. 高技术服务业

围绕特色农业、先进制造业和矿产资源加工等重点领域关键技术需求，加大科研投入，加强科技合作，提升科技服务水平。按照信息进社区、进村庄要求，适应电子商务、电子政务、远程教育、远程医疗等信息综合运用和资源共享的需要，大力推进高技术服务业发展。

（五）承接产业转移

在罗霄山片区承接产业转移过程中，一方面要有序承接产业转移，另一方面要促进产业园区发展。

1. 有序承接产业转移

加强与珠江三角洲地区、海峡西岸经济区以及长江三角洲地区等沿海地区的对接发展，以瑞金、南康、宁都、赣县、万安、莲花、宜章、汝城、安仁等县市为重点，积极承接产业转移。支持设立赣南承接产业转移示范区。以生态环境保护为前提，以产业集聚区为重点，积极承接电子信息、生物医药、机械制造、服装加工、陶瓷等产业转移。完善产业配套条件和产业转移推进机制。将承接产业转移与结构调整相结合，促进产业转型升级，提升市场竞争力。加强区域互动合作，建立省际间产业转移统筹协调机制。

2. 促进产业园区发展

合理确定产业定位和发展方向，建设一批较高水平的现代产业园区，逐步形成对区域经济具有引领性、支撑性的产业集群，提高产业集聚效益。吸引企业集群式向区域内转移，采取多种形式合作共建产业园区。支持具备条件的国家级、省级开发区适当扩区和符合条件的省级开发区升级。支持设立国家高新技术产业园区。在条件成熟时，在赣州出口加工区的基础上按程序申请设立赣州综合保税区。支持宁都、遂川、乐安、莲花、安仁等县市建设产业园。

（六）产业化扶持

在罗霄山片区产业化扶持过程中需重点扶持扶贫特色产业、创新产业组织形式、完善利益联结机制。

1. 扶持扶贫特色产业

重点支持柑橘、油茶、茶叶、毛竹、畜禽养殖和旅游业等覆盖面大、带动力强、扶贫效益明显的产业发展。加大政策支持和资金投入力度，强化基地建设，促进加工转化。加强对农户的技术指导和资金支持。

2. 创新产业组织形式

按照产业化扶持要求，重点支持农民专业合作社、专业技术协会和扶持龙头企业、小微型企业等能够直接带动农户增收的产业组织发展。鼓励社会企业等新型产业组织发展。支持建立片区农业产业化扶持促进组织，探索按照社会企业模式推进农业生产经营专业化、标准化、集约化、品牌化的新机制新途径。

3. 完善利益联结机制

建立健全扶持龙头企业、农民专业合作社等产业组织与农户的利益联结机制。支持农户积极参与产业化全过程并分享收益，促进企业和农户形成稳定利益关系，实现共同发展。支持扶持龙头企业与农民专业合作社组织有效对接。鼓励企业在本区域建立产业基地，带动农户增收。支持企业优先吸纳安置贫困地区富余劳动力就地就近转移就业。积极探索增加农民财产性收入的新形式。

参考文献

［1］安彬，肖薇薇，段塔丽.秦巴集中连片特困区多维贫困度量及其空间格局［J］.地球环境学报，2018，9（5）：508-520.

［2］陈益芳，陈晓曼，谭银清.连片特困地区农户扶贫参与意愿及其影响因素研究——基于武陵山区贫困农户样本数据［J］.西北人口，2017，38（3）：38-44.

［3］李海金，罗忆源.连片特困地区扶贫开发的战略创新——以武陵山区为例［J］.中州学刊，2015（12）：78-83.

［4］李仙娥，李倩.秦巴集中连片特困地区的贫困特征和生态保护与减贫互动模式探析［J］.农业现代化研究，2013，34（4）：408-411.

［5］刘桂莉，孔柠檬.中国连片特困区发展的特殊性及减贫路径优化——以赣南罗霄山为例［J］.改革与战略，2017，33（3）：104-107.

［6］刘菁，李伟，郭滇华，祝谦，郑书雄，崔禄春.深度贫困地区高质量可持续绿色脱贫路径——山西吕梁集中连片特困山区攻坚深度贫困调研［J］.中国党政干部论坛，2018（1）：73-76.

［7］钱力，倪修凤，宋俊秀，曹巍.大别山连片特困区县域多维贫困测度及贫困重心迁移［J］.地域研究与开发，2019，38（4）：33-38.

［8］钱力，倪修凤，宋俊秀.连片特困区精准扶贫多维绩效模糊评价——以安徽省大别山区为例［J］.华东经济管理，2018，32（3）：22-27.

［9］苏静.空间关联视角下连片特困地区农民收入增长的影响因素分析——基于武陵山区66个县域数据和空间杜宾模型的实证［J］.财经理论与实践，2017，38（6）：125-130.

［10］肖攀，苏静，李强谊.政府干预、空间溢出与连片特困地区金融发展——基于武陵山区66个县的经验证据［J］.郑州大学学报（哲学社会科学版），2018，51（4）：23-31.

［11］张静.吕梁山区集中连片特困地区贫困现状及脱贫对策研究［J］.经济研究参考，2016（39）：21-26.

［12］张玉强，李祥.我国集中连片特困地区精准扶贫模式的比较研究——基于大别山区、武陵山区、秦巴山区的实践［J］.湖北社会科学，2017（2）：46-56.

［13］郑瑞强，陈燕，张春美，饶盼.连片特困区财政扶贫资金配置效率测评与机制优化——以江西省罗霄山片区18个县（市、区）为分析样本［J］.华中农业大学学报（社会科学版），2016（5）：63-69，145.

［14］周亮，徐建刚，林蔚，杨林川，孙东琪，叶尔肯·吾扎提.秦巴山连片特困区地形起伏与人口及经济关系［J］.山地学报，2015，33（6）：742-750.

第九章 中部地区生态文明建设与可持续发展

第一节 国家级生态文明试验示范区

一、国家级生态文明试验区（江西）

2016 年 8 月 12 日，中共中央办公厅、国务院办公厅印发了《关于设立统一规范的国家生态文明试验区的意见》，中部地区的江西省、东部地区的福建省和西部地区的贵州省三省作为生态基础较好、资源环境承载能力较强的地区，被纳入首批统一规范的国家生态文明试验区，以探索形成可在全国复制推广的成功经验。2017 年 10 月 2 日，中共中央办公厅、国务院办公厅正式印发了《国家生态文明试验区（江西）实施方案》（以下简称《方案》），要求围绕建设富裕美丽幸福江西，以进一步提升生态环境质量、增强人民群众获得感为导向，以机制创新、制度供给、模式探索为重点，积极探索大湖流域生态文明建设新模式，培育绿色发展新动能，开辟绿色富省、绿色惠民新路径，构建生态文明领域治理体系和治理能力现代化新格局，努力打造美丽中国"江西样板"。

（一）国家级生态文明试验区（江西）的定位与目标

国家级生态文明试验区（江西）有四大定位：美丽中国建设样板区、生态文明改革引领区、全面绿色转型先行区、生态福祉共享示范区。其主要目标分为三个阶段实现：

一是深化建设阶段（2021~2025 年）。第一，制度体系建设迈上新台阶：生态文明体制改革的整体性、系统性和协调性不断增强，省域国土空间治理体系更加健全，政府为主导、企业为主体、社会组织和公众共同参与的环境治理体系基本建立，生态产品价值实现的制度框架全面形成，生态文明现代化治理效能持续提升。第二，绿色转型升级激发新动能：绿色低碳循环发展的经济体系初步形成，产业转型升级取得突破性进展，三次产业结构调整优化为 7.5∶41.5∶51 左右，战略性新兴产业增加值占规模以上工业的比重达 28%，生态江西品牌进一步打响。第三，资源能源效率实现新突破：能源资源利用效率大幅提升、能源消耗下降 14%，单位地区生产总值二氧化碳排放完成国家下达目标任务，用水总量等控制在国家规定的范围内，非化石能源消费比重力争提高到 18.3%，单位地区生产总值（GDP）建设用地使用面积持续降低。第四，生态环境质量得到新提升：主要污染物排放总量持续减少，设区城市空气质量全面达到二级标准，鄱阳湖及"五河"尾闾水生态环境状况逐步改善，土壤和地下水环境质量总体保持稳定，生态环境质量持续保持全国第一。第五，城乡人居环境展现新面貌：人口、经济分布与资源环境承载力实现均衡协调发展，生态、农业、城镇空间实现合理协调布局环境基础设施建设加快完善，美丽城市、美丽城镇、美丽乡村品质持续提升，绿色低碳的生活方式加快形成。

二是全面提升阶段（2026~2030 年）。持续巩固生态文明建设在全国的领先优势，全面提升生态环境治理效能，探索出具有江西特色的生态产品价值实现路径和生态文明建设模式。绿色低碳技术实现普遍应用，绿色低碳循环发展政策体系全面形成，经济社会发展全面绿色转型走在全国前列。非化石能源消费比重达到 22.5% 左右，活立木蓄积量达到 9 亿立方米，重点耗能行业能源利用效率达到国内先进水平，顺利实现 2030 年前碳达峰目标。

三是全面建成阶段（2031~2035 年）。与高水平绿色发展相适应的空间格局、产业结构、生产方式和生活方式全面形成，生态环境治理保持全国前列，高标准建成美丽中国"江西样板"。在生态环境治理体系和治理能力现代化基本实现、绿色低碳转型发展、大湖流域山水林田湖草沙系统治理、生态产品价值实现、生态数字治理、绿色金融改革和绿色低碳社会建设等方面全国示范。

通过深化试验区建设，生态环境质量进一步改善。到 2025 年，全省森林覆盖率稳定在 63.1%，地表水达到或好于Ⅲ类水体比例不低于 95.5%，地表水Ⅴ类及劣Ⅴ类水体基本消除，水土保持率升至 86.57%，地级及以上城市空气质量优良天数比率控制在不低于 94%，细颗粒物年平均浓度降至 29 微克/立方米。湿地保护率达到 62%，单位地区生产总值能源消耗降低、万元工业增加值用水量下降、主要污染物排放总量持续减少，生态环境质量持续保持全国第一。

（二）国家级生态文明试验区（江西）的重点任务

国家级生态文明试验区（江西）的重点任务主要包括构建山水林田湖草系统保护与综合治理制度体系、构建严格的生态环境保护与监管体系、构建促进绿色产业发展的制度体系、构建环境治理和生态保护市场体系、构建绿色共治共享制度体系、构建全过程的生态文明绩效考核和责任追究制度体系六大方面。

在构建山水林田湖草系统保护与综合治理制度体系方面，主要是尊重和顺应鄱阳湖流域的自然规律，深入贯彻共抓大保护、不搞大开发理念，突出山河林田湖草生命共同体的系统性和完整性。探索完善自然资源资产产权、土地空间开发与保护、流域综合管理、生态保护与修复等制度。一是建立健全自然资源资产产权制度；二是加快完善国土空间开发保护制度，落实主体功能区制度，建立统一规范的省级空间规划编制机制，全面划定生态保护红线，实行最严格的耕地保护制度，探索自然生态空间用途管制制度；三是积极探索流域综合管理制度，建立流域综合修复制度，健全流域生态保护补偿制度，创新流域综合管理模式；四是健全生态系统保护与修复制度，加强水土流失综合防治，健全森林保护与管理制度，完善生物多样性保护制度。

在构建严格的生态环境保护与监管体系方面，建立健全生态环境保护的监测预警、督察执法、司法保障等体制机制，着力解决大气、水、土壤污染及生态破坏等关系人民群众切身利益的突出环境问题。一是健全生态环境监测网络和预警机制；二是建立健全以改善环境质量为核心的环境保护管理制度；三是创新环境保护督察和执法体制；四是完善生态环境资源保护的司法保障机制；五是健全农村环境治理体制机制。

在构建促进绿色产业发展的制度体系方面，坚持市场主导、政府引导，着力完善符合生态文明要求的产业政策和制度体系，构建具有江西特色的绿色产业体系，培育发展新动能。一是创新有利于绿色产业发展的体制机制，探索新兴产业发展促进机制，探索服务业发展的引导机制；二是建立有利于产业转型升级的体制机制；三是建立有利于资源高效利用的体制机制，落实资源节约利用制度，完善循环经济引导机制。

在构建环境治理和生态保护市场体系方面，充分发挥市场在资源配置中的决定性作用，加快培育生态环保市场主体，完善市场交易制度，建立体现生态环境价值的制度体系。一是加快培育环境治理和生态保护市场主体，建立社会资本投入生态环境保护的引导机制；二是逐步完善环境治理和生态保护市场化机制，探索建立污染物排放权交易制度，探索建立碳排放权交易市场体系，探索建立用能权交易制度；三是健全绿色金融服务体系。

在构建绿色共治共享制度体系方面，积极探索生态价值转化为经济效益的新模式，进一步完善全民参与生态建设的体制机制，在生态文明建设中推动形成主流生态文明价值观。一是建立绿色共享机制；二是完善社会参与机制；三是健全生态文化培育引导机制。

在构建全过程的生态文明绩效考核和责任追究制度体系方面，进一步提高生态文明绩效考核责任追究制度体系的科学性、完整性和可操作性，完善各考核体系的标准衔接、结果运用和责任落实机制。一是进一步完善生态文明建设评价考核制度；二是探索编制自然资源资产负债表；三是开展领导干部自然资源资产离任审计；四是建立生态环境损害责任终身追究制度；五是加强生态文明考核与责任追究的统筹协调。

二、国家生态文明建设示范市县

自2017年开始，环境保护部已经公布了三批国家生态文明建设示范市县拟命名名单，一共命名176个市县为国家生态文明建设示范市县，中部地区共有32个市县入选，占全部入选市县总数的18.2%，分别为山西省的右玉县、芮城县、沁源县、沁水县；安徽省的宣城市、金寨县、绩溪县、芜湖县、岳西县、当涂县、潜山市；江西省的靖安县、资溪县、婺源县、井冈山市、崇义县、浮梁县、景德镇市、南昌区湾里区、奉新县、宜丰县、莲花县；湖南省的江华瑶族自治县、张家界市武陵源区、桃源县、石门县、长沙市望城区、永州市零陵区；河南省的栾川县、新县、新密市、兰考县、泌阳县；湖北省的京山县、保康县、禾丰县、十堰市、赤壁市、恩施市、咸丰县、恩施土家族苗族自治州、五峰土家族自治县。选取第一批国家生态文明建设示范市县作介绍如下：

（一）山西省右玉县

山西省右玉县位于晋西北边陲，隶属于山西省朔州市。北与西北以古长城为界，与内蒙古的凉城和林格尔县毗邻，东连大同市左云县，南与山阴县、平鲁区接壤。右玉县四周环山，南高北低，苍头河纵贯南北，东西宽45.7千米，南北长67.7千米，总面积1969平方千米。平均海拔1400米，属黄土丘陵缓坡区。该县长期以来全面推动绿色发展，2017年全年完成荒山造林2.16万亩，通道绿化84.7千米，村庄绿化28个。

（二）安徽省宣城市

安徽省宣城市地处安徽省东南部，东临浙江省杭州、湖州两市，南倚黄山，西和西北与池州市、芜湖市毗邻，北和东北与安徽省马鞍山及江苏省南京、常州、无锡接壤，处在沪宁杭大三角的西部腰线上，是南京都市圈成员城市，皖江城市带承接产业转移示范区一翼，是中部地区承接东部地区产业、资本转移的前沿阵地，皖苏浙交汇区域中心城市，东南沿海沟通内陆的重要通道。宣城市辖1个市辖区和5个县，代管1个县级市。该市长期坚持生态优先，近年来人居环境持续改善，生态文明建设成效显著。2017年相继成为国家低碳试点城市和全国绿色发展优秀城市。

（三）安徽省金寨县

安徽省金寨县隶属于安徽省六安市，位于皖西边陲、大别山腹地，地处三省七县二区结合部。西、南两面与河南省、湖北省毗邻，209、210省道纵贯南北，临近312国道；梅山水库、响洪甸水库可常年通航。金寨县是安徽省面积最大、人口最多的山区县和旅游资源大县，也是中国第二大将军县，被誉为"红军的摇篮、将军的故乡"，是著名的革命老区。金寨县坚持打造生态城镇，建设美丽乡村，提升城市品位，建设美丽乡村。

（四）安徽省绩溪县

安徽省绩溪县位于安徽省南部，是徽文化的重要发祥地，现隶属于宣城市管辖。绩溪位于皖南山区，地处黄山山脉和西天目山山脉结合带，长江水系与钱塘江水系分水岭，东与临安市交界，北与宁国市、旌德县毗连，西与旌德县、黄山市黄山区及歙县接壤，南与歙县相邻，总面积1126平方千米，辖8个镇、3个乡。绩溪县森林覆盖率达76.5%，以建立生态文明建设考核目标体系、绿色发展指标体系和生态责任离任审计制度，谋划建设"多规合一"信息管理平台，严格落实"三区三线"管控措施等为抓手，大力构建人与自然和谐共生示范区。

（五）江西省靖安县

江西省靖安县位于江西省西北部，宜春市北部，地处北纬28°46′~29°06′、东经114°55′~115°31′，东邻安义县，南界奉新县，西毗修水县，北接武宁县，东北连永修县。靖安县域东西最大横距37千米，南北最大纵距33.1千米，总面积1377平方千米。靖安县生态文明建设一直走在全国前列，并形成了相对较为成熟的生态文明建设经验。

（六）江西省资溪县

江西省资溪县隶属于抚州市，位于江西省中部偏东，抚州市东部，介于北纬27°28′~27°55′、东经116°46′~117°17′，有"江西东大门"之称，也是江西入福建的重要通道。东与福建省光泽县接壤，南与黎川县毗邻，西与南城县交界，北与贵溪市相连，总面积1251平方千米。贵溪县积极完善生态文明建设的体制机制，落实国家重点生态功能区建设要求，编制产业准入负面清单，完善产业准入机制。

（七）江西省婺源县

江西省婺源县属江西省上饶市下辖县，位于江西东北部，与皖、浙两省交界，土地面积2967平方千米，其中有林地378万亩，耕地32万亩，素有"八分半山一分田，半分水路和庄园"之称。婺源东邻国家历史文化名城衢州市，西毗瓷都景德镇市，北枕国家级旅游胜地黄山市，南接德兴市。婺源的代表文化是徽文化，素有"书乡""茶乡"之称，是全国著名的文化与生态旅游县，被外界誉为"中国最美的乡村"。

（八）湖南省江华瑶族自治县

湖南省江华瑶族自治县是湖南省永州市下辖县，位于湘、粤、桂三省（区）

结合部，分别与广东、广西各三个县（市、区）相邻。江华瑶族自治县是以瑶族为主、以壮族、汉族、苗族等十余个民族为辅聚居的少数民族自治县，是永州市唯一的少数民族自治县，是湖南省唯一的瑶族自治县，是中国 13 个瑶族自治县中瑶族人口最多的县，被誉为"神州瑶都"。防止环境污染，一方面从源头上抓起，加大整治力度，另一方面坚持保护与建设并举。

（九）河南省栾川县

河南省栾川县位于河南省西部，东与嵩县毗邻，西与卢氏接壤，南与西峡抵足，北与洛宁摩肩，素有"洛阳后花园""洛阳南大门"的美誉。栾川县总面积 2477 平方千米，素有"四河三山两道川、九山半水半分田"之称。

（十）湖北省京山市

湖北省京山市隶属于湖北省荆门市，素有"鄂中绿宝石"之称，地处湖北省中部，大洪山南麓，江汉平原北端，东临安陆市、应城市，西接钟祥市，南连天门市，北倚随州市。京山市处于鄂中低山丘陵至江汉平原的过渡地带，地势由西北向东南倾斜，主要有低山、丘陵、岗地和平原四种地貌类型；属中亚热带季风气候区，四季分明，光照充足，热量丰富。

第二节　国家级生态经济区

一、鄱阳湖生态经济区

鄱阳湖生态经济区是以江西省鄱阳湖为核心，以鄱阳湖城市圈为依托，以保护生态、发展经济为重要战略构想的经济特区。2009 年 12 月 12 日，国务院正式批复《鄱阳湖生态经济区规划》（以下简称《规划》），标志着建设鄱阳湖生态经济区正式上升为国家战略。这也是新中国成立以来，江西省第一个纳入为国家战略的区域性发展规划，是江西发展史上的重大里程碑，对实现江西崛起新跨越具有重大而深远的意义。加快建设国家鄱阳湖生态经济区，作为国家一项重要战略，有利于探索生态与经济协调发展的新路，有利于探索大湖流域综合开发的新模式，有利于构建国家促进中部地区崛起战略实施的新支点，有利于树立中国坚持走可持续发展道路的新形象。《规划》明确指出，要把鄱阳湖区生态经济区规划的实施作为应对国际金融危机、贯彻区域发展总体战略、保护鄱阳湖"一湖清水"的重大举措，促进发展方式根本性转变，推动这一地区科学发展。《规划》明确要求，鄱阳湖生态经济区规划实施要以促进生态和经济协调发展为主线，以体制创新和科技进步为动力，转变发展方式，创新发展途径，加快发展步伐，努力把鄱阳湖地区建设成为全国乃至世界生态文明与经济社会发展协调统一、人与自然和谐相处、经济发达的世界级生态经济示范区。

（一）发展历程

2008年2月22日，鄱阳湖生态经济区建设领导小组正式成立。3月8日，十一届全国人大一次会议江西代表团在北京人民大会堂举行了"关于建立环鄱阳湖生态经济区构想"的记者招待会，推出鄱阳湖生态经济区构想。

2008年4月13日，江西省政府召开鄱阳湖生态经济区规划工作动员大会，时任省长吴新雄出席大会并部署工作，标志着这项重大战略实施进入实质阶段。4月23日，江西省发布鄱阳湖生态经济区重大研究课题招标公告，设立10大前期研究课题，面向国内外公开招标。9月11日，江西省委常委会会议讨论审议《鄱阳湖生态经济区规划》，会议原则通过规划，并要求进一步修改后按程序上报国务院审批。9月14日，江西省委、省政府上报规划，提请审议。11月6日，国家发展改革委组织召开专家审查会，要求进一步提升完善规划。

2009年4月14日至19日，国家部委联合调研组赴赣调研。2009年6月下旬，国家发展改革委正式向25个国家部委行文征求意见建议。随后，根据调研情况和反馈意见，专家专题组对《鄱阳湖生态经济区规划》作了进一步修改完善。2009年10月21日，国家发展改革委第44次委主任办公会议原则通过了《鄱阳湖生态经济区规划（送审稿）》。在进一步修改完善的基础上，正式行文报请国务院审议批准规划。2009年12月，国务院正式批复同意《鄱阳湖生态经济区规划》，标志着鄱阳湖生态经济区规划已上升为国家战略层面的区域发展规划。

（二）发展定位

江西在新型工业化的进程中，着力建设"三个基地、一个典范"，即将鄱阳湖生态经济区打造成为中国乃至世界有重要影响力的战略性新兴产业重要成长基地、重要的先进制造业生产基地、独具特色和极具优势的资源型产业重要加工基地，走出一条经济快速发展、资源高效利用、环境有效保护的可持续发展道路。

鄱阳湖生态经济区建设规划近期为2009~2015年，远期展望到2020年。2009~2015年的任务是创新体制机制，夯实发展基础，壮大生态经济实力，初步形成富裕的生态与经济协调发展新模式。到2020年实现地区构建保障有力的生态安全体系，形成先进高效的生态产业集群，建设世界级生态宜居、经济发达的新型城市群，打造中部崛起的象征，中国现代化的缩影标志性区域。重点打造光电产业基地、新能源产业基地、生物产业基地、铜冶炼及精深加工产业基地、优质钢材深加工基地、炼油及化工产业基地、航空产业基地汽车及零部件生产基地，为到 2025 年前后基本实现高等现代化打下良好基础。

二、洞庭湖生态经济区

洞庭湖生态经济区范围包括湖南省岳阳市、常德市、益阳市，长沙市望城区和湖北省荆州市，共 33 个县（市、区），规划总面积 6.05 万平方千米，现有 22 个商品粮基地县、9 个商品棉基地县、13 个水产基地县、5 个国家级基本农田保护示范区，粮食种植面积和粮食、棉花、油料、淡水鱼产量分别占全国 1.5%、2.3%、6.4%、4.7%、7.8%，是我国重要的大宗农产品生产基地。建设洞庭湖生态经济区，统筹湖区经济社会发展和生态环境保护，有利于建立新的江湖平衡关系，保护和修复湖泊生态系统，保障长江流域水安全和生态安全；有利于巩固提升湖区粮食主产区地位，加快现代农业发展，保障国家粮食安全；有利于平衡区域利益关系，促进城乡、区域协调发展，保障广大人民群众共享改革发展成果；有利于探索大湖流域以生态文明建设引领经济社会全面发展新途径，促进长江中游城市群一体化发展，加快中部地区全面崛起和长江全流域开发开放。

（一）发展历程

2012 年 11 月 27 日召开的洞庭湖生态经济区规划专家论证会上，《洞庭湖生态经济区规划》（以下简称《规划》）被专家组一致评审通过。时任湖南省委副书记梅克保强调，要在修改完善《规划》的基础上，做好《规划》申报和实施工作，切实把党的十八大精神落实到加快推进洞庭湖生态经济区建设的具体行动和生动实践上来，努力走出一条湖区科学发展、绿色发展、生态发展之路，为全国乃至世界大湖流域综合开发治理探索新路。

建设洞庭湖生态经济区，是湖南省第十次党代会作出的一项重要战略构想。2014 年 4 月 14 日，国务院正式批复洞庭湖生态经济区规划。以此为标志，洞庭湖区的建设发展上升到国家区域发展的战略层面，长株潭城市群、湘南地区、洞庭湖生态经济区、大湘西地区四大区域板块全部纳入国家战略层面，这是湖南发展史上具有里程碑意义的大事。

2014 年 7 月 25 日，洞庭湖生态经济区建设推进会在岳阳市召开，主要任务是认真贯彻落实国务院关于洞庭湖生态经济区规划的批复精神，部署和推进洞庭湖生态经济区建设及规划实施有关工作，进一步加快洞庭湖片区全面建成小康社会的进程。

（二）战略定位

全国大湖流域生态文明建设试验区。突出长江流域和湖泊生态特色，加快构建绿色生态产业体系与和谐人水新关系，促进经济社会生态协调发展，走出一条生态良好、生产发展、生活富裕的生态文明之路。

保障粮食安全的现代农业基地。立足湖区农业资源优势，巩固提升在保障国家粮食安全中的重要地位，大力发展高产、优质、高效、生态、安全农业，实现农业专业化、规模化、标准化和集约化生产，促进农业不断增效和农民持续增收。

"两型"引领的"四化"同步发展先行区。坚持"两型"引领，以农业产业化致富农民，以新型工业化提升农业，以新型城镇化带动农村，以信息化促进融合发展，为全国"两型"社会建设和大湖地区"四化"同步发展探索新路径、积累新经验。

水陆联运的现代物流集散区。依托区位优势和长江黄金水道，加快形成水陆空立体交通格局，大力发展多式联运和跨区联运，建成覆盖全区域、连接中西部、对接长三角、面向海内外的现代物流集散区。

全国血吸虫病综合防治示范区。以控制传染源，切断传播途径，保护易感人群、提高防治水平为重点，强化统筹协调，坚持多方联动，实施综合防治，努力打造血吸虫病感染零风险区。

（三）功能分区

根据资源禀赋、环境容量、生态状况、人口密度、开发程度与潜力，科学划分区域功能类型，逐步形成功能清晰、导向明确、规范有序的空间开发格局。

湖体保护区。范围为区内河湖水系、湿地自然保护区等各类天然湿地及具有特殊生态保护价值的地区，面积约7800平方千米，主要承担维护生态系统安全、保护生物多样性等功能，严格禁止不符合主体功能定位的开发建设。

控制开发区。范围为最高水位线以外的各类宜农土地，坡度在15°～25°的丘陵山地以及生态脆弱区等，面积约3.12万平方千米，主要承担发展生态农业和湖乡文化旅游等功能。

生态涵养带。范围包括自然保护区、江河水系源头地区、水源涵养林、重点公益林、风景名胜区、森林公园、景观山体以及坡度25°以上的高丘山地，面积约1.6万平方千米，为洞庭湖区绿色生态屏障和水资源涵养保护区。

集约开发区。范围为区内城镇密集区以及具有开发条件的低丘缓坡，面积约5500平方千米，主要为新型工业化和新型城镇化的集聚区。

第三节　生态环境的承载力及其机制和路径

当前，中部地区生态文明建设与绿色发展已经取得积极进展，但是中部地区的绿色发展仍处于初期阶段，绿色发展的相应指标相对较低，若要进一步促进中部地区经济绿色低碳发展，创造人与自然协调发展的绿色文明，就必须全面梳理、分析中部地区的生态环境承载力水平、中部地区环境污染变化及其影响因素、中部地区生态补偿度量等相关问题，才有可能提出创新中部地区生态文明建设机制、推动中部地区绿色崛起的可行思路与路径，最终实现中部地区人与自然的和谐发展。

一、中部地区生态环境承载力分析

本部分通过相对剩余环境容量计算中部地区的综合环境承载力，并分析中部地区各省份的环境承载力。

（一）生态环境指标分析

当前中部地区的环境污染主要集中在大气污染和水污染两方面，同时这两类污染也与人类生活息息相关。因此，选取大气和地表水这两个环境要素作为测度环境承载力的主要指标，其中大气指标选取 SO_2 年平均浓度、NO_2 年平均浓度、PM_{10} 年平均浓度三类环境分指标，地表水指标选取氨氮浓度作为环境指标。大气指标数据来源于 2016 年全国 114 个重点城市的监测结果，地表水指标数据来源于《中国环境统计年鉴》。

（二）综合环境承载力分析

相对剩余环境容量的计算公式为：

$$E_{ik} = C_{ik}/C_{ok} - 1$$

其中，C_{ok} 为标准量，即一定条件下污染排放指标 k 所要求达到的标准；C_{ik} 为实测量，即 i 地区污染排放指标 k 的实际测量值；E_{ik} 用以说明 i 地区污染排放指标 k 是否超标。$E_{ik}>0$ 说明 i 地区污染排放指标 k 已超过环境既定的标准要求，环境质量相对较差；相反，$E_{ik}<0$ 说明 i 地区污染排放指标 k 在标准要求范围内，环境质量相对较好。本部分的综合环境承载力根据大气和地表水的环境要素指标进行权重加总得到，相关结果如表 9-1、表 9-2、表 9-3 所示。

表 9-1　2016 年各省份综合环境承载力结果

省份	综合环境承载力	省份	综合环境承载力
北京	1.063	辽宁	0.823
天津	3.048	吉林	1.845
河北	3.135	黑龙江	-0.611
山西	2.069	上海	-0.438
内蒙古	0.103	江苏	-0.319

续表

省份	综合环境承载力	省份	综合环境承载力
浙江	-0.610	重庆	-0.635
安徽	-0.495	四川	-0.529
福建	-0.650	贵州	0.203
江西	-0.559	云南	-0.495
山东	1.286	西藏	-0.502
河南	0.191	陕西	0.737
湖北	-0.489	甘肃	-0.460
湖南	-0.627	青海	-0.229
广东	1.268	宁夏	-0.155
广西	-0.713	新疆	-0.026
海南	-0.481		

表 9-2　2016 年地方平均综合环境承载力结果

地区	综合环境承载力
全国	0.218
中部地区	0.015
长江经济带	-0.454
长江中游地区	-0.558

表 9-3　2016 年各省份环境承载力强度分析

地区	高	一般	低
东部地区	海南、福建、浙江	江苏、上海、	广东、北京、天津、山东、河北
中部地区	江西、安徽、湖南、湖北	河南、山西	
西部地区	西藏、广西、云南、贵州、甘肃、四川、新疆	青海、宁夏、内蒙古	陕西
东北地区	黑龙江		辽宁、吉林

从全国总体情况来看，2016 年广西、福建等地的综合环境承载力较高，表明这些地方环境质量相对较好。中部地区、长江经济带和长江中游地区的综合环境承载力都高于全国，表明其环境质量较好。

根据各区域的环境承载力强度可知，东部地区的珠三角和长三角地区环境质量较好，对应的环境承载力也较强；环境承载力较弱的东部省份集中在环渤海附近，由于环渤海经济带的快速发展，天津、河北、山东成为一些能源密集型重工业的转移目的地。这些重工业的转移加重了天津、河北、山东等地的空气污染和水资源污染，导致空气质量的下降和水资源质量的下降。中部地区环境承载强度较弱主要是因为河南和山西这两个省份的经济发展过度依赖于资源开发，导致环境被破坏，空气质量和水质迅速下降。西部地区环境承载力强度较弱的主要原因是陕西省作为石油、天然气、煤炭资源大省，近年来能源开采力度不断增大，相应的能源密集型企业数量也随之增多，从而导致环境质量不断下降。东北地区除黑龙江的综合环境承载力较强之外，吉林和辽宁的环境承载力强度都相对较弱。过去几十年的经济发展过程中，东北老工业基地为高耗能、高污染的传统工业化道路付出了沉重的资源环境代价，需要加快产业结构的调整及产业转型，提高生态环境质量。

二、中部地区环境污染的变化及其影响因素分析

随着绿色发展理念越来越受到重视，研究中部地区生态污染转移与工业布局，有助于为推动地区经济结构调整、产业优化升级等提供科学依据和合理化建议。区域间进行产业转移时，主要是以工业转移为主，而工业在三次产业中产值高、污染高，在进行转移时，难免会出现污染转移。中部地区要结合自身条件，进行科学有效的产业转移和工业布局，这也需要同时了解和对比全国污染变化以及污染转移的情况。

（一）环境污染排放转移分析

选取 2015 年、2016 年的工业化学需氧量、氨氮、SO$_2$、工业烟（粉）尘及固体废弃物排放数据，根据公式 $\Delta P_J = (p_{ijt+1}/p_{jt+1}) - (p_{ijt}/p_{jt})$ 分别计算出 2016 年各省份工业污染物排放占全国比重的变化情况及区域污染重点的分布变化情况，具体见表 9-4。

表 9-4 2016 年各省份工业污染物份额比重情况

省份	化学需氧量	氨氮	SO$_2$	工业烟（粉）尘	固体废弃物
北京	0.0019	0.0014	0.0023	0.0016	0.0031
天津	0.0091	0.0160	0.0112	0.0077	0.0053
河北	0.0540	0.0544	0.0602	0.0996	0.1288
山西	0.0233	0.0297	0.0619	0.0786	0.0927
内蒙古	0.0320	0.0493	0.0671	0.0562	0.0712
辽宁	0.0274	0.0320	0.0532	0.0658	0.0880

续表

省份	化学需氧量	氨氮	SO$_2$	工业烟（粉）尘	固体废弃物
吉林	0.0214	0.0176	0.0184	0.0253	0.0152
黑龙江	0.0302	0.0259	0.0182	0.0367	0.0194
上海	0.0080	0.0078	0.0089	0.0090	0.0059
江苏	0.0656	0.0591	0.0500	0.0495	0.0336
浙江	0.0534	0.0438	0.0322	0.0246	0.0140
安徽	0.0263	0.0298	0.0253	0.0402	0.0369
福建	0.0249	0.0237	0.0194	0.0240	0.0149
江西	0.0256	0.0291	0.0297	0.0295	0.0332
山东	0.0419	0.0416	0.0781	0.0704	0.0590
河南	0.0510	0.0480	0.0593	0.0491	0.0489
湖北	0.0404	0.0546	0.0291	0.0301	0.0246
湖南	0.0429	0.0899	0.0322	0.0311	0.0213
广东	0.0756	0.0623	0.0402	0.0272	0.0174
广西	0.0520	0.0291	0.0248	0.0258	0.0247
海南	0.0035	0.0042	0.0018	0.0013	0.0016
重庆	0.0171	0.0149	0.0273	0.0148	0.0094
四川	0.0338	0.0225	0.0417	0.0274	0.0438
贵州	0.0216	0.0159	0.0404	0.0236	0.0227
云南	0.0522	0.0172	0.0335	0.0227	0.0445
西藏	0.0003	0.0002	0.0001	0.0005	0.0012
陕西	0.0307	0.0375	0.0386	0.0369	0.0267
甘肃	0.0285	0.0508	0.0274	0.0179	0.0189
青海	0.0133	0.0083	0.0068	0.0121	0.0382
宁夏	0.0321	0.0340	0.0196	0.0145	0.0113
新疆	0.0601	0.0494	0.0413	0.0464	0.0239

资料来源：《中国环境统计年鉴2017》。

从2016年各省份工业污染物份额比重情况来看：在化学需氧量上，占比较高的有新疆、江苏、广东等地，较低的为西藏、北京、海南等地；在氨氮的排放上，比重较高的省份有湖北、江苏、广东、湖南等地，较低的为西藏、北京、海南等地；在 SO$_2$ 的排放上，排放量较高的省份为河北、山西、内蒙古、山东等地，较低的地区为西藏、海南、北京、青海等地；在工业烟（粉）尘的排放方面，比重较高的省份有山东、山西、河北等地，较轻的省份为西藏、海南、北京等地；在固体废弃物的排放方面，占比较高的省份有辽宁、山西、河北等地，特别是河北省，固体废弃物排放比重为 0.1288，占比较低的有西藏、海南、北京等地。

从 2016 年中部地区各省份工业污染物份额比重情况上可以看出，山西省的整体污染物份额比重较大，特别是 SO_2 的份额比重上超过了河南省，居于中部地区之首，而工业烟（粉）尘和固体废弃物依份额比重依旧为地区之首；河南省的化学需氧量份额比重较大，居于中部地区之首，而山西省与安徽省这一份额比重较低，湖南、湖北两省该指标十分接近、位于中部水平。而在氨氮份额比重上，安徽上升程度较低，湖南省上升情况显著、在氨氮份额比重上与中部地区其他省份相比比重最大。

（二）环境污染与生产技术变化分析

对 2016 年因技术原因导致污染排放占全国比重变化的情况进行测算，从而了解技术变化对污染排放的影响。通过将现实中的污染排放量与对应产业结构条件下应该排放的污染量进行比较，得出因技术原因导致的污染排放，具体公式如下：

$$\Delta T_i = \frac{\left(p_{it+1} - \sum_{i=1}^{31} \sum_{j=1}^{25} s_{ijt+1}p_{jt+1}\right)}{p_{t+1}} - \frac{\left(p_{it} - \sum_{i=1}^{31} \sum_{j=1}^{25} s_{ijt}p_{jt}\right)}{p_t}$$

其中，p_{it+1} 为 $t+1$ 年 i 省的实际工业污染排放量；p_{jt+1} 为 $t+1$ 年全国 j 行业的污染排放量；s_{ijt+1} 为 $t+1$ 年 i 省的 j 行业工业总值占全国比重；p_{t+1} 为 $t+1$ 年全国工业总的污染排放量；$\sum_{i=1}^{31} \sum_{j=1}^{25} S_{ijt}p_{it+1}$ 表示 $t+1$ 年 i 省在该省的产业结构条件下所应当排放的污染量，p_{it+1} 与 $\sum_{i=1}^{31} \sum_{j=1}^{25} s_{ijt+1}p_{jt+1}$ 的差值表示 $t+1$ 年 i 省因污染排放控制技术的原因所产生的污染排放量。若 $p_{it+1} - \sum_{i=1}^{31} \sum_{j=1}^{25} s_{ijt+1}p_{jt+1} > 0$，说明 $t+1$ 年 i 省的污染排放控制技术低于全国平均水平；若 $p_{it+1} - \sum_{i=1}^{31} \sum_{j=1}^{25} s_{ijt+1}p_{jt+1} < 0$，说明 $t+1$ 年 i 省的污染排放控制技术高于全国平均水平。ΔT_i 则表示 $t+1$ 年与 t 年相比 i 省因技术原因所产生的工业污染排放占全国工业污染排放比重的变化情况，表现为 i 省分别相对于 $t+1$ 与 t 年的全国平均技术水平而言，其污染排放控制技术的进步程度。$\Delta T_i > 0$，表明在 t 到 $t+1$ 年 i 省因技术原因导致工业污染排放比重增加，i 省分别相对于 $t+1$ 与 t 年的全国平均技术水平而言，整体工业污染排放控制技术发生了退步；当时，即在 t 到 $t+1$ 年 i 省整体因技术原因导致工业污染排放比重减少，表明 i 省分别相对于 $t+1$ 与 t 年的全国平均技术水平而言，整体工业污染排放控制技术有所进步。通过计算得出的 2016 年全国各省份污染排放控制技术水平如表 9-5 所示。

表 9-5　2016 年各省份工业污染排放控制技术水平

省份	化学需氧量	氨氮	SO_2	工业烟（粉）尘	固体废弃物
北京	-0.0014	0.0013	-0.0217	-0.0113	-0.0073
天津	-0.0123	-0.0068	-0.0064	-0.0138	-0.0194
河北	0.0183	0.0158	0.0154	0.0445	-0.0427
山西	0.0025	0.0120	0.0443	0.0669	-0.0254
内蒙古	0.0146	0.0044	0.0439	0.0391	-0.0200
辽宁	0.0131	0.0096	0.0161	0.0258	0.0672
吉林	0.0106	0.0072	0.0062	0.0152	-0.0104
黑龙江	0.0462	0.0252	0.0130	0.0381	0.0493
上海	-0.0084	0.0005	-0.0053	-0.0046	-0.0075
江苏	-0.0661	-0.0386	-0.0300	-0.0301	-0.0462
浙江	-0.0330	-0.0010	-0.0168	-0.0117	-0.0242
安徽	0.0113	0.0212	0.0002	0.0145	-0.0228
福建	-0.0118	0.0144	-0.0074	-0.0012	-0.0172
江西	0.0079	0.0140	0.0046	0.0081	0.0251
山东	-0.0692	-0.0580	-0.0051	-0.0045	-0.0745
河南	-0.0082	0.0122	0.0101	0.0006	-0.0576
湖北	0.0063	0.0206	0.0035	0.0032	-0.0126
湖南	0.0182	0.0379	0.0074	0.0071	-0.0160
广东	-0.0004	0.0300	-0.0285	-0.0218	-0.0040
广西	0.0132	0.0200	0.0059	0.0051	-0.0089
海南	0.0050	0.0069	-0.0006	-0.0002	-0.0008
重庆	0.0049	0.0130	0.0171	0.0042	0.1049
四川	0.0193	0.0330	0.0176	0.0010	-0.0029
贵州	0.0059	0.0099	0.0352	0.0115	0.0141
云南	0.0152	0.0160	0.0186	0.0107	0.1012
西藏	0.0011	0.0014	0.0001	0.0007	-0.0002
陕西	0.0043	0.0106	0.0237	0.0270	-0.0181

续表

省份	化学需氧量	氨氮	SO₂	工业烟（粉）尘	固体废弃物
甘肃	0.0103	0.0096	0.0189	0.0110	−0.0100
青海	0.0028	0.0018	0.0040	0.0111	−0.0031
宁夏	0.0061	0.0037	0.0133	0.0096	−0.0040
新疆	0.0210	0.0111	0.0322	0.0386	0.4446

由表9-5可知，在对化学需氧量的污染排放控制技术上，山东、江苏、浙江、天津、福建、上海、河南、北京、广东九个省份其水平高于全国平均水平；在氨氮排放控制技术方面，仅有山东、江苏、浙江、天津四个省份的技术水平高于全国平均水平；而SO₂和工业烟（粉）尘排放控制技术水平高于全国平均水平的省份皆为江苏、广东、北京、浙江、福建、天津、上海、山东、海南九个省份；固体废弃物排放控制技术水平整体表现良好，仅有贵州、江西、黑龙江、辽宁、云南、重庆、新疆七个省份技术水平低于全国平均水平。因此，整体而言，东部沿海地区污染物排放控制技术水平较先进，但在氨氮排放控制技术水平上，全国整体情况较差。

为更直观地分析各区域之间环境污染转移的变化，计算出2010年和2016年中国东部、中部、西部及东北地区整体工业污染排放控制技术水平及其变化情况相关计算结果如表9-6、表9-7、表9-8所示。

表9-6 2010年四大板块工业污染排放控制技术水平

区域	化学需氧量	氨氮	SO₂	工业烟（粉）尘	固体废弃物
东北	0.0465	0.0004	0.0251	0.0610	−0.0552
东部	0.0252	−0.0052	−0.0724	−0.0961	−0.2045
中部	0.1071	0.0198	0.0817	0.1372	0.1075
西部	0.1527	0.0160	0.2154	0.1904	0.5569

表9-7 2016年四大板块工业污染排放控制技术水平

区域	化学需氧量	氨氮	SO₂	工业烟（粉）尘	固体废弃物
东北	0.0700	0.0420	0.0352	0.0790	0.1061
东部	−0.1660	−0.0155	−0.1003	−0.0494	−0.2527
中部	0.0380	0.1179	0.0700	0.1004	−0.1093
西部	0.1055	0.1145	0.2246	0.1645	0.6064

中部经济地理

表 9-8　2016 年与 2010 年相比四大板块工业污染排放控制技术变化情况

区域	化学需氧量	氨氮	SO₂	工业烟（粉）尘	固体废弃物
东北	0.0235	0.0416	0.0102	0.0180	0.1613
东部	−0.1912	−0.0103	−0.0279	0.0467	−0.0482
中部	−0.0691	0.0981	−0.0117	−0.0369	−0.2168
西部	−0.0472	0.0985	0.0093	−0.0259	0.0495

相对而言，东部与中部地区整体的污染排放控制技术明显提高，而西部和东北地区的污染物排放控制技术与全国平均技术水平相比则有所下降，特别是东北地区，呈现全部下降的态势。从分类污染物排放控制技术的变化情况可以看出，东部、中部和西部地区在工业废水化学需氧量排放控制技术上有明显的提升，东北地区则呈现下降趋势；在氨氮排放控制技术上，只有东部地区实现了提升，而中部、西部、东北部地区则明显下降，尤其是中部和西部地区，下降相对较多；从 SO₂ 排放控制技术上来看，东部和中部地区有明显提高，东北和西部地区则都出现技术下降；在工业烟（粉）尘方面，中部、西部地区实现技术上升，而东北、东部地区则出现技术下降，特别是东部地区，下降较多；在固体废弃物排放控制技术上，东部、中部地区表现为技术进步，且中部地区技术进步更明显，东北和西部地区则表现为下降，且东北地区下降得更显著。

中部地区的技术进步与区域内各省份的技术水平变化情况有着极大的关联，因此接下来进一步细化研究中部地区工业污染物排放控制技术水平，分析区域内各省份的技术水平变化情况，研究结果如表 9-9、表 9-10 和表 9-11 所示。

表 9-9　2010 年中部地区工业污染排放控制技术水平

省份	化学需氧量	氨氮	SO₂	工业烟（粉）尘	固体废弃物
河南	0.0235	0.0047	0.0147	0.0070	−0.0615
湖北	0.0182	0.0032	0.0028	0.0013	−0.0089
湖南	0.0194	0.0041	0.0154	0.0334	0.0073
山西	0.0217	0.0036	0.0396	0.0631	0.1819
江西	0.0140	0.0015	0.0083	0.0122	0.0053
安徽	0.0104	0.0027	0.0008	0.0201	−0.0165

表 9-10　2016 年中部地区工业污染排放控制技术水平

省份	化学需氧量	氨氮	SO₂	工业烟（粉）尘	固体废弃物
河南	−0.0082	0.0122	0.0101	0.0006	−0.0576
湖北	0.0063	0.0206	0.0035	0.0031	−0.0126
湖南	0.0182	0.0379	0.0074	0.0071	−0.0160
山西	0.0025	0.0120	0.0443	0.0669	−0.0254
江西	0.0079	0.0140	0.0046	0.0081	0.0251
安徽	0.0113	0.0212	0.0002	0.0145	−0.0228

表 9-11　2016 年与 2010 年相比中部地区工业污染排放控制技术变化情况

省份	化学需氧量	氨氮	SO₂	工业烟（粉）尘	固体废弃物
河南	−0.0317	0.0075	−0.0047	−0.0065	0.0039
湖北	−0.0119	0.0174	0.0007	0.0019	−0.0037
湖南	−0.0012	0.0338	−0.0080	−0.0263	−0.0232
山西	−0.0192	0.0084	0.0047	0.0038	−0.2073
江西	−0.0061	0.0125	−0.0038	−0.0041	0.0198
安徽	0.0010	0.0185	−0.0006	−0.0056	−0.0063

结果表明，湖南省整体上在污染物排放控制技术上实现提升，有四类工业污染排放控制技术水平实现进步；河南省、江西省以及安徽省有三类污染物排放控制技术水平实现进步；湖北省与山西省只有化学需氧量与固体废弃物排放控制技术水平实现进步。2010~2016 年，除湖北省与山西省工业烟（粉）尘份额比重上升外，中部地区其余省份的工业烟（粉）尘排放控制技术水平在中部地区进步幅度相对较大。

三、推动中部地区绿色崛起的路径

（一）培育绿色发展理念

一是树立人与自然和谐相处的可持续发展理念。树立保护生态环境的理念就是保护生产力，改善生态环境就是发展生产力，非绿色消费增加经济成本，绿色消费提高经济效益。因此，可持续发展的理念应当体现在生产、生活等各个领域，让公众意识到发展应该是可持续的发展。二是通过市场机制等手段，鼓励清洁技术的开发和应用，不断提高生产工艺技术水平，进一步降低环保产品成本，改革资源性产品价格，促进绿色消费，培育绿色消费理念。三是加强公众监督。公众监督既可以加强对污染企业的环境监管，又可以监督政府政策的有效性，有助于营造保护生态环境的良好社会氛围。

（二）打造绿色产业体系

坚持发展绿色能源和绿色经济，推动中部地区产业结构优化升级，提升绿色低碳技术核心竞争力，提高服务经济与智慧产业的比重。推动中部地区经济形成生态、可持续的绿色生产方式。积极发展中部地区太阳能、风电、生物质能等新能源和可再生能源产业，促进化石能源高效清洁利用。开展生态税制改革试点，建立企业创新效益奖励机制，鼓励绿色低碳技术创新，降低清洁能源成本，促进清洁能源资源优化配置。加快淘汰老旧产能，推进废弃物资源化利用，推进大气、水、土壤污染防治。加强与东部地区在新技术和新兴产业领域的合作，学习国际经验，推进节能减排和生态环境保护，与世界各国合作应对能源、资源、环境、气候变化和航空安全等全球性问题。

（三）构建绿色评价体系

通过建立绿色发展指标体系，完善绿色发展及相关体制机制。一是严格把握绿色发展指标体系建立和具体指标确定的原则。二是围绕经济增长质量和生态发展质量、环境水平、能源利用效率、人民生活质量四个方面不断完善绿色评价指标体系，并持续关注评价效果和反馈，加快区域空气质量改善政策的制定和实施。

（四）健全绿色发展机制

建立资源有偿使用制度和生态奖励制度，充分利用市场手段，深化资源性产品价格和税费改革，建立资源有偿使用制度。探索建立反映市场供求和资源稀缺性、体现生态价值和代际回报的生态奖励制度，促进绿色发展。强化排污者责任，完善环境污染补偿制度，尽快建立健全生态环保责任体系，加大对污染企业的行政处罚，促使其切实履行企业环境责任。

参考文献

［1］陈萍，王兴玲，陈晓玲.基于栅格的鄱阳湖生态经济区洪灾脆弱性评价［J］.地理科学，2012，32（8）：958-964.

［2］陈小平，陈文波.鄱阳湖生态经济区生态网络构建与评价［J］.应用生态学报，2016，27（5）：1611-1618.

［3］黄和平，彭小琳，孔凡斌.鄱阳湖生态经济区生态经济指数评价［J］.生态学报，2014，34（11）：3107-3114.

［4］江西省统计局，国家统计局江西调查总队.江西省2017年国民经济和社会发展统计公报［EB/OL］.（2018-03-30）.http：//www.jiangxi.gov.cn/xzx/tzgg/201803/t20180330_1436110.html.

［5］靳海攀，郑林，张敬伟.鄱阳湖生态经济区城市间经济联系社会网络分析研究［J］.

江西师范大学学报（自然科学版），2014，38（5）：546-550.

[6] 李慧明，左晓利，王磊.产业生态化及其实施路径选择——我国生态文明建设的重要内容 [J].南开学报（哲学社会科学版），2009（3）：34-42.

[7] 南昌将建鄱阳湖生态经济先导区 [EB/OL].（2011-12-21）.http://www.chinalcn.com/GZJJ/201112，132445563762.html.

[8] 谢花林，邹金浪，彭小琳.基于能值的鄱阳湖生态经济区耕地利用集约度时空差异分析 [J].地理学报，2012，67（7）：889-902.

[9] 新华社，中共中央办公厅、国务院办公厅.国家生态文明试验区（江西）实施方案 [EB/OL].（2017-10-02）.http://www.gov.cn/zhengce/2017-10/02/content_ 5229318.htm.

[10] 右玉县 2018 年政府工作报告 [EB/OL].（2018-04-03）.http://www.youyuzf.gov.cn/zwgk/gzbg/201804/t20180403_ 183597.html.

[11] 余敦，陈文波.基于物元模型的鄱阳湖生态经济区土地生态安全评价 [J].应用生态学报，2011，22（10）：2681-2685.

[12] 朱正龙，钟业喜.从区域差异的角度看鄱阳湖生态经济区的建设 [J].当代经济，2009（8）：96-97.

第十章　中部地区崛起前景展望

第一节　中部地区在国家区域发展格局中的战略地位

中部地区在全国区域发展格局中具有举足轻重的战略地位。自 2004 年起，促进中部地区崛起上升为国家战略，国家先后作出了一系列决策部署（见表 10-1）。

表 10-1　国家关于中部地区崛起的重要规范性文件

文件名称	发布机构、字号	成文或发布时间
《中共中央　国务院关于促进中部地区崛起的若干意见》	中共中央　国务院 中发〔2006〕10 号	2006 年 4 月 15 日发布
《国务院办公厅关于落实中共中央　国务院关于促进中部地区崛起若干意见有关政策措施的通知》	国务院办公厅 国办函〔2006〕38 号	2006 年 5 月 19 日成文
《国务院办公厅关于中部六省比照实施振兴东北地区等老工业基地和西部大开发有关政策范围的通知》	国务院办公厅 国办函〔2007〕2 号	2007 年 1 月 1 日成文
《国务院关于大力实施促进中部地区崛起战略的若干意见》	国务院 国发〔2012〕43 号	2012 年 8 月 27 日成文、8 月31 日发布
《国务院关于促进中部地区崛起"十三五"规划的批复》	国务院 国函〔2016〕204 号	2016 年 12 月 17 日成文、12月 23 日发布
《国家发展改革委关于印发促进中部地区崛起"十三五"规划的通知》	国家发展改革委 发改地区〔2016〕2664 号	2016 年 12 月 20 日成文
《中共中央　国务院关于新时代推动中部地区高质量发展的意见》	中共中央　国务院	2021 年 4 月 23 日成文、7 月22 日发布

资料来源：根据相关资料整理。

2006 年 4 月,《中共中央　国务院关于促进中部地区崛起的若干意见》首次提出中部地区"三基地、一枢纽"战略定位。即把中部地区建设成全国重要的粮食生产基地、能源原材料基地、现代装备制造及高技术产业基地和综合交通运输枢纽。2012 年 8 月,《国务院关于大力实施促进中部地区崛起战略的若干意见》继续沿用"三基地、一枢纽"战略定位表述。

2016 年 12 月,经国务院批复、国家发展改革委印发的《促进中部地区崛起"十三五"规划》提出中部地区"五区"战略定位的新表述。即把中部地区建设成为全国重要先进制造业中心、全国新型城镇化重点区、全国现代农业发展核心区、全国生态文明建设示范区、全方位开放重要支撑区(见表 10-2)。

表 10-2　国家关于中部地区的战略定位

文件名称	战略定位
《中共中央　国务院关于促进中部地区崛起的若干意见》(2006)	全国重要的粮食生产基地、能源原材料基地、现代装备制造及高技术产业基地、综合交通运输枢纽
《国务院关于大力实施促进中部地区崛起战略的若干意见》(2012)	全国重要粮食生产基地、能源原材料基地、现代装备制造及高技术产业基地、综合交通运输枢纽
《促进中部地区崛起"十三五"规划》(2016)	全国重要先进制造业中心、全国新型城镇化重点区、全国现代农业发展核心区、全国生态文明建设示范区、全方位开放重要支撑区

资料来源:根据相关资料整理。

"三基地、一枢纽"战略定位表述,侧重强调中部地区在全国产业发展中的重要地位。"五区"战略定位表述,侧重强调中部地区在全国"四化"(新型工业化、信息化、新型城镇化、农业现代化)同步发展、贯彻落实新发展理念的实践中的重要地位。

中部地区是国家推进新型工业化、新型城镇化、农业农村现代化的重点区域,是内需增长极具潜力的区域,在新时期全面建设社会主义现代化国家新征程中占有举足轻重的战略地位,是全国探索高质量发展的示范引领区、中国式现代化实践路径的样板区。

第二节　中部地区现代化产业体系建设前景

一、先进制造业

山西省重点聚焦新材料产业、智能制造装备制造业等前沿产业,推动能源及化工、钢铁等传统产业高端化绿色化智能化发展，构筑具有山西特色的现代化产业体系，努力建成制造强省。

河南省重点聚焦发展装备制造业、食品工业、新材料产业、电子信息产业等一批先进制造业集群，争创国家制造业高质量发展试验区，努力建成制造强省，力争形成两个以上世界级先进制造业集群。

安徽省重点聚焦集成电路业、新型显示业、人工智能及软件业、智能家电（居）业、新能源汽车产业等优势产业，转型升级特种钢和精品钢材产业、优质有色金属业、绿色和精细化工业、节能新型建材业等基础产业，聚力打造优势凸显、基础稳固、特色鲜明的现代产业体系。

湖北省重点聚焦新一代信息技术产业、汽车制造业、化工、能源、大健康产业等支柱产业，高端装备制造业、新材料产业、节能环保产业、现代纺织业等优势产业，新能源及智能网联汽车产业、新能源产业、北斗及应用产业等特色产业，努力成为全国重要的先进制造业基地、长江经济带绿色制造先行区、全国传统产业转型升级样本区、世界一流战略性新兴产业集聚区。

湖南省重点提升工程机械制造业、先进轨道交通装备制造业、中小航空发动机及航空航天装备制造业三大世界级先进制造业集群，发展壮大电子信息制造业、新材料制造业、新能源与节能制造业三大国家级先进制造业集群，聚焦打造"3+3+2"现代产业新体系。

江西省重点聚焦有色金属产业、石化产业、建材产业、纺织服装业等传统产业，聚焦发展航空产业、电子信息产业、装备制造业、中医药产业等优势新兴产业，建成以先进制造业为主体、先进制造业与现代服务业融合发展的现代化产业体系，稳固新兴工业大省地位，进入现代工业强省行列。

二、战略性新兴产业和未来产业

山西省重点聚焦发展信息技术应用创新产业、半导体产业、大数据融合创新产业、光电产业等14个战略性新兴产业，重点培育信创产业、碳基新材料产业、特种金属材料产业、合成生物产业等未来产业，力争建成新兴产业未来产业研发制造基地。

河南省重点布局新一代信息技术产业、生物技术产业、新材料产业、节能环保产业等优势主导产业，高端装备业、新能源产业、新能源及智能网联汽车产业等高科技产业，量子信息产业、氢能与储能产业、类脑智能产业、未来网络产业等未来产业，力争未来基本形成具有自主技术支撑的新兴产业体系。

安徽省谋划布局新材料产业、航空航天装备业、医药及医疗器械产业、量子信息产业等一批在全国有影响力的特色先导产业，打造一批具有重要影响力的新兴产业聚集地，推进建设更高质量、更具特色、更有效率、更可持续、更为安全的现代化产业体系，在全国制造业第一方阵中争先进位。

湖北省重点发展新一代信息技术产业、生物产业、高端装备制造业、新材料产业等战略性新兴产业，着力打造世界存储之都、世界设计之都，全球光电子产业基地、全国"新汽车"产业基地、大健康产业基地、生物育种基地、航空航天与北斗产业基地、网络安全产业基地、未来产业策源地。

湖南省加快发展高端装备制造业、新材料产业、新一代信息技术产业等战略性新兴产业，未来信息技术产业、新材料产业、新能源产业、深地深海深空产业等未来产业，培育形成一批具有较强竞争力，能够代表湖南参与全球产业竞争的新兴支柱产业集群。

江西省超前谋划未来信息通信产业、未来新材料产业和未来新能源产业等赋能型未来产业，重点布局未来生产制造产业、未来交通产业和未来健康产业等先导型未来产业，打造一批具有国际竞争力的战略性新兴产业和未来产业集群，打造新兴产业培育发展高地。

三、现代服务业

山西省重点培育发展现代物流业、科技服务业、现代金融业等支柱型生产性服务业，信息服务业、高端商务服务业、节能环保服务业、通航服务业等未来生产性服务业，农业生产性服务业，以及文旅业、康养产业、商贸服务业等生活性服务业，努力形成优质高效、结构优化、竞争力强的现代服务产业新体系。

河南省重点围绕提升国际化城市服务能级、建设科技创新策源地、打造国际消费中心城市等方面全力打造郑州现代服务业核心增长极，并通过强化副中心城市服务功能、推动区域中心城市特色服务业发展等协同建设区域现代服务业板块。同时，河南省未来还将通过完善全链条科技服务、发展精益化供应链服务、壮大高增值信息服务、培育集成融合服务、丰富时尚消费服务、扩大优质便利社会服务、打造新服务载体品牌等构建完整的现代化服务产业体系。

湖北省重点推进金融业、现代物流业、商务服务业、研发设计和科技服务业、软件和信息技术服务业等生产性服务业专业化高端化发展，推动商贸服务业、文化和旅游业、健康服务业、家政服务业等生活性服务业品质化多样化发展，努力建设全国重要的商贸物流中心、区域金融中心，着力打造具有全国影响力的研发设计基地和高端商务服务基地，加快建设世界知名文化旅游目的地、健康服务样板区。

安徽省重点发展科技服务业、信息服务业、金融服务业、商务服务业、物流服务业、节能环保服务业、电子商务产业等生产性服务业，文化旅游业、健康服务业、养老育幼服务业、家政物业服务业等生活性服务业，初步建成联动长三角、辐射中西部、通达全世界的高能级服务枢纽。

湖南省重点培育科技服务业、信息服务业、现代金融业、商务服务业、节能环保服务业、现代物流业、现代商贸业等生产性服务业，重点推动康养服务业、教育培训产业、文化产业、旅游业、居民和家庭服务业等生活性服务业发展壮大，争创区域现代金融中心、区域性国际消费中心、国际文化创意中心、国家综合物流枢纽、世界知名旅游目的地。

江西省重点发展现代金融业、现代物流业、研发设计产业、人力资源服务业等生产性服务业，培育壮大旅游休闲产业、现代商贸业、健康养老产业、家政服务业等生活性服务业，推动先进制造业和现代服务业、现代农业深度融合，构建完整的现代服务业体系。

第三节　中部地区都市圈、城市群发展前景

一、以省会城市为中心的都市圈

武汉都市圈。武汉都市圈空间范围包括武汉市、鄂州市、黄石市、黄冈市、孝感市、咸宁市、仙桃市、潜江市和天门市，建设重点聚焦在基础设施网络建设、科技创新策源地创建、产业协同发展、生态环境共保共治、高水平对外开放等领域，努力建成交通互联互通、创新能力强、产业分工合理、生态良好、城市竞争力强的现代化都市圈，成为引领湖北发展、支撑中部崛起的重要战略支点。

长株潭都市圈。长株潭都市圈空间范围包括长沙市、株洲市中心城区、醴陵市、湘潭市中心城区及韶山市和湘潭县，建设重点聚焦在基础设施互联互通、构建科技创新产业体系、生态环境共保共治、公共服务共建共享、高标准建设市场体系等领域，努力建成湖南省、中部地区乃至全国的重要增长极。

南昌都市圈。南昌都市圈空间范围包括南昌市、九江市和抚州市临川区、东乡区，宜春市的丰城市、樟树市、高安市和靖安县、奉新县，上饶市的鄱阳县、余干县、万年县以及赣江新区，建设重点聚焦在构建现代产业体系、推进基础设施一体化、生态环境共保共治、公共服务共建共享、创建内陆开放新高地等领域，努力建成江西省高质量跨越式发展引领区、长江经济带绿色发展示范区、全国内陆双向高水平开放试验区、国际先进制造业基地和国际生态文化

旅游目的地。

合肥都市圈。合肥都市圈空间范围包括合肥市、淮南市、六安市、滁州市、芜湖市、马鞍山市、蚌埠市、桐城市，建设重点聚焦在构建交通便捷圈、共建产业走廊、推动合肥新桥科技创新示范区建设、生态环境联合治理等领域，努力建成具有世界级影响力的现代化都市圈。

郑州都市圈。郑州都市圈空间范围包括郑州市、开封市、洛阳市、平顶山市、新乡市、焦作市、许昌市、漯河市、济源市，建设重点聚焦在提升基础设施现代化、构建现代化产业体系、持续改善生态环境等领域，努力建成城乡格局合理、产业发展良好、高水平科技创新的现代化都市圈。

二、中部地区城市群

长江中游城市群。长江中游城市群是推动长江经济带发展、促进中部地区崛起、巩固全国"两横三纵"城镇化战略格局的重点区域。长江中游城市群建设重点聚焦在优化城市群空间格局、完善基础设施网络、增强科技创新能力、建设高标准市场体系、筑牢生态安全屏障、提升公共服务质量等领域，努力建成全国重要先进制造业基地、科技创新高地、内陆地区改革开放高地、绿色发展先行区。

中原城市群。中原城市群是中部地区崛起的核心增长区域。中原城市群建设重点聚焦在加强区域创新、深化产业分工、基础设施互联互通、生态环境联合治理、提升对外开放水平等领域，努力建成资源配置效率高、经济活力强、影响力大的国家级城市群。

山西中部城市群。山西中部城市群是山西省"一群两区三圈"城乡区域发展新布局的核心组成部分。山西中部城市群建设重点聚焦在基础设施互联互通、协同建设现代产业体系、增强科技创新能力、推动对外开放等领域，努力建成区域协调发展新样板。

三、皖湘赣融入东部沿海城市群

安徽融入长三角城市群。安徽积极"融圈进群"，加强合肥都市圈与上海大都市圈、南京都市圈联动发展。联合科技攻关，共建长三角国家技术创新中心安徽中心，建设"科大硅谷"。深化产业分工协作，做大做强汽车等优势产业。创建新安江—千岛湖生态保护补偿样板区。

湖南融入珠三角城市群。湖南重点聚焦交通通达性、产业协同发展、科技协同创新等领域，加强与珠三角城市群联动发展。共建特色产业联盟，建成珠三角产业发展"后花园"。创建离岸创新联盟，发展"科创飞地"，建设科技创新共同体。

江西融入长三角、珠三角城市群。江西积极融入长三角、珠三角城市群,承接长三角、珠三角城市群产业转移,高水平建设产业转移示范区。参与"长三角 G60 科创走廊"建设,高质量建设一批"科创飞地"。

第四节　中部地区生态经济带和生态经济区发展前景

湖北、湖南、安徽、江西四省属长江经济带,河南、山西两省属黄河流域,都肩负着生态优先、绿色发展的重要使命,坚持在保护中发展,在发展中保护。

一、淮河和汉江生态经济带

淮河生态经济带重点打造绿色生态廊道、完善基础设施网络、推进产业转型升级、统筹城乡发展、促进基本公共服务共建共享、构建全方位开放新格局,努力建成流域生态文明建设示范带、特色产业创新发展带、新型城镇化示范带、中东部合作发展先行区。

汉江生态经济带重点聚焦加快推进生态文明建设、加强综合交通网络建设、创新引领产业升级、统筹城乡协调发展、推进全方位开放、创新体制机制,努力建成国家战略水资源保障区、内河流域保护开发示范区、中西部联动发展试验区、长江流域绿色发展先行区。

二、洞庭湖和鄱阳湖生态经济区

洞庭湖生态经济区重点聚焦水域生态修复、产业转型发展、宜居家园建设、民生事业改善、基础设施支撑等领域,努力建成江湖协同治理引领区、湖区绿色转型先行区、内陆港口型物流枢纽、山水文化旅游目的地。

鄱阳湖生态经济区重点发展生态环保、产业、基础设施、城镇化、社会事业、政策保障、金融服务、技术支撑、人才保障等方面,努力建成全国大湖流域综合开发示范区、全国大湖流域综合开发示范区、加快中部地区崛起的重要带动区、国际生态经济合作的重要平台、连接长三角和珠三角的重要经济增长极、世界级生态经济协调发展示范区。

此外,湘江重点建设休闲观光道路、主题公园等,努力打造综合性旅游休闲度假项目。赣江生态廊道重点打造集生态、文化、康体于一体的生态廊道、活力江岸、绿色公园。汾河生态廊道重点提升汾河水质、改善流域生态环境、实现防洪河道生态多样化,努力建成植物种群丰富、环境优美的生态绿色长廊。

第五节　中部地区内陆开放高地发展前景

一、内陆开放平台

（1）国家级开发区。中部地区国家级开发区建设重点聚焦在拓展利用外资方式、优化外商投资导向、提升对外贸易质量、拓展对内开放新空间、积极参与国际合作等领域，激发对外开放新活力，努力建成改革开放新高地。

（2）自由贸易试验区。高标准建设安徽、河南、湖北、湖南自由贸易试验区，先行先试引领高水平制度型开放。主动对标对接高水平国际经贸规则，提升规则、规制、管理、标准等制度型开放的层级，实现高标准国际经贸制度供给。完善市场准入制度设计，优化"放管服"改革，努力建成市场化、法治化、国际化营商环境。

（3）内陆开放型经济试验区。江西内陆开放经济试验区建设重点聚焦在促进贸易和投资自由化便利化、降低综合物流成本、承接境内外产业集群转移、支持老区与大湾区产业合作、推进科技创新体制机制改革等领域，努力建成内陆双向高水平开放拓展区、革命老区高质量发展重要示范区与中部地区崛起重要支撑区。

（4）开发新区。高水平建设湖南湘江、江西赣江国家级新区①，推进合肥滨湖新区、郑州郑东新区、武汉长江新区、武汉新城发展，努力建成内陆对外开放新高地，成为引领区域经济发展的重要增长极。积极对接国际先进规则，深度参与全球产业分工，在更深层次、更宽领域，以更大力度推进全方位高水平开放。

（5）临空经济区。充分发挥郑州航空港经济综合实验区、长沙临空经济示范区在对外开放中的带动作用，积极推进武汉、南昌、合肥、太原等地创建临空经济区。构建现代化高端临空产业体系，完善航空客货集疏运体系，建立国际化空港商务门户，努力建成创新发展内陆开放型经济高地。

（6）跨境电子商务综合试验区。高标准建设郑州、合肥、武汉、南昌、长沙、太原等地跨境电子商务综合试验区，在交易、支付、物流、通关、退税、

---

① 国家级新区包括 19 个：上海浦东新区、天津滨海新区、重庆两江新区、浙江舟山群岛新区、甘肃兰州新区、广州南沙新区、陕西西咸新区、贵州贵安新区、青岛西海岸新区、大连金普新区、四川天府新区、湖南湘江新区、南京江北新区、福建福州新区、云南滇中新区、哈尔滨新区、长春新区、江西赣江新区、河北雄安新区。

结汇等关键环节的技术标准、业务流程、监管模式和信息化建设等方面开展先行先试，形成可复制可推广的制度创新成果。

二、融入共建"一带一路"

（1）对外经贸合作。加快郑州—卢森堡"空中丝绸之路"建设，构建郑州国际性现代综合交通枢纽，推进郑州、卢森堡枢纽对接，构建多式联运体系。统筹武汉、长沙、南昌、郑州、合肥等地中欧班列协调发展，畅通对外开放大通道，加强对外经贸合作。

（2）对外投资合作。在科技人才集聚、产业体系完备地区建设一批国际合作园区，鼓励港澳地区及外国机构、企业、资本参与国际合作园区运营。金融机构按照风险可控、商业可持续原则，做好国际合作园区的金融服务。

（3）人文交流合作。加强科技教育、文化旅游、卫生健康、人文艺术、高端会展等领域国际交流合作，建设一批文化交流品牌。推进援外工作，彰显大国风范。

第六节　中部地区乡村产业振兴示范发展前景

一、现代种养业和农产品加工业

山西省重点实现酿品、肉制品、乳品、果品产业现代化和饮品、主食糕品、中医药品品牌化，引进培育功能食品、保健品、化妆品领军企业；建立"晋字号"特优农产品品牌目录库，建设"有机旱作·晋品"省域农业品牌；建设高新技术产业中试基地（忻州）、七彩田园都市农业综合体（太原），以及杏花村汾酒、平遥牛肉、清徐老陈醋、上党中药材、代州黄酒等一批涉农特色专业镇和晋南苹果、道地中药材等国家产业集群。

河南省以优质小麦、花生、草畜、林果、蔬菜、花木、茶叶、食用菌、中药材、水产品等为重点，建设一批优势特色农业基地；以沿黄地区、南水北调干渠沿线（水源地）等为重点发展旱作节水农业；培育面、肉、油、乳、果蔬等食品产业集群；建设中国（驻马店）国际农产品加工产业园。

安徽省依托粮油、畜禽、水产、果蔬、茶叶、中药材、油茶、土特产等优势特色产业，发展"徽美农业"，培育"皖美农品"高端农业品牌；大力发展精细化综合加工，面向长三角生态优先绿色发展产业集中合作区高质量建设一批绿色农产品外延供应基地；建设皖北循环农业产业带，实现农业县（区）加工园区全覆盖。

湖北省努力建设中部三产融合发展先行区，做强油料、蔬菜、小龙虾、大宗淡水鱼、茶叶等千亿元产业链，做大柑橘、食用菌、中药材、猕猴桃、鸭等百亿元产业链；持续建设"中国农谷""中国有机谷""硒谷""虾谷""橘谷""药谷"。

湖南省做强做优粮食、畜禽、蔬菜等全产业链产值已过千亿元产业，重点培育食用油、茶叶、水产、水果、中药材、竹木等形成优势特色千亿元产业，努力培育建设一批特色产业带、产业片和产业基地。

江西省着重建设绿色有机农产品基地试点省，发展油料、蔬菜、水果、茶叶、中药材等；发展绿色食品产业链，推进副产物绿色循环利用；大力推进绿色有机稻谷、油料、果蔬等农产品精深加工，引导畜禽、水产加工产品向绿色有机产品发展；实施"硒+N"发展战略，唱响"生态鄱阳湖·绿色农产品"等绿色品牌。

二、乡村服务业

振兴乡村旅游业。山西省聚焦在开发红色旅游精品线路，大力创建乡村旅游示范村；安徽省着重在16个地市城区周边逐步形成"一城一环"的环城乡村休闲游憩圈；河南省重点布局郑州和大别山、伏牛山、太行山"三山"地区发展特色精品民宿，依托大别山等革命老区和古建筑发展红色游、访古游；湖北省充分发挥"江、湖、茶、花"资源优势，着力建设长江乡村旅游带和乡村旅游片区，推进乡村旅游"后备箱"工程；湖南省主要建设长株潭城市群近郊乡村旅游圈、大湘西大湘南生态文化和民俗文化休闲旅游带；江西省突出红色、绿色、古色三大特色，建设红色旅游融合发展示范区、生态旅游目的地。

振兴乡村信息服务业。山西省着重提升山西"新农人"电商能力，建成运营乡村e镇；安徽省以种业、生猪、稻米、水产、茶叶、蔬菜、水果、中药材等产业互联网为要点，建设"数字皖农"；湖南省聚焦在建设精细农业公共服务平台，实现数字化赋能。

参考文献

［1］安徽省人民政府办公厅关于加强长三角绿色农产品生产加工供应基地建设的实施意见［J］.安徽省人民政府公报，2020（10）：7-12.

［2］湖南省人民政府办公厅关于印发《湖南省"十四五"战略性新兴产业发展规划》的通知［J］.湖南省人民政府公报，2021（17）：279-298.

［3］湖南省人民政府关于印发《长株潭都市圈发展规划》的通知［J］.湖南省人民政府公报，2022（7）：3-28.

［4］江西省人民政府关于印发大南昌都市圈发展规划（2019—2025 年）的通知［J］. 江西省人民政府公报，2019（Z4）：4-60.

［5］山西中部城市群高质量发展规划（2022—2035 年）［N］. 山西经济日报，2022-11-18（1）.

［6］中共中央　国务院关于新时代推动中部地区高质量发展的意见［N］. 人民日报，2021-07-23（1）.

后 记

推动中部地区崛起是党中央作出的重要决策，做好中部地区崛起工作，对实现全面建成小康社会奋斗目标、开启我国社会主义现代化建设新征程具有十分重要的意义。2019年5月21日，习近平总书记在"推动中部地区崛起工作座谈会"上强调，"当前，中部地区崛起势头正劲，中部地区发展大有可为。要紧扣高质量发展要求，乘势而上，扎实工作，推动中部地区崛起再上新台阶"。

本书在全国经济地理研究会的组织和指导下编写完成，是《中国经济地理》丛书之一，是认识中部地区、走近中部地区、建设中部地区的一个"窗口"。本书编写的目的在于厘清中部地区当前自然、经济和社会发展基本情况，阐述和分析中部地区生态本底、资源禀赋、经济活动空间分布与产业布局、区域发展战略实施进展，为奋力开创中部地区崛起新局面提供科学决策依据。

本书由吴传清教授负责框架设计，各章节编写人员具体分工为：第一章，范斐、杨文毅、杨泉；第二章，范斐、杨文毅、杨泉；第三章，吴传清、黄成、邓明亮、吴政希；第四章，吴传清、邓明亮；第五章，吴传清、邓明亮；第六章，吴传清、宋子逸、邓明亮；第七章，范斐、王嵩、曲馨乐；第八章，吴传清、邓明亮；第九章，范斐、刘蒲宇、曲馨乐；第十章，吴传清、赵豪、戴祎楠、吴政希、邓和顺、宋用九。

在本书付梓之际，特别感谢孙久文教授、安虎森教授、张可云教授、付晓东教授等给予的建设性意见。本书最早成稿于2019年4月，相关数据、资料和结论的截止时间均早于此。根据整套丛书的出版计划安排，本书编写组多次讨论、几易其稿，最终得以呈现给读者。当本书面对读者时，有些情况时移世易，谨请用历史眼光看待。此外，囿于时间和水平限制，书中难免存在不足和缺憾，恳请读者见谅，并欢迎提出宝贵批评建议。

在本书撰写过程中，引证、参考和借用了相关报纸、书籍、文章、网页中的素材，除注释和参考文献外，无法做到一一署名，在表达歉意的同时也一并表示感谢！同时感谢经济管理出版社在本书出版过程中给予的大力支持和协调工作！

吴传清

2024年7月